프로젝트 수업
어떻게 할 것인가?
2

프로젝트 수업 어떻게 할 것인가?

2

더욱 철저하고
흥미진진한 학습 경험을 위한
PBL 교수 전략 7가지

PROJECT
BASED TEACHING

수지 보스·존 라머 지음 | 장밝은 옮김

지식프레임

이 책의 영어 제목은 《Project Based Teaching》으로, 제목에서 잘 드러나듯 학습보다는 교수teaching와 교사의 역할에 초점을 둔 책이다. 저자인 수지 보스와 존 라머는 한국의 독자들에게 이미 《프로젝트 수업 어떻게 할 것인가?》로 잘 알려진 사람들이다. 이번 책은 그 책에서 소개했던 '프로젝트 기반 교수 핵심 실천 7가지'를 하나씩 상세히 다루고 있어 고민 끝에 한국어판 제목을 《프로젝트 수업 어떻게 할 것인가? 2》로 결정하였다. 두 책을 시리즈물로 보기는 어렵지만, 저자가 서문에서 밝힌 대로 전작을 읽었던 선생님들의 필요와 요구, 피드백으로 탄생한 책이니만큼 이러한 제목에 무리가 없다고 생각한다.

요즘은 '프로젝트 수업'이라는 말이 자주 사용된다. 뭔가 현대적인 교육 방식을 대변하는 상투어가 되어버린 느낌이 들 정도로 어디서나 흔히 쓰인다. 누구나 '프로젝트 수업' 하나쯤은 하고 있어서 이제는 마치 잘 아는 교수법 같은 착각마저 든다.

사실 나는 PBL의 전문가도 아니고 여전히 배우는 학생 같은 기분이지만, 어쩌다 보니 관련 책을 세 권이나 번역하게 된 인연으로 '프로젝트 수업'이라는 말이 들리면 관심 있게 들여다 보게 된다. 그런데 내 관찰에 따르면 제대로 진행되는 PBL 수업은 정말 찾아보기가 힘들다. 또 PBL만큼 오해의 소지가 많은 교수법도 드문 것 같다. 교육에서 상투어가 되어버린 용어들 상당수의 운명처럼 프로젝트 수업 역시 프로젝트와 전혀 혹은 거의 상관없는 수업이나 활동을 가리키는 말이 되어가는 것은 아닌지 염려되는 상황이다. 벅교육협회에서 '골드 스탠다드 PBL'이라는, 즉 '진짜배기 PBL'이라는 말을 만들고 그에 걸맞은 필수 요소와 조건을 내세워야 했던 걸 보면 이런 현상이 비단 한국만의 고유한 상황은 아닌 듯하다.

많은 선생님들이 편의상 간단하게 '프로젝트 수업'이나 'PBL'이라 부르고 있지만 정확한 명칭은 '프로젝트 기반 학습Project Based Learning : PBL'이다. PBL의 P는 '프로젝트project'를 뜻하기도 하고 '문제problem'를 뜻하기도 한다. 프로젝트 기반 학습이나 문제 기반 학습은 둘 다 '실제 문제authentic problem'를 중심으로 학습이 진행된다는 점, 그리고 지향하는 바가 같다는 점에서 둘의 구분을 중요하게 생각하지 않는 지역이나 학자도 많기 때문에 이를 혼용하는 것에 큰 문제는 없어 보인다.

PBL의 기원을 둘러싼 여러 가지 이야기는 이 책의 전작《프로젝트 수업 어떻게 할 것인가?》에서 상세히 다루고 있지만, 현재 학교에서 행해지는 형태와 직접적인 관련이 있는 시작은 의과대학과 로스쿨을 중심으로 이루어진 문제 기반 학습이라고 봐도 무방할 것이다. 1960년대 북미 지역의 대학에서 시작된 이 교수법의 효과가 워낙 탁월했기 때문에 초등 및 중등 교육으로 도입되는 것은 시간 문제였다. 그런

데 이 멋진 교수법을 초등과 중등 교실로 들여왔던 열성적인 교육자들이 놓친 한 가지 중요한 점이 있었는데, 이는 바로 우리가 가르치는 아이들이 모두 의대생이나 법대생 – 심지어 북미권에서 이들은 학부생도 아닌 대학원생들이다! – 은 아니라는 점이다. 다시 말해, 초중등 교육의 대상자들은 동기, 지적 능력, 사전 지식, 자기관리능력 면에서 매우 우수하고 동질성을 띠며, 게다가 자발성을 바탕으로 하는 선발 집단과는 거리가 멀다는 얘기다. 따라서 지적으로나 정서적으로 미숙한 청소년이나 어린아이들에게 비구조적이고 매우 복잡한 실제 문제를 던져주고 수업이 제대로 되기를 기대하는 것은 애초에 무리였다. 아이들은 끊임없이 뭔가를 하며 바쁘게 움직였고 즐거운 시간을 보냈지만, PBL 수업의 학습 효과는 들쑥날쑥했으며, 특히 기초 지식과 기능의 습득에 있어서는 효과가 매우 낮았다(Hattie & Donoghue, 2016).

선생님들의 마음을 아프게 한 것은 또 있었다. PBL을 초등학교와 중고등학교 교실에 들여올 때 선생님들의 목표는 지식 교육뿐만 아니라 소위 21세기 성공 기술이라 부르는, 흔히 전통적인 교수법으로 기르기 어렵다고 하는 (이 부분에 대해서는 논란이 있을 수 있다) 다양한 능력을 제자들에게 갖춰주고 싶다는 것이었다. 그런데 아이러니하게도 애초에 PBL이 목표로 하는 능력을 갖추지 못한 아이들은 그 능력을 기르기 위한 PBL 활동에 제대로 참여하지도, 제대로 배우지도 못했다!(Hattie, 2017) 그렇다면 PBL이라는 수준 높은 교육은 결국 똑똑한 학생, 그리고 어려서부터 그런 교육에 노출되어 이미 성공 역량을 갖춘 학생들만이 누릴 수 있는 호사일 수밖에 없는가? 교사들의 고민은

두 가지로 모아졌다. 어떻게 하면 PBL로 중요한 학습목표를 달성할 수 있을까? 어떻게 하면 현재의 수준과 능력에 관계없이 "모든" 아이들이 PBL의 혜택을 누리게 할 것인가?

이러한 교사들의 진지한 고민과 성찰, 실천과 조언으로 태어난 책이 이 책의 전작인 《프로젝트 수업 어떻게 할 것인가?》이다. 여기서 수지 보스와 존 라머는 'GSPBL_Gold standard PBL'이라는 개념을 소개하고, 수준 높은 PBL이 되기 위한 필수 요소를 밝혔다. 그 책이 미래 세대에게 PBL과 같은 학습이 필요한 이유, PBL의 놀라운 성과를 소개하는 데 집중하면서 그러한 성과를 내기 위한 설계와 운영 방법 전반을 가볍게 훑는 식의 개론서에 가깝다면, 이번 책은 PBL을 실제로 어떻게 구현할지, 구체적인 체계와 방법에 방점이 있다. PBL 교사들의 생생한 경험담 역시 전작에 비해 훨씬 미시적이다. 목표는 분명하다. "모든" 아이들이 PBL이라는 질 높은 교육 기회를 누리게 하겠다는 것이다. 사회 경제적으로 열악한 지역에서 고군분투하는 교사들의 성공 사례와 경험담은 이를 뒷받침한다. 또한 이를 위해 전작에서 소개하는 정도에 그쳤던 '프로젝트 기반 교수 핵심 실천 7가지'(편의상 본문에서는 'GSPBL 교수 핵심 실천'으로 번역하였다), 즉 설계, 계획 수립, 문화 조성, 성취기준 연계, 평가, 비계 제공, 코칭을 하나씩 깊이 있게 논하고 각각에 대하여 교사들이 즉시 활용할 수 있는 구체적인 방법과 조언을 제시한다. 따라서 전작에서 뭔가 미진함을 느꼈던 선생님들의 궁금증과 목마름을 해소할 수 있을 것이다.

아울러 각 장마다 주제별로 수록한 '수업 컨설턴트를 위한 조언'은 학교 현장에 컨설팅을 나가는 수석교사를 비롯한 컨설턴트에게 매우 실질적인 도움이 될 것으로 기대한다. 또한 수업 안에서, 그리고 수업 준비 과정에서 교사가 고려해야만 하는 수많은 일과 상황을 섬세하게 다루고 있어 교직을 깊이 이해하고자 하는 교사 지망생, 나아가 교생 지도를 맡는 교사들에게도 큰 도움이 될 것이다.

출판사에 초고를 넘기고 검토를 기다리던 중 코로나19 사태가 터졌다. 학교는 코로나의 유탄을 제대로 맞았고, 교사도 학생도 온라인 개학이라는 미증유 상황에 '피투(被投)'되었다. 이 심술궂은 전염병 덕분(?)에 학교는 그간 개발된 온갖 온라인 학습 도구의 실험장이 되고 있다. 등교를 하더라도 방역 상황에 따라 언제든지 재택 학습으로 전환할 수 있다는 점에서 블렌디드 러닝blended learning은 이제 현실이다. 코로나 사태가 끝난다 해도 학교는 결코 전과 같지 않을 것이다.

'위기는 기회'라는 상투적인 말이 요즘처럼 실감 나는 때도 없었던 것 같다. 한국 학생들에게 사실상 놀이 도구 이상이 되지 못했던 컴퓨터와 인터넷이 드디어 학습 도구로 변모해 가고 있다. 우리의 노력 여하에 따라 인터넷은 동영상 강의 시청 같은 수동적 활동을 위한 플랫폼 이상의, 참여와 협업의 가치를 경험하며 문제해결능력을 기르는 멋진 학습 공간으로 거듭날 수 있을 것이다. 특히 PBL은 온라인 도구와 기술 도구의 적극적인 활용이 요구되며, 또 그럴 때 효과가 극대화되는 교수법인데, 이번 사태로 PBL을 제대로 구현하려는 선생님들은 날개를 달게 되었다. 동료 교사와 학생들의 디지털 리터러시 수준이 높아지고 이를 위한 학교 환경의 개선이 급물살을 타고 있기 때문이다. 또 PBL이 '접속'만으로도 참여와 협업으로 문제를 함께 해결하며 의미 있는 지식과 기능을 익히고 고등사고능력과 문제해결력을 기르기 위한 최적의 환경이 될 수 있다는 점에서, 지금과 같은 상황은 PBL을 도전하기에 적기로 여겨진다.

내 이름을 걸고 번역 책을 내는 것이 벌써 네 번째라 책임과 함께 부족함을 많이 느끼며 전문성 향상에 대한 목마름도 느낀다. 이번에도 최대한 쉽게 옮기는 것을 목표로 하였고 불필요한 외래어는 가능한 쓰지 않으려 노력하였다. 이 과정에서 언제나처럼 여러 선생님들의 도움을 많이 받았다. 일일이 성함을 거론할 수는 없지만 모든 분들께 진심으로 감사드린다.

번역을 마치며 세상에 그 자체로 완벽한 교수법은 없다는 당연한 사실을 다시 한 번 확인하였다. 세상 그 어떤 제도나 체제도 그 자체로 완벽할 수 없고, 그 빈 구멍을 메꾸는 것은 결국 사람의 몫이듯이, PBL 역시 따뜻하고 자상한 선생님을 만날 때 비로소 멋진 교육 방법으로 완성된다는 사실을 말이다. PBL은 기껏해야 능력과 열정이 있는 교사가 가질 수 있는 최고의 장비 정도랄까. 이 책이 그런 선생님들을 위한 친절한 장비 사용 설명서가 되면 좋겠다.

2020년 5월
온라인 개학 최전선의 선생님들께 연대와 사랑을 전하며,
대구에서 장밝은

지난 30여 년간, 그중에서도 특히 최근 10년 동안 세상은 극적인 변화를 겪었다. 우리의 삶은 과학기술과 글로벌 경제, 그리고 SNS를 통해 훨씬 더 긴밀하게 연결되었다. 인간인 우리가 마주하는 문제들 – 기후 변화, 분쟁, 그리고 식량 분배 문제에 이르기까지 – 의 복잡함에 대한 관심도 상당히 커졌다. 직업 세계 역시 빠르게 변하고 있다. 제조업은 물론이고 자동 운전 시스템, 데이터를 기반으로 한 보고서 작성에 이르기까지 점점 더 많은 일들이 자동화되고 있다. 게다가 협업은 이제 기본이 되었다. 정보화 관련 직종에 종사하는 사람들은 자신이 속한 팀 내에서뿐만 아니라 다른 팀들과도 함께 작업하는 협업이 일상이 되었다. 바야흐로 프로젝트 기반 세상이 도래한 것이다.

미국 인구의 40퍼센트는 프로젝트 단위로 일터를 옮겨 다니는 계약직 근로자로 일한다. 이런 흐름은 2025년에 60퍼센트까지 이를 것으로 예상된다. 심지어 기존 회사에서도 이제는 거의 모든 업무가 프로젝트 단위로 조직되고 있다. 이 같은 세상의 극적인 변화를 보면서 사람들은 학교 역시 당연히 변했을 것이라고 생각한다. 그러나 안타

깝게도 우리 교육은 대체로 100년 전 방식에 머물러 있다.

지난 3년 동안 남녀노소, 교육자, 기업 총수, 지역 유지, 학부모 집단을 대상으로 다음 질문을 던질 기회가 있었다.

"이처럼 급변하는 세상에서 성공에 필요한 능력과 자질은 무엇입니까?"

놀랍게도 모든 집단에서 내놓은 대답이 같았다. 그것은 바로 내용 지식과 기능뿐만 아니라 소위 성공 역량이라 부르는 협업능력, 의사소통능력(구두, 문자, 시각), 비판적 사고력과 문제해결능력, 프로젝트 및 자기관리능력, 창의성과 혁신, 자신의 삶과 우리가 사는 세상의 문제를 해결하려는 자율성 같은 능력이었다. 그리고 이 책에서 다루는 프로젝트 기반 학습을 경험한 학생들은 바로 이런 능력과 자질을 갖추어가고 있다.

프로젝트 기반 교수의 필요성

세상이 변했는데도 학교는 여전히 변하지 않았다는 점에 우리 모두는 동의할 것이다. 이러한 인식이 확산되면서 미국을 비롯한 전 세계에서도 몇 가지 변화들이 생겨나고 있다. 여러 학교와 교육청에서 탐구 학습inquiry learning, 학생주도 개인학습personalized learning, 수행평가 등 학생 중심 교육을 위해 노력하고 있으며, 특히 프로젝트 기반 학습에 대한 폭발적인 관심과 실행 사례가 목격되고 있다. 프로젝트 사례를 접하고 싶다는 요구, 그리고 교사들의 PBL 전문성 계발에 대한 수요에 부응하기 위해 학계 역시 지속적으로 노력해 왔다.

이제 질적으로 우수한 프로젝트 사례는 여러 곳에서 찾아볼 수 있다. 벅교육협회BIE, Buck Institute for Education를 비롯한 여러 단체의 탁월한 노력에 힘입어 교사들은 수준 높은 프로젝트를 설계하기 위한 자료와 자원, 연수 등을 접할 수 있게 되었다. 특히《프로젝트 수업 어떻게 할 것인가?》(존 라머 외, 2015)에서 처음 소개되었던 골드 스탠다드 PBLGold Standard PBL이라는 벅교육협회의 프로젝트 필수 설계 요소는 미국은 물론 전 세계 교육자들에게 호평을 받으며 활용되고 있다. 이 책에서 소개되었던 프로젝트 기반 교수 핵심 실천Project Based Teaching Practices 역시 현장에 큰 반향을 불러일으켰다. 하지만 여전히 PBL 교실에서 어떻게 가르쳐야 하는지에 대해서는 더 많은 고민이 필요하다.

교사들이 PBL을 제대로 실행하기 위한 구체적인 방법을 배우려면 이들에게 더 자세한 설명과 전략, 영상 자료가 필요하다. 이 책은 이런 필요성에 부응하기 위해 각기 다른 과목을 가르치는 훌륭한 PBL 교사 7명의 사례를 집중 조명하며, 벅교육협회 홈페이지www.bie.org에서는 관련 영상도 함께 제공한다. 이 선생님들은 인기 영화 속 '슈퍼스타'라기보다는 평범한 보통 사람들이다. 하지만 수업 능력이나 지식의 깊이, 좋은 수업에 대한 열정만큼은 큰 감동을 준다.

학교와 교육청 관리자의 역할

이 책은 교사들이 어떻게 하면 수준 높은 학습 경험을 촉진시킬 것인가를 집중해서 다룬다. 그러나 교사가 아이들과 함께 훌륭한 프로젝트를 진행하기 위한 환경을 조성하는 데 학교와 교육청 관리자의 역할을 간과해서는 안 된다. 프로젝트 기반 학습이 정착된 학교에서 공통되게 나타나는 특징은 다음과 같다.

새로운 교육 목표와 교수 학습 전략을 위한 이상

관리자들은 지역 사회의 교육 주체와 협력하여 21세기 성공 역량을 갖춘 학생을 기르겠다는 이상을 수립하고, 이 목표를 달성하기 위한 수단으로 프로젝트 기반 학습을 명시적으로 촉구한다.

학생, 교사, 관리자의 학습, 그리고 혁신과 탐구 문화

관리자는 교사가 위험을 감수하고 변화에 도전할 수 있도록 안전한 환경을 조성하며, 이는 PBL 수업 실천 속에 반영된다. 학교는 학교 활동에 관한 질문을 던진 뒤 이 질문에 답하기 위한 탐구 과정을 갖는데, 이는 학생들이 프로젝트를 진행할 때 하는 방식과 흡사하다.

학교 체제의 재설계 및 재구성

학교의 시정은 블록타임제 등 더욱 유연한 방식으로 운영되며, 교사에게는 개인적인 수업 연구와 설계 시간은 물론 수업을 공동으로 연구하고 설계할 시간이 더 많이 주어진다. 중학교와 고등학교는 일정한 교사 집단이 같은 학생들을 가르치도록 학급을 구성한다.

교사와 관리자 집단의 깊이 있고 일관된 역량 계발

교사들은 모두 전문성 향상을 위한 연수, 지속적인 수업 컨설팅, 공동 수업 개발을 통해 자신의 역량을 갈고닦아온 사람들이다.

개선을 위한 지속적인 노력

교사 역시 PBL을 직접 실천하면서 배운다. 프로젝트 수업 속 학생과 똑같이 교사 역시 비평과 개선이라는 프로젝트 필수 설계 요소를 통해 자신의 PBL 수업을 계속해서 개선해 나간다.

수준 높은 PBL의 기본 체계

2018년, 영향력 있는 한 운영위원회가 제대로 된 프로젝트 기반 학습이 어떤 것인지를 잘 보여주는 '수준 높은 PBL의 기본 체계'를 구체화하였다. 프로젝트 기반 학습과 관련된 교육자 및 사상가 27명을 비롯하여 PBL을 특징으로 하는 프로그램 운영 단체의 대표들로 구성된 이 위원회에는 핀란드, 칠레, 한국, 중국의 대표도 참여하였다.

이 '기본 체계'의 목적은 질적으로 우수한 PBL이 무엇인지에 대한 일종의 공동 원칙 – 이전에는 존재하지 않았던 – 을 수립하여 교사와 학교, 학계, 교육 관리자, 정책 입안자, 언론인, 교육과정 설계자 등의 활동을 안내하고 지도하는 데 있다. '수준 높은 PBL의 기본 체계'에서 제시하는 여섯 개의 기준은 다음과 같다(관련 근거 자료 및 연구 결과는 https://hqpbl.org에서 확인할 수 있다).

1. 지적 도전과 성과

"학생들은 더 깊이 배우고 비판적으로 사고하며 최고를 추구한다."

• 학생들이 비교적 장기간에 걸쳐 어렵고 까다로운 문제나 쟁점을 연구하는가?

- 해당 교과와 학문 영역의 핵심이 되는 개념, 지식, 기능에 집중하는가?
- 프로젝트의 성공과 학습을 위해 연구를 통해 검증된 수업과 조력을 경험하는가?
- 최고의 결과물을 완성하기 위해 최선을 다하는가?

2. 실제성

"학생들은 자신의 삶과 문화, 미래와 관련이 있고 의미 있는 프로젝트에 참여한다."

- 학교 밖 세상과 연결되어 있으면서 자신의 흥미나 관심사와 관련된 활동에 참여하는가?
- 학교 밖 세상에서 실제로 사용하는 도구나 기법, 그리고(또는) 디지털 기술을 사용하는가?
- 프로젝트 주제나 활동, 산출물을 스스로 결정할 수 있는가?

3. 공개할 결과물

"학생의 학습 결과물은 공개적으로 전시되고 논의되며 비평을 받는다."

- 자신의 학습 결과물을 전시하여 같은 학교 친구는 물론 학교 밖 청중에게 자신의 학습 과정과 결과를 설명하는가?
- 피드백을 받고(받거나) 청중들과의 대화에 참여하는가?

4. 협업

"학생들은 온라인이나 오프라인 방식으로 다른 학생들과 함께 공부하거나 성인 멘토나 전문가의 지도를 받는다."

- 학생들은 모둠으로 복잡한 과업을 완수하는가?
- 유능한 모둠 구성원이나 지도자가 되는 법을 배우는가?
- 성인 멘토, 전문가, 지역 주민, 기업인, 기관과 함께 일하는 법을 배우는가?

5. 프로젝트 관리

"학생들은 프로젝트가 처음부터 끝까지 제대로 진행될 수 있도록 도움을 주는 프로젝트 관리 절차를 이용한다."

- 여러 단계를 거쳐야 하는 프로젝트 전 과정에 걸쳐 스스로는 물론 자신의 모둠을 효율적으로 관리하는가?
- 프로젝트 관리 절차, 도구, 전략을 활용하는 법을 배우는가?
- 디자인 씽킹 절차와 사고방식을 적절히 활용하는가?

6. 성찰

"학생들은 프로젝트 전 과정 동안 이루어진 자신의 활동과 배움을 성찰한다."

- 자신은 물론 다른 학생들의 활동을 평가하고 개선 방안을 제안하는 법을 배우는가?
- 자신이 배우고 있는 교과 내용과 개념, 성공 기술에 대해 성찰하고 글을 쓰고 토론하는가?
- 성찰을 자발성을 높이는 도구로 사용하는가?

이 기본 체계가 발표되자 미국을 포함한 전 세계 교육자와 관련 단체들이 이에 대한 지지를 표명했고 이를 확산하기 위한 노력에 동참하였다. 이 노력은 현재에도 계속 이어지고 있다. 물론 이 체계가 표방하는 이상을 실현하는 방법은 사람마다 다를 것이다. 벅교육협회의 경우에는《프로젝트 수업 어떻게 할 것인가?》와 이 책에서 밝힌 것처럼 골드 스탠다드 PBL 모델이 그 방법이다.

벅교육협회의 이상은 모든 학생들이 자신의 출신이나 배경에 구애받지 않고 수준 높은 프로젝트 기반 학습을 경험하는 기회를 누리는 일이다. 우리는 프로젝트 기반 학습이 제대로 실행된다면, 교과 내용과 기능뿐만 아니라 학생들이 자신의 삶과 세상에서 만나게 될 문제를 해결하는 데 필요한 성공 역량 또한 기를 힘을 부여하는 멋진 교육 평등의 도구가 되리라 믿는다. 이 책이, 그리고 함께 제공되는 영상물이 전 세계 모든 학교에서 교사들의 역량을 높이는 데 도움이 되길 바란다. 나아가 학생들을 위해, 특히 기회를 누리기 힘든 아이들을 위해서도 멋진 프로젝트를 설계하고 실행하는 데 기여하기 바란다.

– 보브 렌즈Bob Lenz (벅교육협회 상임이사)

서문 ——

"학교에서 추진하는 모든 변화의 성공 여부는
대단히 노련한 교사들의 손에 달려 있다." – 린다 달링-해먼드

프로젝트 기반 학습(이하 PBL)이 주요 교수 전략으로 미국은 물론 전 세계에서 호응을 얻고 있다는 것은 이론의 여지가 없다. PBL을 도입하는 이유는 셀 수 없이 많고 학교마다 다를 수 있다. 하지만 무엇보다 오늘날 복잡한 세상이 대학과 직장 생활, 적극적인 시민으로서 미래의 삶을 준비하는 학생들에게 새로운 요구를 제기한다는 인식이 여러 분야와 상황에서 점점 높아지고 있다는 점이 중요하다. 그리고 이러한 요구사항을 충족시키기 위해서는 기존의 교사 중심 수업에서 벗어나 좀 더 혁신적인 학생 중심 교수 학습 방법으로의 근본적인 전환이 필요하다.

변화를 받아들일 준비가 된 학교에게 PBL은 학생들의 미래 문제 해결 능력을 키워줄 수 있는 검증된 체계를 약속한다. 학문적으로 철저한 프로젝트를 통해 학생들은 깊이 있는 내용지식과 함께 비판적 사고력, 정보의 신뢰도 분석, 다양한 동료와의 협업, 창의적 문제 해결 능력과 같은 21세기 성공 역량을 습득한다. PBL에 참여하는 과정에서 학생들은 좋은 질문을 하는 방법이나 순발력 있게 문제를 해결하

는 법, 시간 관리, 마감기한을 맞추는 법, 문제를 끝까지 파고드는 방법을 배운다. PBL을 제대로 실시하면 자기관리능력과 자기주도학습능력이 신장된다. 이런 것들은 바로 학생들 자신이 만들어갈 미래 사회에서 성공하기 위한 중요한 능력이다.

학생에게 새로운 요구가 생긴 만큼 교사에게도 도전 과제가 생겼다. 극히 소수의 교사만이 학생 시절 PBL을 경험하였을 뿐이고, 교사 양성 과정에도 PBL 방식은 이제 막 도입된 수준이다. 많은 교사들이 사전 경험이나 전문적인 훈련 없이 단기간에 배우기 어려운 급격한 변화에 직면하게 되었다. PBL의 도입이 수업 계획부터 평가, 일상적인 수업 절차까지 완전히 바꾸어야 한다는 뜻인지 궁금해할 수도 있다. PBL을 하면서 필수 진도를 다 나갈 수 있을지도 걱정이다. PBL에 처음 도전하는 사람들은 자주 묻는다. "PBL을 하게 되면 내 수업의 무엇이 바뀌고 무엇이 그대로일까? 또 내가 제대로 하고 있다는 것을 어떻게 알지?"

벅교육협회Buck Institute for Education(이하 BIE)는 현장 연수를 통해 수많은 교사가 PBL에 자신감을 가질 수 있도록 돕고 있으며, 협회에서 제공하는 온라인 연수와 출판물은 전 세계의 많은 교육자들에게 다가가고 있다.《프로젝트 수업 어떻게 할 것인가?》는 PBL에 대한 관심의 급증에 부응하여 썼던 책으로, 교사와 학교 관리자들이 학교의 위치나 학교가 처한 상황에 구애받지 않고 PBL을 제대로 설계하고 실행하도록 도움을 주는 데 목적이 있었다. 지역과 배경을 초월하여 모든 학생은 수준 높은 PBL을 경험하고 그 혜택을 누릴 자격이 있기 때문이다.

《프로젝트 수업 어떻게 할 것인가?》는 골드 스탠다드 PBL의 체계를 소개하였다. 연구 결과를 비롯해 교사 및 학교 관리자들의 방대한 조언을 바탕으로 골드 스탠다드는 학문적 철저함을 위한 높은 기준을 설정하였다. 형편없는 PBL은 소중한 학습 시간을 낭비하기 때문에 이 점은 중요하다. 우리는 '프로젝트'라는 미명 아래 흥미와 실습 활동에만 매달리면서 정작 중요한 학습목표를 달성하지 못하는 사례를 너무나 많이 목격해 왔다. 이와 정반대로 제대로 실행된 PBL은 유의미한 교과 내용을 깊이 파고들기 위한 장을 마련한다. PBL은 어려운 문제나 상황에 대한 끈질기고 지속적인 탐구를 수반한다. 학생들은 내용을 배울 뿐만 아니라 이를 적용할 수 있다. 당연히, 골드스탠다드 PBL은 '디저트'가 아니라 '메인 요리main course' 학습이다.

일관되게 깊이 있고 의미 있는 학습에 성공하기 위해 골드 스탠다드 PBL은 다음의 7가지 프로젝트 필수 설계 요소를 주창하였다.

- 어려운 문제나 질문challenging problem or question
- 지속적 탐구sustained inquiry
- 실제성authenticity
- 학생의 의사와 선택권student voice and choice
- 성찰reflection
- 비평과 개선critique and revision
- 공개할 결과물public product

프로젝트가 실시되는 동안 시종일관 이 요소를 강조하면 교사와 학생들은 여기에 들인 시간과 노력만큼 제대로 된 학습 경험의 가치를 보장받을 수 있다. 그리고 모든 수업을 PBL로 하든, 학기 중 가끔씩만 활용하든 이들 요소는 PBL의 성공을 위한 기초가 된다.

《프로젝트 수업 어떻게 할 것인가?》에서도 프로젝트 기반 교수 핵심 실천 7가지를 소개하였지만 이를 하나씩 깊이 있게 논하지는 못했다. 그런데 이 책을 읽은 많은 교사와 학교 관리자, 수업 컨설턴트

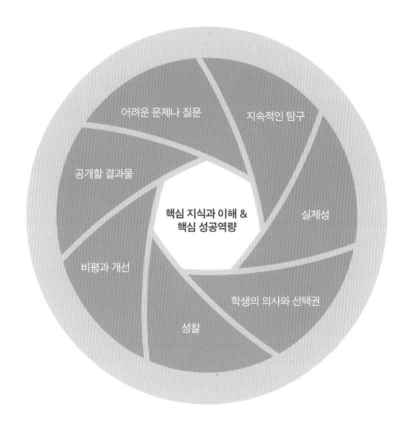

골드 스탠다드 PBL 프로젝트 필수 설계 요소

의 피드백에 이에 대한 강한 요구가 담겨 있었다. 그들은 질적으로 우수한 PBL이 실제로 운영되는 모습을 더 많이 보길 원했다. 잘 다듬어진 학습의 최종 결과물만이 아닌, 이런 종류의 학습에 학생을 참여시키고 지원하는 과정에서 교사들의 일상적인 수업 실천이 어떤 모습으로 이루어지는지 더 많이 접하고 싶었던 것이다. 또한 다른 선생님들은 각자의 교육과정 안에서 PBL을 위한 충분한 시간을 어떻게 마련하는지도 알고 싶어 했다. 그래서 이번 책을 통해, 그리고 관련 영상물(www.bie.org 참고)을 통해 PBL 교실에서 실제로 벌어지는 일들을 프로젝트 기반 학습을 운영하는 교사의 시선으로 더욱 자세히 들여다볼 수 있도록 했다.

프로젝트 기반 교수 핵심 실천

학생이 PBL로 성공하려면 교사의 수업 실천에 중요한 변화가 있어야 한다. 특히 기존의 수업 환경에서 주로 직접 교수direct teaching, 교과서, 시험에 의존해서 가르쳐온 교사라면 더욱 그렇다. PBL 교사는 단지 지식을 전달하는 전문가가 아니라, 박식한 코치, 학습 촉진자, 탐구 과정의 안내자이다. 모든 답을 쥐고 있는 사람이 아니라 적극적인 질문과 호기심, 또래학습을 장려하는 사람이다. 학생 한 명 한 명이 목소리를 낼 수 있는 학습 환경을 조성하고, 교과 지식에 통달한 사람이면서도 동시에 학생의 질문에는 "잘 모르겠다. 같이 알아볼까?"라고 편하게 응수하는 사람이기도 하다.

프로젝트 기반 교수로의 전환은 보통 교사가 학습에 도움이 되는 전략을 알아보고 자신의 수업에 도입하는 과정에서 서서히 일어나는 경우가 많다. 학교 전체가 PBL로 수업하는 상황이 아니라면 보통은 PBL과 기존 수업 방식이 번갈아가며 이루어질 것이다. 일테면 많은 선생님들이 학기당 프로젝트 두 개 정도는 해보겠다는 현실적인 목표를 갖는다.

현재 교육계에서 점점 인기를 얻고 있는 개인별 맞춤형 학습person-alized learning은 PBL과 잘 어울리는데, 실제로 여러 가지 학생 중심 수업 실천이 PBL에서도 함께 사용된다. PBL은 학생의 의견과 결정권의 중요성을 인정하는 정도지만, 맞춤형 학습은 학생의 개인적 관심사, 능력, 발달상의 요구를 훨씬 더 중요하게 여긴다(Jobs for the Future & the Council of Chief State School Officers, 2015).

맞춤형 학습을 중시하는 학교들은 내용과 기능의 완전 학습을 위한 역량 중심 발달을 강조하는 경향이 있다. 각 학생의 강점과 약점을 기술한 학습자 개인 프로필을 활용하거나 특정 역량에 대한 우수 배지를 수여하기도 한다. 학생들은 정규 시간표 안에 확보된 '재능 프로젝트 시간Genius Hour(학교나 기업에서 학생이나 근로자가 자신의 관심사를 탐구할 수 있도록 따로 마련된 시간으로, 보통 주 1시간 정도가 주어진다. – 역자 주)'이나 '열정 프로젝트passion project(어떤 목표를 가지고 주로 여가 시간 중에 기꺼이 시간을 내서 하는 활동을 말한다. – 역자 주)' 시간을 통해 자신의 관심사를 탐구하기도 한다.

맞춤식 교육을 장려하기 위해 학교는 블렌디드 러닝(현장 수업과 온라인 학습의 결합 – 역자 주)으로 접근하기도 하는데, 이를 통해 학생들은 언제, 어디서, 어떻게 학습할지에 대해 더 많은 주도권을 갖게 된다. 어떤 학교는 맞춤형 학습과 PBL을 결합하는 방식을 모색하기도 한다. 이때 학생들은 하루 일과의 일부는 자신이 관심 있는 분야를 정해 공부하는 데 사용하고, 나머지 시간에는 좀 더 성취기준 위주로 돌아가는 협력적 프로젝트에 참여한다.

개인 프로젝트든 공동 프로젝트든 질적으로 우수한 프로젝트 – 교사들이 프로젝트 기반 교수 실천에 관심을 두는 – 라면 이들 PBL 학습 경험은 모두 학생에게나 교사에게나 해당 학년 최고의 경험이 될 수 있다. 앞으로 이어질 내용에서는 학생의 성공을 돕는 7가지 프로젝트 기반 교수 핵심 실천을 하나씩 깊이 이해하게 될 것이다. 각 실천마다 매우 다양한 실질적인 전략과 함께 여러 교사들이 자신의 수업 경험을 성찰하는 내용을 담았다. 수준 높은 PBL에서 학생의 의견이 핵심적인 요소인 것만큼이나 효과적인 프로젝트 기반 교수 속에는 교사의 결정권이 깊이 자리 잡고 있다.

1. 문화 조성

수업 문화에는 배려의 윤리와 탁월함에 대한 강조, 공동의 목표 의식이 담겨 있다. 바람직한 문화는 학생의 독립성을 기르고, 협력과 성장형 사고방식growth mindset을 촉진시키며, 위험 부담이 있는 모험을 지지하고, 수준 높은 일을 장려하며, 포용성inclusiveness(포괄성이라고도 하며, 구성원을 성, 인종, 계층, 장애 여부, 성 정체성 등에 따라 배제하지 않고 모두를 수용하여 참여시킨다는 원칙 – 역자 주)과 평등의식을 기른다. 문화는 학생의 의사와 선택권, 지속적인 탐구, 집요함의 연료로 작용한다. 물론 긍정적인 문화는 하루아침에 만들어지지 않는다. 누구나 참여하

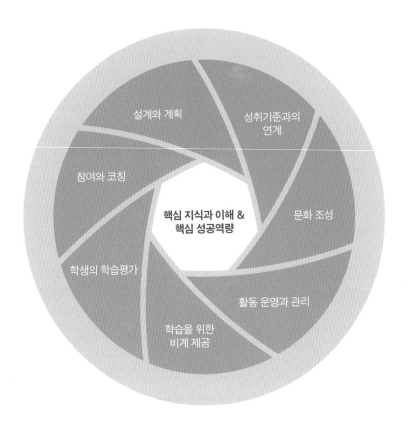

골드 스탠다드 PBL 기반 교수

는 포용적인 학습자 공동체를 만들려는 지속적인 노력에서 비롯된다.

2. 설계와 계획

목적의식적인 학습 경험의 설계는 학생과 학습자 모두에게 PBL이 가진 모든 잠재력을 활용하는 기반이 된다. 프로젝트 필수 설계 요소는 형성평가와 총괄평가를 비롯한 프로젝트의 청사진을 제시한다. 설계 단계에서 교사가 내리는 결정에는 자원 관리를 비롯하여 전문가나 지역 협력 단체와 연결해 주는 일까지도 포함될 수 있다. 프로젝트 기반 학습 계획은 학생의 의사와 선택권을 보장할 여지를 주는 한편 프로젝트가 통제 불가 상태로 흘러가는 일을 막아준다.

3. 성취기준과의 연계

프로젝트와 중요한 학습목표를 일치시키면 학문적으로 철저하고 핵심 성취기준과 고등 사고 능력에 초점을 두는 PBL이 보장된다. 이에 더해 학생은 자신이 지금 배우고 있는 것을 왜 배워야 하는지를 이해하고 PBL이 교실 밖 세상과 어떤 관련이 있는지 알게 된다.

4. 활동 운영과 관리

제대로 운영되는 PBL에서 학생은 심층학습에 도달할 수 있으며 장차 삶에 도움이 될 협업과 자기관리능력을 계발할 수 있다. 프로젝트 관리 전략이 생산성과 효율성을 중시한다고 해서 PBL이 그저 정해진 처방전을 따르는 방식이어야 한다는 뜻은 아니다. 제대로 운영되는 프로젝트라면 가끔은 '너저분한' 학습을 감안해야 한다.

5. 학생의 학습 평가

평가는 학생들이 완전 학습을 목표로 공부할 수 있게 해준다. 이는 뭔가를 안다는 차원이 아니라 성장을 뜻한다. 제대로 된 PBL은 개인 피드백과 단체 피드백을 비롯한 형성평가와 총괄평가의 균형을 요구한다. 교사뿐만 아니라 동료, 전문가, 청중 등이 피드백을 제공한다.

학생은 종합적인 피드백을 바탕으로 자신의 결과물을 다듬고 개선할 시간을 갖는다.

6. 학습을 위한 비계 제공

비계는 모든 학생이 프로젝트에 성공하고 학습목표를 달성할 수 있는 조건을 만들어준다. 평등한 교실에서는 학생의 현재 수준이나 능력이 성공에 장애물이 되지 않는다.

7. 참여와 코칭

참여와 코칭 전략은 학생에게서 최고의 능력을 이끌어낸다. 코칭 전략은 질문과 시범, 그리고 내적 동기를 키워줄 성찰을 사용하여 학생이 학습목표를 달성할 수 있게 도와준다.

마지막 장에서는 PBL로 수업 방향을 바꾼 교사들의 조언과 성찰을 담았다. 그들의 경험담을 통해 PBL은 실제로 해보면서 점점 발전한다는 사실을 알 수 있다. 단 한 번의 프로젝트로 노련한 프로젝트 기반 교사가 될 수는 없다. 오히려 유능한 학교 관리자와 수업 컨설턴트, 동료 교사의 지지를 받아 이루어지는 지속적인 전문성 신장의 과정으로 보는 것이 맞다. 물론 PBL로의 전환과 함께 일상적인 수업 실천에도 변화가 생기는 것이 사실이지만, 이미 확실하게 검증된 자원과 전략이라면 PBL 상황 안에서도 얼마든지 효과적으로 활용할 수 있다는 사실에 교사들은 안도하곤 한다.

PBL의 도입으로 바뀌지 않는 것은 바로 학생들의 삶에 세심한 교사가 미치는 절대적인 영향력이다. 실제로 PBL을 시작하고 나서 자신이 가르치는 학생을 더욱 잘 알게 되었다고 말하는 교사들이 많다. PBL로 수업을 바꾼 교사들이 입버릇처럼 하는 말이 바로 "학생들과 프로젝트를 하면서 애초에 내가 교직을 선택했던 이유를 다시 떠올리게 되었다."는 말이다.

실제 수업 속으로

이 책과 영상물의 제작을 위해 미국 여러 지역의 프로젝트 기반 교사들이 자신의 수업을 공개해 주었다. 이 작업에는 다양한 과목과 학년을 가르치는 교사들이 참여하였으며, 이들이 근무하는 학교의 인종이나 경제적 여건, 사회적 환경도 각양각색이다. 이 교사들이 학생의 학습을 위해 프로젝트 기반 핵심 교수 7가지를 각각 어떤 식으로 활용하는지 그 자세한 이야기를 들려줄 것이다. 대부분의 경험담은 일부 예외를 제외하고는 저자나 영상 제작자들과의 인터뷰나 서신 교환을 통해 수집되었음을 밝힌다.

도심 빈곤 지역 고등학교의 수학 교사부터 상당수 학생이 영어를 모국어로 하지 않는 초등학교 교사, 자신의 학생들을 견문이 넓은 시민으로 기르고자 하는 부유한 주택가의 중학교 과학 교사, 특수교육 대상자가 많은 고등학교의 화학 교사에 이르기까지, 매우 다양한 교사들이 이 책에 등장한다. 어떤 선생님들은 가족 중 최초로 대학에 진학할 학생들을 가르치고 있다. 교육의 평등을 주장하는 이 교사들은 PBL을 모든 학습자의 미래를 대비해 줄 최선의 방법으로 본다. PBL

실천 교사들을 도와 자신감을 갖게 해줄 수업 컨설턴트들의 전략과 조언도 실려 있다.

상황은 서로 다르지만, 이들 교육자들은 모두 자신이 가르치는 학생들이 PBL이라는 도전을 잘 해내리라는 한결같은 믿음을 갖고 있다. 모든 학생들에게 거는 높은 기대는 PBL 문화의 정수이다. 자신의 학생들에게 항상 "나는 여러분을 믿습니다."라는 말을 해주는 한 고등학교 인문학 교사처럼 말이다.

이 책의 특징

이 책에는 프로젝트 기반 교육 실천에 대한 이해를 높일 다양한 팁과 함께 PBL을 학교에 정착시키는 데 도움이 될 전략을 소개하였다.

GSPBL 교수 지표

각 장마다 골드 스탠다드 프로젝트 기반 교수 실천이 실제로 어떻게 구현되고 있는지를 설명하였고, BIE의 프로젝트 기반 교수 기준표 (전체 기준표는 부록 참고)에서 추출한 지표를 곁들였다.

Try This!

학교 실정에 맞는 PBL 실천에 도움이 될 활동을 소개하였다. 이곳에 소개된 활동을 학생이나 동료 교사와 함께 해보고 그 결과를 돌아보자.

수업 컨설턴트를 위한 조언

PBL에 대한 자신감과 성과를 높이기 위해 수업 컨설턴트나 수석교사가 할 수 있는 역할을 이곳에 담았다.

부록에는 PBL 교사로서 역량을 지속적으로 계발시켜줄 두 가지 자료를 제시하였다.

프로젝트 기반 교수 기준표

프로젝트 기반 교수에 대한 전체적인 지표를 담고 있다. 초보 PBL 교사, 성장기 PBL 교사, 그리고 골드 스탠다드 PBL을 실행하는 교사로 구분하여 문화의 조성부터 참여와 코칭에 이르기까지, 7가지 영역에 대한 지침을 안내한다. 전문성 신장을 위한 도구로 계발되었지만 자기성찰용으로도 사용할 수 있으며, PBL 관련 연수 때나 동료 교사와의 대화에서도 유용하게 사용된다.

학생용 학습 안내서 견본

교사들은 골드 스탠다드 PBL의 기초를 닦기 위해 여러 가지 설계상의 결정을 내린다. 학문적으로 철저한 프로젝트에 필요한 계획을 구상하는 독자들을 돕고자 '법정에 선 혁명Revolutions on Trial'이라는 프로젝트에서 실제로 사용했던 학생용 학습 안내서를 예시 자료로 수록하였다. 빈 양식은 벅교육협회 홈페이지(www.bie.org에 접속하여 "Student Learning Guide"로 검색)에서 다운받을 수 있다.

CONTENTS ──────

PROJECT BASED TEACHING

PART 1
수업 문화 조성하기

"긍정적인 교실 문화는 포용적인 PBL 학습 공동체를 형성한다."

텔라니아 노르파 선생님의 미적분 강의를 수강하는 학생들은 수업을 시작할 때 자신의 목표를 정확히 알고 있다. 당일 성공촉진과제Success starter의 절차가 교실 앞쪽 화면에 띄워져 있는데, 이 3분짜리 개인 활동을 하면서 학생들은 본격적인 학습과 프로젝트 활동 시작에 앞서 일종의 준비운동을 한다. 예를 들면 방정식으로 자신의 대학 학비 계산해 보기와 같은 과제가 주어지는 식이다.

오클라호마 시티에 있는 노스웨스트 클라센 고등학교Northwest Classen High School의 이 학생들은 실제로 지수함수, 로그함수, 유리함수에 대한 자신의 지식을 활용하여 실제 의뢰인의 재정 계획 수립에 도움을 주는 프로젝트 활동에 참여 중이다. 이들은 대학 진학을 목표로 한 저축이나 주택담보대출 상환, 은퇴 계획, 또는 이들 몇 가지가 결합된 재정적 목표를 가진 일곱 명의 의뢰인을 만났다. 그리고 학생들은 "어떻게 하면 의뢰인들의 요구를 충족시키는 재정 계획을 수립할 수 있을까?"라는 탐구질문의 해결을 위한 노력에 착수하였다.

준비 활동이 끝나는 대로 학습목표가 제시되는데, 오늘의 학습 목표는 "재정적 모형을 나타내는 미지수가 하나인 방정식을 세워 주어진 문제를 해결할 수 있다."이다.

선생님은 "이 학습목표는 무슨 뜻일까? 이것을 할 수 있다는 것은 어떤 의미일까? 이 능력은 우리가 탐구질문에 답하는 데 어떤 도움이 될까?"라고 물은 다음, 학생들에게 조별로 이 질문에 대해 이야기해 보게 한다.

학생들은 간단한 토의 후 그 결과를 참고하여 조별로 새로 등장한 개념을 프로젝트 전체 목표와 연결시킨다. 그런 다음 새로운 지수함수 문제를 소개하는 일제식 강의를 듣는다. 선생님은 학생들에게 이 학습을 시작하기에 딱 필요한 만큼의 정보만을 제공하고, 학생들은 이 문제를 혼자 풀 것인지, 친구들과 함께할 것인지, 아니면 선생님이 만든 자료를 참고하여 해결할 것인지를 결정한다.

"오늘 안에 못 풀 수도 있고 내일도 안 될지 몰라요. 최선을 다해 노력해 보는 게 중요합니다."

교실을 돌아다니며 학생들을 둘러볼 때 노르파 선생님이 학생들에게 주지시키는 말이다. 학생들은 세 번째 시간에 학급 전체 앞에서 문제를 어떻게 풀었는지 발표해야 한다는 것을 알고 있다.

학생들이 문제에 대해 이야기하고 이런저런 전략을 비교하면서 대화가 이루어지기 시작한다. 노르파 선생님이 조용히 앉아 있는 한 학생 앞에 멈춰 선다. 선생님을 올려다보며 학생이 털어놓는다.

"선생님, 전 수학을 너무너무 못해요."

"기억력이 좋지 않구나. 문제를 풀 때마다 그런 소리 하니 말이야."

선생님이 상냥한 미소로 답한다.

"지난번에도 힘들게 풀다가 결국 해결했던 거 기억나? 우리가 같이 작성했던 규칙 기억하지? 그중 하나가 '우리는 모두 성장형 사고방식을 가진다'였잖아. 그리고 선생님이 옆에 있다는 걸 잊지 마."

PBL에서 수업 문화가 중요한 이유

수업 문화classroom culture는 성격이 다양해서 한 마디로 정의를 내리기 쉽지 않다. 다만 모든 학생들이 PBL을 통해 성공하려면 이를 반드시 올바르게 이해해야 한다.

문화는 학교 전체에서 공통되게 발견되는 것으로 학교 운영을 좌우하는 가치, 신념, 인식, 규칙(불문율도 포함), 관계를 모두 아우른다(Çakiroglu, Akkan, & Güven, 2012; Kane et al., 2016). 한편 학교 문화는 복장 규정에서 규율 체제와 포상에 이르기까지 모든 것을 포함하는 규범, 기대, 전통에 의해 강화된다. 연구 결과에 따르면, 학생들은 편안하다고 느낄 때 가장 잘 배우며(Scott & Marzano, 2014), 건강한 문화는 노력을 장려하고 협동을 지원하며 동기를 강화하고 학습의 중요한 부분에 집중하게 한다(Deal & Peterson, 2009). 높은 성취를 촉진시키는 문화 속에서는 학습을 위한 환경이 항상 보장되며 "우리는 특별하고 훌륭한 어떤 것의 일부라는 공통된 믿음"이 관찰된다(Fisher, Frey, & Pumpian, 2012).

실제로 문화는 학습과 대단히 밀접한 관련이 있기 때문에 '숨은 교육과정hidden curriculum'이라 부른다(Jerald, 2006). 전인 교육 전문가인 션 슬레이드(Sean Slade, 2014)는 문화는 학생들이 학교에서 보고 듣고 느끼고 교류하는 모든 것에 의해 형성된다고 주장하며 다음과 같이 설명했다.

어떤 학교나 교실에 들어가보면 몇 분이 채 지나지 않아 그 공간 전체에 스며 있는 문화를 느끼고, 정의하고, 거의 맛까지 볼 수 있다. 개방적이고 함께하는 환경인가, 아니면 규율 중심의 경직된 운동장인가? 편안하고 반겨주는 분위기인가, 아니면 위협적이고 서로 대립하는 분위기인가? 어떤 의견이라도 환영받는 문화인가, 아니면 주눅 들게 만드는가? 지시와 지도를 기다리는 분위기인가, 아니면 공동의 목표를 향해 자율적으로 움직이고 있는가?

수업 문화는 PBL에서 특히 중요성을 지닌다. 탐구, 도전, 집요함, 자기주도학습과 같은 목표를 달성하고자 한다면 문화를 그저 운에 맡겨두어서는 안 된다. PBL에 적합한 문화를 조성하기 위해서는 교사와 학생 모두의 지속적인 노력과 관심이 필요하다. PBL 문화는 비밀스러운 존재가 아니라 공개적으로 만들고 강화하고 향유되어야 한다.

**GSPBL
교수 지표**

문화 조성하기 ───────

바람직한 학습 문화가 조성되면 학생들이 서로서로, 또 교사와 소통하는 모습 속에 그 증거가 보일 것이다. 문화가 형성되었음을 보여주는 지표로는 다음과 같은 것들이 있다.

• 수업을 이끌어가는 규범은 학생들과 함께 만들고 학생 스스로

관리한다.

- 학생들이 프로젝트에서 다루고 싶어 하는 실생활 문제와 쟁점의 파악 등을 위해 학생의 의사와 선택권이 자주, 지속적으로 반영된다.
- 최소한의 교사 지시만으로도 학생들은 보통 자신이 할 일을 알아서 한다.
- 학생들은 실제 어른들의 업무 환경과 동일한, 건강하고 기능적인 모둠에서 협력하여 공부하고, 교사는 모둠 운영에 거의 관여할 필요가 없다.
- 학생들은 프로젝트를 수행하는 데 있어서 단 하나의 '정답'이나 방법이 존재하지 않는다는 것을 이해하며, 위험을 감수하고 도전하여 실수를 해도 이를 통해 배우면 된다고 생각한다.
- 비평과 개선, 끈기, 철저한 사고, 수준 높은 공부를 한다는 자부심의 가치가 공유되고 학생들은 서로에 대해 공동 책임을 진다.

문화 조성은 어떻게 하는가?

문화는 노골적인 방식으로도 조성할 수 있지만 좀 더 은근한 방식으로도 만들어갈 수 있다. 가령 노르파 선생님의 교실에서는 일일 성공촉진과제와 같은 여러 수업 활동과 성장형 사고방식에 대한 믿음에서 문화를 엿볼 수 있으며, 심지어 협업을 장려하기 위해 4인 1조로 배치된 좌석과 같은 물리적 환경에도 그 수업의 문화가 투영되어 있다. 이러한 요소들은 서로 배려하는 관계를 토대로 세워진, 따뜻하지만 학업 면에서는 철저한 문화를 만드는 데 기여한다.

"우리 학생들은 제가 자기들을 사랑한다는 걸 알아요."

노르파 선생님은 자신의 말과 몸짓을 통해, 그리고 높은 기대를 통해 그러한 메시지를 주기적으로 강조한다. 또 유머를 살짝 섞는 것도 주저하지 않는다.

교육 전문가 캐롤 앤 톰린슨에 따르면 긍정적인 문화를 조성하는 데 있어 교사의 역할은 "굉장히 좋은 마을의 특징인 태도나 신념, 관행을 계발하는 것"과 흡사하다고 한다. 이런 특성을 지닌 수업 공동체를 보여주는 지표로는 상호존중, 안전감, 성장에 대한 기대, "모두가 환영받으며 다른 사람들도 그렇게 느끼는 데 모두가 기여한다(Carol Ann Tomlinson, 2017)"는 느낌 등이 있다.

베테랑 PBL 교사인 페로즈 문쉬는 수업 문화를 파악하기 위해 인류학자의 눈으로 자신의 학습 환경을 바라보라고 권한다.

"(여러분의 수업에서) 공통된 태도와 가치, 목표, 관행은 어떤 것들인가? 어떤 언어가 사용되는가? 어떤 실천과 수업 방법이 이루어지고 있는가? 주변엔 어떤 물건들이 보이는가?"

이 모든 요소들이 학습 문화를 만든다.

문화 조성을 위한 4가지 전략

PBL에서 특히 중요하게 여기는 문화 조성 전략 4가지를 자세히 들여다보자. 신념과 가치의 의도적인 강조, 공동 규범, 물리적 환경, 정해진 방법과 절차protocols and routines('protocol'과 'routine'은 맥락에 따라 해당하는 우리말이 달라지고 한마디로 정의할 수 없는 경우도 많아 이후부터는 우리말로 바꾸지 않고 '프로토콜'과 '루틴'을 그대로 사용하였다. – 역자 주)가 바로 그것이다. 각 전략마다 매우 다양한 방법과 오랜 관행이 존재하는데, 이 4가지는 교사와 학생을 도와 긍정적인 PBL 문화를 조성하고 강화할 것이다.

한편, 어떤 학생들에게는 PBL에 적합한 문화가 낯설게 여겨질 수 있다는 점에 유의해야 한다. 특히 과거에 전통적인 수업 방식이나 하향식 훈육만을 경험한 학생일수록 그럴 수 있다. 따라서 교실 규범을 함께 정하는 일처럼 좀 더 민주적인 전략을 도입할 때에는 그러한 활동의 목적과 혜택에 대해서 학생들과 반드시 이야기를 해야 한다. 학습 공동체의 한 사람 한 사람이 모두 문화의 형성과 유지에 있어서 중요한 역할을 한다는 메시지를 강조하자.

학년 초에 더 많은 노력이 필요하기는 하지만 문화의 조성은 지속적인 노력을 요하는 일이다. 문화의 조성은 프로젝트 한 번이나 슬로건 하나 또는 모둠 단합 활동 한 번으로 가능한 일이 아니다. 일 년 내내 프로젝트를 하나씩 해나가면서 학생 모두가 PBL로 성공하는 학습 환경을 만드는 데 필요한 가치와 습관, 일상적인 활동을 계속해서 강화해 나가야 한다.

뉴욕 브루클린에 위치한 다문화 고등학교에 근무하는 화학 교사 레이 아흐메드는 학생들이 PBL로 성공하려면 올바른 교실 문화를 조성하고 강화하기 위한 노력이 필요하다는 점을 인정한다.

"다른 사람을 존중하고, 서로의 이야기를 경청하며, 함께 공부하는 자세, 학구적인 자세를 갖도록 가르치려 애쓰고 있습니다. 이런 일들이 9월(미국은 9월에 새 학년을 시작한다. - 역자 주)에는 힘들지만, 아이들이 규범에 대한 공동의 책임을 지고 있는 2월이 되면 훨씬 수월해집니다."

전략 1. 가치와 신념 : 중요한 사안의 공유

캘리포니아 라크스퍼 지역의 중학교 교사 레베카 뉴번은 프로젝트가 끝날 때마다 학생들에게 피드백을 요청한다. 선생님은 학생들에게 수업 규범을 상기시키며, 피드백은 친절하고 구체적이며 도움이 되어야 한다고 강조한다.

"저는 아이들에게 '도움이 된 것은 무엇이며 도움이 안 된 것은 무엇인가? 속도는 어땠는가? 실습 활동은 너무 많았는가, 부족했는가? 학습에 가장 도움이 되었던 것은 무엇이었는가?'와 같은 것들을 묻습니다."

학생들의 피드백을 받고 나면 선생님은 학생 한 명 한 명에게 이메일을 보낸다.

"이메일에서는 '네 피드백 중 프로젝트의 진행 속도에 대해 언급한 부분이 정말 좋았단다. 거기에 대해서 좀 더 이야기해 줄래? 어떻게 했더라면 더 나았을까?'라고 물어보지요."

학생들은 선생님의 답장에 놀라곤 한다.

"아이들은 '대박, 선생님이 진짜 읽으셨어!'라는 반응을 보이곤 하지요. 아이들의 피드백을 경청하여 문화를 강화하는 모범을 제가 직접 보이는 겁니다. 아이들에게 자신들이 정말로 발언권이 있다는 것을 보여주는 거죠."

교사가 무엇을 중요하게 생각하는지 투명하게 보여주면 학생들은 교사를 학습의 동반자로, 그리고 PBL의 지원자로 여길 수 있다. 교사가 자신의 신념과 가치를 학생과 직접, 그리고 행동을 통해 공유하는 것이다.

수학 교사 텔라니아 노르파 선생님 이야기로 다시 돌아가보자. 예를 들어 노르파 선생님은 학생들에게 학생 모두가 수학 공부에 성공할 것이라고 믿는다는 점을 상기시킨다. 과거에는 그렇지 못했더라도 말이다. 이 선생님이 입에 달고 사는 말 중 하나는 "우리 반 학생들은 모두가 최고로 멋지다."라는 말이며, 일 년 내내 매일 기대하는 것에 대해 이야기한다. 또 학습목표와 학생들의 개인적 목표를 연결시킨다. 예를 들어 재무계획 프로젝트는 대학 입학을 앞둔 학생에게 쉽게 적용할 수 있다.

노르파 선생님의 제자 중 상당수는 가족 중 최초로 대학에 진학할 아이들이다. "대학 진학과 관련하여 일이 어떻게 진행되는지 가족 내에서 아는 사람이 아무도 없습니다. 따라서 이 프로젝트는 우리가 다른 가족의 재정 계획을 돕는 형태를 띠고 있지만, 동시에 우리 아이들이 대학 생활을 위한 계획을 세울 수 있도록 돕고 있는 셈이지요."

마찬가지로 인문학 교사 에린 브랜드볼드는 "초긍정" 피드백을 줄 기회를 엿본다. 예를 들어 한 학생이 어떤 읽을거리가 가장 쉬울지 질문을 하면 브랜드볼드 선생님은 "그건 바로 네가 가장 관심을 가지고 있는 주제에 대한 거지. 그렇게 해야 오랫동안 지속할 수 있어."라는 답을 해준다.

PBL 교사들 대부분이 공통되게 지니고 있는 또 한 가지 믿음은 바로 학생들이 자신이 배우는 것을 왜 배우는지 그 목적을 알 권리가 있다는 점이다. PBL은 학문적 개념과 실생활 속 상황을 접목시켜 그 "왜"라는 질문에 분명한 답을 준다. 설계가 잘된 프로젝트는 학생들이 항상 하는 "도대체 우리가 이걸 언제 필요로 할까?"라는 질문에 자연스럽게 답한다. 교사는 또한 실제 청중을 확보하여 학생들의 학습 경험을 유의미하게 만들어줄 수 있다.

화학 교사 레이 아흐메드 선생님이 PBL을 하는 목적은 학생들이 자신이 좋아하는 것들에 관한 핵심 교과 내용을 배울 수 있도록 전략적으로 돕는 것이다. 동시에 학생의 사회적, 정서적 요구를 충족시키는 일에도 신경을 쓴다. "그런 점에서 프로젝트가 참 좋은 것 같습니다. 학생들에게 흥미진진한 프로젝트 하나만 있으면 지적인 학습은 물론이고 사회적, 정서적 학습까지도 모두 다룰 수 있습니다." 아흐메드 선생님의 말이다.

한편 이들 베테랑 교사들은 PBL이 학생들에게 흥미진진하기를 바라지만 동시에 이런 식으로 공부하는 것이 결코 쉽지 않다는 것을 안다. 그래서 PBL 교사들은 학생들이 어려움을 극복하고 양질의 결과물을 만들어냄으로써 까다로운 목표를 달성하리라는 자신의 믿음을 말과 행동을 통해 전달한다.

노르파 선생님의 학생들은 "그냥 정답을 알려달라"는 말을 한다고 한다. 이에 대한 반응에서 우리는 이 선생님의 신념과 가치관을 엿볼 수 있다.

"저는 학생들이 하는 말을 존중합니다. 아이들이 감정을 분출시킬 필요가 있다 싶을 때는 들어줍니다. 그렇지만 들어주고 나서는 이렇게 얘기해 줍니다. '너는 성장해야 돼. 만약 다른 사람이 알려주는 것만 가지고 배운다면, 정말 혼자서 뭔가를 해결해야 할 때 어려움을 겪게 될 거야. 네가 해낼 수 있도록 선생님이 발판을 놓아줄게. 고생을 좀 할지도 몰라. 하지만 공부하다가 막히는 건 자연스러운 일이란다. 숨을 한 번 크게 쉬고 나서 다른 방식으로 접근해 보렴.'"

노르파 선생님의 말 속에는 유능한 PBL 교사들이 공통되게 가지고 있는 핵심 가치와 신념이 담겨 있다. 이 가치와 신념은 바람직한 학습 문화 조성에 대단히 중요하다.

전략 2. 공동 규범 : PBL 학습자 공동체 만들기

PBL 교실을 방문하면 어김없이 수업 규범class norms이 담긴 현수막이나 포스터, 슬로건을 보게 된다. 이들 규범은 교사가 만들고, 또 대체로 "해야 할 일과 해서는 안 될 일(예를 들면, 수업에 늦지 않기라든가 비속어 사용 금지 등)" 중심으로 이루어진 규칙과는 보통 다른 느낌을 준다. 규칙은 강제와 통제를 위한 것이다. 반면 규범은 학생과 교사가 서로를 어떻게 대할지와 학습 공동체로서 그들이 소중하게 여기는 것에 관해 합의된 사항이다. PBL에서 공동 규범은 포용적이고 서로 존중하며 공정한 학습 문화를 든든하게 떠받친다.

규범에 대한 합의에 도달하게 되면 PBL을 위한 튼튼한 기초가 마련된다. 규범을 구성하는 일에 참여하면서 학생들은 자신이 수업 운영에 발언권이 있음을 알게 된다. 이 규범을 지키기 위해 노력하면서 학생들은 자신과 급우들은 물론 선생님도 이를 지킬 책임이 있음을 알게 되는데, 이 과정은 기존의 권력 관계를 전복하여 더욱 민주적인 교실을 만들어낸다.

학생들은 가정에서 실로 다양한 문화적 규범과 기대, 관행을 교실로 가져온다. 교육자들 역시 자신만의 전제나 편견이 있다. 공동의 규범을 만드는 일의 목적은 개인이 가져온 것을 소중히 여기는 교실 문화를 장려하면서 그 집단의 공동 목표를 수립하는 데 있다.

아래 사진은 노르파 선생님의 수학 수업에서 채택된 규범으로 "재미있고 제대로 된 학습"이라는 문화를 강조한다. 이를 자세히 들여다보자. "학생들이 이해하도록 돕는다."라든지 "필요한 것을 정당하게 요구한다."와 같은 규범을 보면 교사와 학생의 입장이 각각 구분되어 긍정문으로 작성되어 있음을 알 수 있다. 또 재미있고 제대로 된 학습을 위한 환경을 만든다는 목표가 명시되어 있다. 이 규범은 모두가 합의한 내용이므로 이를 지킬 책임이 있다.

교사는 학생의 연령과 발달 단계, 규범에 대한 이전 경험, 학교의 전반적인 문화를 고려하여 다양한 방식으로 규범을 확립하고자 애쓴다. 현실적인 고려도 작용한다. 가령 노르파 선생님은 매일 몇 가지씩 준비를 시킨다. 학년 초에는 "재미있고 제대로 된 수학 학습 환경을 어떻게 만들까?"라는 탐구질문을 던지는 미니 프로젝트를 실시한다. 학생들은 매 시간 공동 규범을 위한 브레인스토밍 과정에 참여하고 투표를 통해 합의에 도달한다. 그런 다음 선생님은 여기서 나온 내용을 종합하여 모든 수업에 적용할 규범 한 세트를 〈표 1-1〉과 같이 만들어낸다. 여기에는 교사와 학생에 대한 기대도 포함되어 있다.

미시간 노바이의 셰리 그리징거 선생님 교실에 가보면 2학년 학생

1-1. 노르파 선생님 반의 공동 규범

교사와 학생 규범

다음은 우리 수업의 선생님과 학생을 위한 규범이다. 규범은 멋지고 재미있는 학습 환경을 조성하기 위해 우리 학급이 합의한 것이다. 우리는 매주 이 규범에 따라 스스로를 점검하기로 한다.

선생님은	학생은
1. 다양한 방식으로 가르친다.	1. 성장형 사고방식을 갖는다.
	• 자신이 발전할 것이라고 믿는다.
2. 학생을 이름으로 부른다.	• 실패를 통해 앞으로 나아간다.
	• 계속해서 노력한다.
3. 학생의 감정을 배려한다.	• 자신의 학습 능력에 대해 긍정적으로 말
• 학생의 상황을 이해한다.	한다.
4. 훌륭한 자세를 지닌다.	2. 친구들을 이름으로 부른다.
• 침착함을 유지한다.	
• 친절한 말을 사용한다.	
• 인내심을 가진다.	3. 자신의 공부에 대해 책임을 진다.
• 학생들과 만나고 헤어질 때 인사를 한다.	• 준비물을 잘 챙긴다.
	• 원하는 것을 분명하게 말한다.
5. 학생이 이해할 수 있도록 돕는다.	• 전문가가 된다.
• 적당한 속도로 수업을 진행한다.	• 마감기한을 지킨다.
• 분명하게 설명한다.	• 참여한다.
• 다양한 학습양식을 지원한다.	• 수업 시간을 잘 지킨다.
• 학생에게서 최고를 기대한다.	
• 필요할 때는 다시 설명한다.	4. 선생님과 친구의 말, 그리고 지시와
	안내를 경청한다.
6. 예의를 지킨다.	
• 모든 사람에게 필요한 것을 제공한다.	5. 특별한 일이 아니면 학교에 꼭 나온다.
• 때와 장소, 상황에 맞는 언어를 쓴다.	
• 필요하다면 자유를 허용한다.	
• 설명할 때는 따뜻한 표현을 쓴다.	6. 유능한 조원이 된다.
• 학생의 이름을 불러준다.	• 도움이 되는 피드백을 제공한다.
	• 침착함을 유지한다.
7. 성장형 사고방식을 갖는다.	• 타인을 격려한다.
	• 본론에서 벗어나지 않는다.
	• 사려 깊게 행동한다.
	• 때와 장소, 상황에 맞는 언어를 쓴다.
	• 학생과 교사 모두에게 말을 분명하게 한다.

전원이 만들어낸 것으로 보이는 규범을 담은 포스터가 있다. 포스터에는 다음과 같은 합의사항이 적혀 있다.

- 모두를 행복하게 한다.
- 현명한 결정을 내린다.
- 서로를, 그리고 우리 물건을 소중하게 다룬다.
- 안내에 빨리 따른다.

학생과 교사는 이에 더해 수신호와 간단한 제스처를 사용하여 이 규범을 강화한다. 예를 들면 관자놀이를 가볍게 한 번 치는 것은 "지금 현명한 결정을 내리고 있다."는 뜻이다.

굉장히 어린 학습자도 규범을 함께 만들 수 있다. 유치원에서 5세반을 담당하는 사라 레브 선생님은 "우리는 서로를 어떻게 대해야 할까

공동 규범과 긍정적 슬로건은 레이 아흐메드 선생님 교실에서 두드러지게 드러나는 특징이다.

**프로젝트 수업
어떻게 할 것인가? 2**

요? 올해 우리가 바라는 점은 무엇인가요?"라는 질문으로 새 학년을 시작한다. 학생들은 자신의 의견이 중요하다는 사실을 즉시 인지한다. "제가 개입해서 규칙을 정할 때와는 확실히 다릅니다." 레브 선생님은 말한다. "저는 학생들 생각을 계속 물어봐요."

레이 아흐메드 선생님은 학년이 시작되자마자 즉시 바람직한 수업 문화 조성에 돌입한다.

"처음 며칠은 문화 조성, 그리고 학생들이 수업 시간에 하는 활동 진행에만 온전히 집중합니다. 활동을 잘 고르면 세우고 싶은 규범이 활성화됩니다."

아흐메드 선생님은 첫날부터 학생들에게 모둠 활동을 시킨다. 코치의 입장이 되어 학생들의 토론을 참관한 뒤 진행 상황에 대해 개별 면담을 갖고, 동료 비평을 위해 갤러리 워크Gallery walks 같은 방법도 소개한다. "그 즉시 대화와 생각, 협동이 많아집니다. 긍정적인 행동에 대해서는 강화를 많이 해줍니다. 이런 거나 저런 건 안 돼, 라고 말하는 것과는 다르죠."

수업 규범을 작성할 때 학교 차원의 합의사항을 기본으로 하되 그 내용에 추가하는 방식을 사용하는 교사도 있다.

캘리포니아 산호세에서 4학년을 가르치는 애비 슈나이더존 선생님은 2016년 특수목적학교magnet school인 스타인도르프 융합인재 초등학교Steindorf STEAM Elementary School가 개교할 당시 이곳에 부임했다. 이 학교는 학교 차원에서 긍정적 행동 중재 및 지원 프로그램을 도입했다. 학교 전체를 지배하는 문화의 일부로서 전 학년 학생들은 다음 세 가지 목표를 공유한다.

- 우리는 사려 깊고 존중하는 마음을 갖는다.
- 우리는 책임 있는 의사결정자이다.
- 우리는 문제 해결자이다.

슈나이더존 선생님은 이 규범을 소개한 뒤 학생들에게 이 규범들이 우리 수업에서 어떤 식으로 적용되겠는지를 자신의 말로 정의해 보라고 요구한다.

"낯선 상황이 발생하면 우리는 규범을 다시 살펴봅니다. 한번은 우리 반에 일인당 한 대씩 쓸 수 있는 크롬북이 생긴 적이 있는데, 우리는 어떻게 하면 그것을 잘 활용할지 토의했습니다. 적절한 용도가 무엇일까 하고요."

수업 규범은 교사와 학생 모두에게 함께 공부할 때 필요한 원칙이 되어준다.

T차트를 이용한 수업 규범 작성

이스트 캐롤라이나 대학교East Carolina University 영어교육과 교수이자 교육 블로그 운영자 토드 핀리는 규범을 만드는 과정에 학생을 참여시키는 과정을 다음과 같이 단계별로 제시한다(Todd Finley, 2014).

1 학습에서 규범이 왜 중요한지 설명한다. (이유의 공유)

2 모둠별로 T차트를 작성하게 한다. 차트의 왼쪽에는 학습에 방해가 되는 구체적인 사례나 상황을 적게 한다(예 : 실수한 사람을 비웃으면 수업 활동이나 대화에 참여하기가 꺼려진다 등). 오른쪽에는 그런 일이 벌어지지 않게 해줄 규범을 제시한다(예 : 우리는 실수를 통해 배운다 등).

3 조별 활동이 끝나면 학급 전체 토의를 위해 지금까지 나온 모든 규범을 죽 나열하여 적는다. 이 중 어떤 것들이 신뢰와 존중을 쌓고 탐구를 독려하며 좋은 학습 결과물을 내기 위한 노력을 촉진시키는가? 빠진 내용은 무엇인가?

4 학생들이 어떤 것을 채택할지 투표를 한다. 최종 결과물은 교실 게시물로 만들어 공유한다. 학생들이 포스터를 직접 만들고 전원이 서명하는 형태도 가능하다.

5 학년이 끝날 때까지 계속해서 이 규범을 이용하고, 학생들이 친구들과 규범을 강화하도록 독려한다.

전략 3. 물리적 환경 : 무엇을 어떻게 배치할 것인가

수업 문화는 물리적인 환경을 통해서도 엿볼 수 있다. 일테면 자유로운 자리 이동을 가능하게 하는 바퀴 달린 의자 같은 것들이 그렇다(학교가 그런 가구를 아직 갖추지 못했다면 의자 다리에 테니스공을 씌워 빠르고 쉽게 이동하게 만드는 방식으로 머리를 쓰면 된다).

어떤 것들은 공간을 누가 "소유"하는가에 대한 미묘한 메시지를 전달하기도 한다. 학생들의 아이디어를 담아낼 뭔가를 적을 수 있는 공간(가령 벽보나 화이트보드, 그도 아니면 창문에라도)이 있는가? 학생들은 프로젝트를 진행하는 동안 필요에 따라 정보화 기자재들을 자유롭게 사용할 수 있는가, 아니면 그 도구들이 주로 교사의 통제하에 있는가? 그러한 도구를 학생의 손에 넘겨주면 학생의 발언권과 선택권이 촉진되며, 이는 교사와 학습자 사이의 동반자적 관계를 강화한다.

애비 슈나이더존 선생님의 교실은 유연성이 극대화된 설계가 돋보인다. 의자에는 바퀴를 달았으며 책상은 부등변 사각형 모양으로 되어 있어 4명이 한 조가 될 때는 직사각형 모양을, 6명일 때는 원 모양을, 3명일 때에는 반원 모양으로 변신이 가능하다. 프로젝트 기간 중 다양한 학습 활동의 필요에 따라 자유자재로 자리를 빠르게 재배치할 수 있는 "매우 유연한 구조"이다.

그렇다고 해서 학생들이 범퍼카 놀이를 한다는 뜻은 아니다. 슈나이더존 선생님은 당면한 학습 활동에 맞춰 분명한 이유를 가지고 교실 환경을 신중하게 설정한다. 협업이 필요할 때 학생들은 모둠별로 앉는다. 혼자 생각할 시간이 필요한 활동에서는 책상 사이에 공간을 두게 하여 모둠을 "해체"시킨다. 한편 구조가 더 필요한 학생들도 배려한다. "자리 배치가 너무 자주 바뀌는 환경이 어떤 사람에게는 감당하기 어려울 수 있기 때문입니다."

물론 이와 같은 가구(자리 배치가 유연한 책상 등)를 갖추는 일이 하나의 장점이 될 수는 있겠지만, PBL에 반드시 필요한 요소는 아니다. 더 중요한 것은 공간이 학생 중심 학습에 어떻게 도움이 되는지를 읽어내는 일이다.

초등 교사 에린 개넌은 문화 조성 활동의 일환으로 교실 공간 구성에 학생을 참여시키자고 제안한다.

"자신들이 학습에서 성공할 수 있게 해주는 공간의 필요성을 스스로 결정하게 합시다. 협업이 가능한 공간을 만들고 어디에 앉을지를 스스로 결정하게 하면 한 해를 힘 있게 시작할 수 있습니다."

아울러 PBL 친화적 환경을 갖추면 학습을 위한 지원과 비계scaffolds가 잘 보이고 쉽게 이용할 수 있다는 장점도 있다. 다음은 문화 조성에 도움이 되는 세 가지 물리적 도구이다.

프로젝트 담벼락Project wall 게시판이나 눈에 띄는 전시 공간을 할애하여 현재 진행 중인 프로젝트의 모든 정보를 관리하는 공간으로 활용한다. 임박한 마감일, 중요한 일정을 강조하거나 학생들에게 탐구 질문을 상기시킬 수 있으며, 꼭 알아야 할 내용이나 자료를 알려주기도 한다. 프로젝트 담벼락은 저학년의 주의 집중에 최적화된 도구같아 보이지만 고학년 학생들에게 효과가 크다. 수업 컨설턴트 이안 스티븐슨 선생님의 경우 프로젝트 담벼락을 고등학생용 교수 도구로 활용한다. 스티븐슨 선생님의 수업에서 이 담벼락은 정적인 전시 공간이 아니다. 학생들이 새로운 연구 질문을 올리거나 자신이 속한 모둠과 자신의 진행 상황을 관리하는 등 역동적으로 살아움직이는 공간이다. 학생 모두가 컴퓨터와 인터넷 접속이 가능하다면 디지털 공간을 같은 용도로 활용할 수도 있다.

문장완성자Sentence starters 학생의 의사와 선택권은 양질의 PBL이

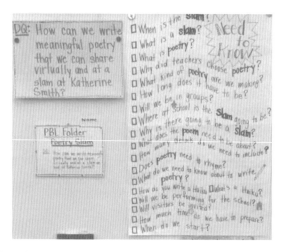

한 초등학교의 국어 프로젝트용 프로젝트 담벼락에 질문과 자료가 게시되어 있다.

갖추어야 할 핵심적인 요소이지만, 모든 학생들이 자신의 의견을 편하게 밝힐 수 있는 것은 아니다. 토론에 적극 참여하기 위해 다른 사람보다 생각할 시간이나 도움이 더 필요한 학생도 있는데, 문장완성자는 이들이 원활한 토론을 할 수 있게 도와준다. 예를 들어 "저는 이문제를 다르게 봅니다. 왜냐하면 ~"이나 "~에 대해서 생각해 본 적있나요?" 혹은 "제 결론을 뒷받침하는 근거는 이겁니다. ~"와 같은문장완성자 활동은 논증과 비판적 사고를 촉진시킨다. 한편 우리 말이 서툰 다문화 학생에게는 안전한 환경이 되어주기도 한다. 어떻게하면 생산적이고 적절하게 대화에 참여할 수 있는지를 학생들에게 잘알려주기 때문이다.

어수선한 진행messy middle의 증거물 PBL은 '어수선한 학습'이라는 애칭으로 불리는 경우가 많다. 시제품을 만들어내고 개략적인 초고를 작성하는 일에 수반되기 마련인 생산적인 무질서를 숨기지 말고 확실하게 드러내자. 학생들이 진행 중인 작업 자체를 질문과 관찰, 형성적 피드백 제공의 기회로 활용하자. 잘 다듬어진 최종 결과물을 선보일 기회는 앞으로도 얼마든지 있을 것이다.

교실 환경 점검 ───

물리적 환경에 대한 교실 점검을 실시하여 긍정적 학습 문화의 증거를 찾아보자. 다음 사항을 찬찬히 살펴보면서 알아낸 것은 무엇인가?

- 학생들이 보는 것들 사진이나 포스터를 비롯한 기타 장식품에 학생의 문화와 다양한 배경이 반영되어 있는가? 교사는 모두를 환영하는 문화를 만들어가고 있는가? 학생들은 무엇이 게시될지에 대한 권한이 있는가? 교실에 놓인 비품들은 교사나 학교가 구입한 것인가, 아니면 학생들이 직접 만들거나 만드는 과정에 참여한 것들인가?

- 학생들의 말과 생각 교실에 게시된 공동 규범, 또는 게시판에 학생들의 아이디어가 학생의 언어로 담겨 있는가? 학생의 작품이나 작업이 진행 중이라는 것을 보여주는 증거들이 있는가, 아니

면 세련된 최종 결과물만이 전시되어 있는가? 언어 학습이나 학구적 대화를 도와줄 문장 형식이나 어휘 벽word wall이 보이는가?

- 좌석 배치 교실의 자리 배치는 얼마나 유연한가? 학생들은 다양한 학습 활동 형태(개인, 짝, 모둠 등)에 따라 책상을 자유롭게 이동할 수 있는가? 자유자재로 유연하게 움직이는 스툴wobble stool처럼 움직임이 많은 활동도 수용하는 가구를 갖추고 있는가?

- 비품 이용은 용이한가? 학습용 도구, 책, 기타 자원(기자재 포함)은 얼마나 사용하기 쉬운가?

- 진행 중인 학습 학습 공동체가 현재 어떤 프로젝트를 진행 중인지 한눈에 알 수 있는가? 수준 높은 결과물을 공동의 목표로 하고 있음을 보여주는 증거, 예를 들면 채점기준표나 여타 탁월함의 기준과 같은 것들이 있는가? 학생들이 작업의 모범으로 삼을 만한 우수한 사례가 전시되어 있는가?

점검 결과를 바탕으로 수업 문화 개선을 위해 물리적 환경에 어떤 변화가 필요한지 생각해 보자.

전략 4. 프로토콜과 루틴 : 학생 중심 수업 관행

루틴과 프로토콜은 교육에서 흔하게 쓰이는데, 물론 그럴 만한 이유가 있다. 익숙한 절차는 학습 활동을 위한 시간과 집중력을 지켜주기 때문에 효율성을 높이고 수업 운영을 개선한다. 루틴은 반복을 통해 자동화되고, 절차나 방법에 대한 설명이나 교사의 감독을 최소화할 수 있다(Lemov, 2015). 실제로 교사들에게는 과제를 제출하거나 자료를 배부하는 나름의 방식이 있는 경우가 많다.

프로토콜은 특정 주제나 문제에 대한 대화의 주제를 유지하면서 적극적인 경청과 성찰을 장려하는 구조화된 절차이다. 프로토콜을 잘 사용하면 모둠 내 모든 목소리에 귀를 기울이고 이를 소중하게 여기는 효과를 볼 수 있으며(Mattoon, 2015), 협력적인 문화를 형성하는 데 도움이 된다.

PBL에서는 학생 중심 학습 문화를 강화하는 규칙을 채택하는 것이 중요하다. 교사가 모든 것을 책임지는 상황을 원치 않는다면, "선생님 전에 세 명에게 질문하기"라는 규칙을 이용하여 학생들이 서로의 자원이 되도록 한다.

PBL을 처음 접하는 학생들은 왜 학교가 이렇게 다른지 질문을 하기도 한다. 이는 교실 문화의 핵심을 건드리는 좋은 질문이기에 정성을 다해 답해야 한다.

4학년을 가르치는 한 PBL 베테랑 교사는 새 학년을 맡으면 지명을 받을 때까지 손을 들고 조용히 기다리는 순종과 수동성의 루틴에서 아이들이 벗어나도록 돕는 일부터 시작한다. 이 선생님은 아이들이 프로젝트에 참여하는 동안 함께 대화하고 배우는, 보다 소통하는 교실을 권장한다. 그렇다고 해서 혼란을 자청한다는 뜻은 아니다. 때로는 간단한 수신호로 학생들이 소음을 낮추어야 할 때, 혹은 모둠 활동에서 학급 전체 활동으로 넘어갈 때를 알려줄 수도 있다.

　루틴과 마찬가지로 프로토콜 역시 PBL에서 중요하다. 피드백에 집중하기 위한 갤러리 워크와 같은 프로토콜을 사용하면 학생들은 비판을 주고받는 법과 피드백을 이용해 향후 활동을 향상시키는 법을 배울 수 있다.

갤러리 워크

　갤러리 워크는 일종의 비평 프로토콜로서, 학생들은 이 활동을 하면서 친구들로부터 자신의 작품을 개선할 피드백을 받는다. 프로젝트 기간 중 형성평가의 일환으로 한 번 이상 갤러리 워크를 실시해 보자. 여기서 주의할 점은 어떤 종류의 비평 프로토콜이든 항상 실시 전에 학생들이 비판적 피드백을 교환하는 법을 알고 있어야 한다는 점이다. 그 과정에 대해 직접 시범을 보이거나 역할극이나 문장완성자 등의 활동을 하여 건설적 비판의 문화를 조성하고 강화해 보자. 다음은 갤러리 워크의 기본 절차이다.

1 평가할 대상을 교실 벽에 게시하거나 화면에 띄운다. 글, 스토리보드, 시제품, 기타 여러 형태가 가능하다.

2 피드백을 어떤 식으로 줄 것인지 결정한다. 포스트잇에 적어서 작품 옆에 붙일 수도 있고, 작품 옆에 부착된 피드백 양식에 적을 수도 있다. 디지털 도구로 피드백이나 질문을 남길 수도 있다.

3 학생들이 집중해서 봐야 할 것을 반드시 알려준다. 평가기준을 설명해 주거나, 채점기준표나 체크리스트를 길잡이로 사용하게 한다. "좋은 점은(I like)", "바라는 점은(I wish)", "궁금한 점은(I wonder)"과 같은 문장완성자 사용을 권장하여 피드백의 틀을 잡아준다.

4 학생들은 조용히 교실을 돌아다니며(디지털 방식인 경우 화면을 넘겨보며) 피드백을 실시한다. 작품 하나하나에 충분히 평가할 시간을 준다.

5 갤러리 워크가 끝나면 결과물을 만든 개인이나 모둠에게 자신이 받은 피드백을 읽고 성찰하게 한다. 그런 다음, 다음 단계 계획이나 수정 계획을 세운다.

소요 시간

약 20~30분(작품 수나 평가의 복잡성 정도에 따라, 그리고 5번 단계에 할애된 시간에 따라 전체 소요 시간은 달라질 수 있다.)

기타 참고 사항

• 피드백을 작성하기 전에 설명이 필요한 작품이라면 조원 한 명을 작품과 함께 남겨둔다.

• 작품을 만든 학생들 스스로 특별히 피드백을 받고 싶은 부분에

관한 질문 한두 개를 만들어 붙여둘 수 있다. 예를 들면 "이 결과물이 우리가 목표로 하는 대상에게 설득력이 있을까요?" "설득력 있는 근거를 제시하고 있나요?" 등이 있다.

이외에도 여러 가지 다양한 비평 프로토콜을 알고 싶다면 www.bie.org를 참고하자.

실력 있는 PBL 교사들은 갤러리 워크 이외에도 다양한 프로토콜과 루틴을 활용하여 바람직한 수업 문화를 만들고 강화한다. 다음에 소개하는 것들을 시도해 보자.

조회Morning meeting 수업이 시작되기 전 정기적으로 학생의 안부를 살피는 부담 없는 활동이다. 조회는 공동체를 이루고 인간 관계를 강화하며 학생의 목소리를 증폭시키고 학생의 사회적, 정서적 학습을 지원하는 데 도움이 된다. (자세한 내용은 www.responsiveclassroom.org/what-is-morning-meeting 참고)

사고력 활동 기법Thinking routines "생각, 짝, 나누기(Think, pair, share)" 나 "보고, 생각하고, 궁금해하기(see, think, wonder)"와 같은 사고력 활동은 내용 이해에도 도움이 되며 PBL에 중요한 호기심 같은 사고 습관을 길러준다. (자세한 내용은 www.visiblethinkingpz.org 참고)

어항 활동Fishbowl 토의 프로토콜로, 시범이나 토의 또는 동료 피드백을 목적으로 활용한다. 어항 내부에 있는 작은 모둠이 활발하게 토론을 벌이는 동안 바깥 원의 큰 모둠 학생들은 이를 잘 듣고 관찰한다. 그런 다음 학생들은 서로 역할을 바꾸는데, 그렇게 하여 결국은 모든 구성원이 토론자와 관찰자의 역할을 경험하게 된다. (자세한 내용은 www.facinghistory.org/resource-library/teaching-strategies/fishbowl 참고)

마무리 발언Closers 수업 종료 루틴을 통해 모두가 함께 이번 수업의 성과와 어려움에 주목하고 공동 규범을 강화한다. 프로젝트 기간 중 학생들은 수업 시간의 대부분을 서로 다른 학습 활동을 하거나 소모임을 이루어 공부하며 보낸다. 마무리 루틴은 잠깐이지만 모두가 하나의 학습 공동체로 다시 모여 프로젝트의 다음 단계에서 무엇을 할지 함께 생각하는 활동이다. 에린 브랜볼드 선생님은 "여러분은 최고입니다. 끈기 있고 성실합니다."라는 말로 매 수업을 마무리한다.

성찰Reflections 성찰 활동에서 학생들은 자신의 학습을 스스로 돌아보게 된다. 이 활동이 꾸준히 이루어지면 성찰은 하나의 사고 습관이 된다. 성찰은 당연히 골드 스탠다드 PBL의 핵심 요소이다.

기념과 축하Celebrations 축하를 위해 반드시 프로젝트가 끝날 때까지 기다릴 필요는 없다. 하이파이브나 함성, 주먹인사 등 간단한 방법으로 프로젝트가 진행되는 동안 펼쳐지는 작지만 중요한 성과들을 기념할 수 있다.

학생들에게 프로토콜을 처음 소개할 때에는 이를 사용하는 목적에 대해 공들여 설명하자. 예를 들어 갤러리 워크의 목적은 다른 학생들이 진행 중인 산출물을 관찰할 기회를 갖고 다음 단계에 영향을 줄 수 있는 건설적인 피드백을 제공하는 데 있다. 역할극이나 어항 활동은 어떤 프로토콜이 어떻게 진행되는지 시범을 보여주기 위한 것이다. 문장완성자는 프로토콜에 집중하기 위해 사용하며, 학생들에게 효과적인 답변과 도움이 되지 않는 답변을 비교, 대조해 보게 한다.

PBL의 실제성을 강조하기 위해서는 프로토콜을 사용하면서 길러지는 능력들(비판적 피드백을 교환하거나 다른 관점을 이해하는 힘)이 학교뿐만 아니라 학교 너머 실생활에서도 중요하다는 점을 학생들에게 이해시키자.

힘찬 출발을 위한 미니 프로젝트

미니 프로젝트로 새 학기나 학년을 시작해 보자. 학생들은 이를 통해 PBL의 과정과 흐름에 익숙해질 수 있다. 고등학교 과학 교사 브랜든 코헨은 개강 직후 바로 읽기 과제나 실험으로 들어가는 대신 학생 각자가 인포그래픽 이력서를 제작하는 미니 프로젝트를 실시한다. 이와 같은 개시 프로젝트를 실시해야 하는 이유가 몇 가지 있다.

먼저 교사가 학생의 능력과 강점, 관심사를 파악할 수 있기 때문에 학생과 유대감을 형성할 수 있다. 그렇게 되면 "나중에 우리가 자연과학의 세계에 들어가 진짜 제대로 된 프로젝트를 하게 되었을 때 우리 사이에는 이미 신뢰가 구축되어 있다."고 코헨 선생님은 말한다.

아울러 이 프로젝트를 통해 코헨 선생님은 학생들에게 여러 가지 소프트웨어를 소개하고 정보를 시각적으로 전달하는 방법을 가르칠 수 있다. 선생님은 이후 수업에서 학생들이 청중에게 자신의 과학 결과물을 소개할 안내문을 제작할 때 그런 기술이 필요하게 된다는 것을 알고 있다. 이 같은 단기 프로젝트를 하면서 학기 내내 사용할 비평이나 개선 프로토콜을 학생들에게 소개할 수 있다는 점 또한 중요하다. 코헨 선생님에 따르면 "이 활동은 우리 수업의 체계를 잡는 데 도움이 된다."고 한다. 학생들은 비판을 주고받는 법, 그리고 피드백을 이용하여 자신의 작품을 개선하는 방법을 학년 초부터 배우는 것이다.

PBL 베테랑인 페로즈 먼시 선생님은 기간이 비교적 짧고 규모가 작으며 부담이 적은 개시 프로젝트에 "문화적 요소가 듬뿍 담기게" 하라고 추천한다. 코헨 선생님과 마찬가지로 먼시 선생님 역시 초반부에 비판적인 피드백을 주고받는 방법을 학생들에게 가르친다. 선생님은 수준 높은 작품을 창출해 내는 만족감에 대해 생각해 보도록 자극하여 학생들의 장인정신을 함양시킨다. "이런 것들은 계발하는 데 시간이 걸리는 복잡한 능력입니다. 학생들을 PBL 문화에 적응시키는 것이 바로 제 역할이지요." 초반에 그런 문화가 형성된다면 학생들은 학년이 진행되면서 이루어지는 더 길고 더 많은 내용을 다루는 프로젝트를 해낼 준비가 된 것이다.

애비 슈나이더존 선생님 역시 개시 프로젝트를 통해 자신이 가르치는 4학년 학생들을 위한 문화를 조성한다. 선생님이 근무하는 융합인재 특수목적학교는 개교한 지 얼마 안 된 신생 학교지만 오래된 건물에 자리를 잡았다. 이전 학교부터 서로 알고 지낸 학생들도 있는 반면 이곳에 와서 처음 만난 학생들도 있다. "저는 첫날부터 우리가 하나의 공동체로 함께하기를 바랍니다. 학생들이 그날 학교에 대해 큰 기대를 갖고 집으로 돌아갔으면 해요."

선생님은 도입활동entry event으로 건설 노동자들로 하여금 학교 개보수 공사 때 발견한 타임캡슐을 학생들에게 보여주게 하였다. 이는 "나를 우리 공동체의 특별한 일원이게 하는 것은 무엇인가?"라는 탐구질문의 출발점이 된다. "바로 거기서부터 학교와 자신의 역사에 대한 학생들의 배움이 시작됩니다."

타임캡슐 프로젝트를 진행하는 동안 학생들은 일일 조사나 모둠 단합, 개인 성찰과 같은 활동에 참여한다. "물론 이런 활동들은 새 학년이 시작되면 선생님들이 당연히 하는 것들입니다. 단지 우리는 이것을 프로젝트라는 상황 안에서 하는 거지요. 그렇게 하면 모든 게 훨씬 원활하게 진행됩니다."

최종 결과물로 학생들은 교내 창작 공간makerspace에서 자신의 일부를 보여주는 타임캡슐을 제작하고 이를 전시회에서 학부모에게 선보인다. 학부모들은 학생들이 비평 활동 때 쓰려고 배웠던 것과 똑같은 문장완성자("좋은 점은" "바라는 점은" "만약 ~다면 어떻게 될까?")를 이용하여 피드백을 제공한다. 비록 짧은 경험이지만 이를 통해 학생과 학부모 모두 PBL 문화에 푹 빠져든다. "뭔가를 시작하는 굉장히 멋진 방법이지요." 슈나이더존 선생님은 말한다.

선생님의 사례는 PBL 문화 조성에 있어서 시간 투자와 목적이 얼마나 중요한지 잘 보여준다. 학습 공동체와 관련된 모든 사람들이 바람직한 문화를 창출하고 지지하는 일에 참여할 수 있고 또 동참하고 있다고 느껴야 한다. 여기에는 교사와 학생뿐만 아니라 학부모까지도 포함된다. 신학기 학부모총회나 협의회, 학급 소식지나 학급 홈페이지 등을 통한 학부모와의 소통 기회를 활용하여 학생의 가족들에게 왜 PBL이 기존의 학교와 달라 보이고 다르게 느껴지는지 알리도록 하자.

교사와 학생의 힘 있는 출발을 위해 활용할 수 있는 미니 프로젝트 두 가지를 더 소개한다.

미스터리 사건 해결 프로젝트

조지아 달튼 소재 모리스 혁신 고등학교Morris Innovative High School 교사 줄리아 케이글과 톰 리 선생님은 특별한 사건으로 신입생 적응 교육freshmen academy을 시작했다. 학생들은 입학 첫 주에 풀어야 할 미스터리를 하나씩 가지고 등교한다. 학생들은 사건 해결을 위해 질문을 만들고 증거를 살펴보며 다른 학생들과 모둠을 이루어 결론을 비교한다. 가만히 앉아서 지시를 기다리는 시간은 아예 없다.

이 탐정극을 해결하려면 학생들 스스로가 적극적으로 움직여야 한다. 그동안 교사들은 학생들과 친분을 쌓으면서 학생들이 서로 어떻게 소통하는지를 지켜본다. "이것은 프로젝트 기반 학습에 익숙해지는 멋진 방법이었습니다." 이 학교의 전 수업 컨설턴트 에릭 화이트 선생님의 말이다. "이와 같은 추리 프로젝트는 일을 멋지게 출범시키면서 협력적인 문화를 형성합니다. 시간을 내서 학생들에게 사전에 PBL 과정을 소개하는 일은 그만한 가치가 있습니다."

립싱크 뮤직 비디오 제작 프로젝트

캘리포니아 몬테벨로의 PBL 고등학교인 응용기술센터Applied Technology Center 학생들은 새 학년이 시작되면 첫 이틀 동안 학교를 소개하는 "립싱크" 뮤직비디오 제작 프로젝트를 실시한다. 크리스탈 디아즈 선생님은 이 행사의 기획과 운영을 학생 대표들에게 맡긴다. 학생들은 9학년 신입생에게 PBL에 관한 단기 특강을 제공하였고, 동시에 이 활동을 학교에 대한 자부심을 높이는 한 가지 방안으로 받아들였다.

이 미니 프로젝트에서는 의도적으로 교과 내용을 줄이는 대신 문화적 요소를 충분히 포함시켰다. 학생들은 이틀 안에 모둠 단합, 브레인스토밍, 촬영과 편집까지 모두 마쳐야 한다. 실수는 재도전의 기회로 받아들여지고, 모험에 도전하는 문화와 실패를 통한 배움의 문화를 강화한다. 이 협동 활동에 대한 어른들의 이해를 돕기 위해 학생 대표들은 시간표와 해설서를 제작하였다. 이 미니 프로젝트는 각 학생마다 자신의 역할이 있었고 이 역할을 통해 학생들은 각자의 장점을 발휘하는 등 체계적으로 운영되었다. 학생과 교사 모두 이 작업에 진지하게 참여하였으며 재미라는 요소도 빠뜨리지 않았다. "이 립싱크 활동을 통해 우리는 학교라는 이름으로 더욱 친해지고 무엇인가를 함께 창조할 기회를 갖게 되었으며, 하나의 문화, 즉 PBL이라는 문화를 창출할 기회를 갖게 되었습니다."라고 디아즈 선생님은 회고한다.

Try This!

공동체 의식 기르기 ———

모둠 단합 활동은 개시 프로젝트에 비하면 짧고 간단하지만 협력적 PBL 문화 조성에 있어서 여러 가지 이점이 있다. 초등학교 교사 짐 벤틀리는 긴 줄넘기 도전이나 마시멜로 도전과 같은 모둠의 결속력을 높여주는 활동을 즐겨 사용한다. 그는 교과 내용과 별개로 이런 활동을 실시하는데, 협동 능력이 주된 목적이기 때문이다.

모둠 이름이나 로고 만들기도 모둠 단합 활동으로 손색이 없다. 중학교 교사 헤더 윌퍼트-고른은 학생 모둠에게 각 책상에 놓인 "탈출 상자"를 열기 위한 단서를 풀게 하는 것으로 새 학년을 시작한다. (이 활동에 대한 상세한 내용은 www.breakoutedu.com을 참고하기 바란다. 세계창의력올림피아드(www.odysseyofthemind.com)나 게임스토밍(http://gamestorming.com/category/games-for-opening)에 방문하면 다양한 모둠 단합 활동용으로 적합한 창의력 연습문제나 간단한 게임이 많다.)

모둠 단합 활동이 끝나면 다음 질문을 던져 학생들의 소감을 듣는 시간을 반드시 갖도록 하자.

- 모둠 활동에 도움이 된 것 또는 방해가 된 것은 무엇인가?
- 모둠 내 모든 구성원에게 발언권이 있었으며 자신의 재능을 발휘할 기회가 주어졌는가?
- 만약 이 활동을 다시 한다면 어떤 부분을 다르게 해보고 싶은가?

수업 컨설턴트를 위한 조언

수업 문화 조성 전략

수업 컨설팅을 받을 기회가 생긴다면 다음 소개하는 내용을 적극 활용하여 자신의 PBL 수업 능력을 향상시켜보자. 예를 들어 여러분의 수업에 컨설턴트를 초청하여 따뜻한 문화, 학생의 가정을 존중하는 문화, 학생의 의견과 선택권을 장려하는 문화를 나타내는 요소로 어떤 것들이 보이고 들리는지, 부족한 것은 무엇인지 물어보자. PBL에 정통한 컨설턴트나 동료는 여러분의 수업을 세심하게 다듬는 데 도움이 될 눈과 귀를 더해 줄 것이다.

학생의 사고를 장려하고 PBL을 지지하는 수업 문화 형성을 위해 수업 컨설턴트 마일라 리 선생님은 비공식 참관, 구조화된 프로토콜, 수업 문화를 보여주는 증거 등을 활용한 교사와 컨설턴트 사이의 생산적인 대화를 장려한다. 다음은 마일라 리 선생님이 사용하는 컨설팅 기법이다.

고스트 워크

이 프로토콜은 《생각하는 문화 만들기Creating Cultures of Thinking》(2015)의 저자인 하버드 대학교 교수 론 리치하트Ron Ritchhart가 추천한 방법 중 하나이다. 이 활동은 생각하는 문화의 증거로 교사가 확인하고 싶은 것들의 목록을 작성하는 일로 시작한다. 그 목록을 들고 마일라는 먼저 학생이 없는 상태의 교실을 둘러보며 사진을 찍고 메모를 한다. 그런 다음 교사에게 자신이 모은 증거를 보고한다. 예를 들면 벽면 게시

**프로젝트 수업
어떻게 할 것인가? 2**

물 중 학생이 직접 만든 것은 얼마나 있는지, 그것들은 진행 중인 학습에 관한 것인지, 아니면 잘 다듬어진 최종 결과물만을 게시하고 있는지, 교실 안에 있는 사물들은 학생 가정의 문화를 얼마나 잘 반영하고 있는지, 엇갈리는 의견이나 혼동되는 메시지가 있는지와 같은 것들이다.

데이터 수집

교사의 요청에 따라 마일라는 수업 시간 중에 간단한 데이터를 수집한다. "가령 선생님이 학생들의 질문에 대해 더 알고 싶다고 하면 저는 수업 참관을 가서 30분 정도 제가 들은 것을 기록합니다. 누가 질문을 하고 있는지, 학생들은 어떤 종류의 질문을 하는지를 보지요. 그런 다음 선생님과 대화를 나눕니다. 제가 수집한 데이터를 보여주고 '눈에 띄는 게 무엇인가요?'라고 묻습니다. 그 질문만으로도 선생님들 대부분은 이미 깨달음을 얻습니다. '와, 저 혼자 이야기를 다 했네요! 질문도 저 혼자 다 했네요!'"

비공식 수업 참관

비공식적으로 이루어지는 수업 참관에서 마일라는 교사들과의 대화를 풍부하게 만들 더 많은 정보를 얻는다. 관찰이 구체적일수록 더 도움이 된다. 예를 들면 전통적인 수업에서도 PBL 수업에 도움이 되는 프로토콜과 사고 루틴을 사용하고 있는가? 교사는 언어 학습자(영어를 모국어로 하지 않는 학생들 - 역자 주)를 제대로 지원하고 있으며 학술 용어를 보강할 비계를 쉽게 이용할 수 있게 하는가? 학생들은 모둠 활동을 잘 하고 있는가, 아니면 프로젝트를 위한 모둠을 구성하기 전에 협업능력을 보완할 새로운 루틴을 배워야 하는가? 등이다.

수업 문화에 관한 한 PBL은 한 단원 안에서 벌어지는 일이 아니라는 점을 기억할 필요가 있다고 마일라는 덧붙인다. "프로젝트가 시작되기 훨씬 전에 형태를 갖춘 것이 바로 문화입니다. 그 문화가 자리를 잡을 때 여러분은 그것을 보고 느끼게 됩니다."

물론 모든 교사에게 수업 컨설팅의 기회가 주어지지는 않는다. 만약 컨설팅이 가능하지 않다면 동학년 교사나 교과 내용 전문가, 또는 관리자를 초청하여 여러분의 PBL 수업을 다듬고 발전시키는 데 도움을 줄 피드백을 받는 일도 고려해 보기 바란다.

생각해 보기

이번 장에서는 모든 PBL 학습자를 지원하는 긍정적인 수업 문화 조성을 위한 여러 가지 전략을 다루었다. 이들 전략 중 자신이 이미 실천하고 있는 것은 어떤 것인가? 앞으로 도입할 전략은 무엇인가?

1. 신념과 가치

- 학생들 모두가 성공하리라는 것을 선생님이 믿고 있다는 사실을 (그리고 어려움이 있을 때마다 도와줄 것이라는 사실을) 어떻게 알려주는가?

- 학생들이 단순히 주어진 과제를 하는 데 그치는 게 아니라 수준 높은 일과 목표를 향해 나아가도록 어떻게 독려하는가?
- 원하는 결과를 얻기 위한 노력의 필요성을 어떻게 전달하고 시범을 보여주는가?
- 학생 한 명 한 명이 소속감과 존중받는 느낌을 가지도록 어떻게 도와주는가?

2. 공동의 규범

- 함께 공부하기 위한 규범을 정립하고 강화하는 데 학생들이 목소리를 낼 수 있는가?
- 한 해의 힘찬 출발뿐만 아니라 긍정적인 문화를 장기간 유지하기 위해 이를 어떻게 활용할 것인가?

3. 물리적 환경

- 개별 학습, 모둠 학습, 일제식 수업이 모두 가능하도록 물리적 공간의 유연성을 어떻게 향상시킬까?
- 학생들은 PBL 기간 중 필요한 도구나 자원을 쉽게 이용할 수 있는가? 더 갖추었으면 하는 것은 무엇인가?

4. 루틴과 프로토콜

- 이번 장에 등장한 루틴과 프로토콜 중 자신이 이미 실천하고 있는 것은 어떤 것들인가?
- 이들을 어떻게 PBL에 녹여낼 것인가?

PROJECT BASED TEACHING

PART 2
설계와 계획하기

"목적의식적인 학습 경험 설계는 학생과 교사 모두
PBL의 잠재력을 최대한 활용하기 위한 토대가 된다."

중학교 교사 킴벌리 헤드-트로터는 6학년 국어-사회 융합 프로젝트를 설계할 때 다음을 염두에 둔다고 한다.

"배움을 우리 학생들과 관련되게 만들 방법을 항상 찾곤 합니다. 공부가 자신과 관련 있다고 생각하면 아이들은 주인의식을 가지거든요."

선생님은 학생의 삶 그리고 지역 사회와 프로젝트를 연계시킬 때 공부의 목적에 대한 이해가 더 높아진다는 것을 경험을 통해 알게 되었다. 물론 자신이 가르쳐야 할 교과의 성취기준도 늘 염두에 둔다. 헤드-토로터 선생님은 "그게 우리가 가르쳐야 하는 거죠."라고 솔직하게 말한다. 하지만 학습목표 설정과 성취기준을 일치시키는 일을 지나치게 좁게 해석하여 접근하기보다는 자신의 근무지인 테네시 내쉬빌 학생들의 관심사도 고려한다.

선생님은 자신이 가르치는 미키삭 중학교MiKissack Middle School 제자들과의 대화에서 이 아이들이 민권운동Civil Rights Movement(1960년대 전후 미국 전역에서 흑인을 중심으로 일어났으며, 흑인 인구 비중이 높은 내쉬빌은 민권운동의 격전지 중 하나였다. - 역자 주) 역사에 관심이 있다는 것을 알게 되었다. 아이들의 할머니, 할아버지들은 내쉬빌에서 벌어진 중요한 사건의 목격자였거나 심지어는 장본인이기도 하였는데, 이는 학생들에게 역사에 대한 개인적인 연결 고리가 되었다.

이번 장에서는 민권운동에 대한 관심사에 착안하여 이를 지역의 특색을 잘 살린 대단히 학구적인 프로젝트로 발전시킨 과정을 살펴보고자 한다. 이 프로젝트의 배경을 둘러싼 이야기는 여러분이 수준 높은 PBL 학습 활동을 설계할 때 사용할 효과적인 전략을 잘 보여줄 것이다.

프로젝트의 시작

PBL을 처음 접하는 교사들은 프로젝트 설계를 내용 성취기준부터 시작해야 할지, 아니면 학생들이 흥미로워할 만한 획기적인 아이디어로 시작하는 게 나은지와 같은 질문을 자주 한다. 이를 따지는 일은 닭과 계란의 논쟁 같은 느낌이 들기도 하는 것이, 여기에 대한 답은 "둘 다 조금씩"인 경우가 많기 때문이다.

일단 괜찮은 프로젝트 아이디어를 어디에서 얻을지부터 생각해 보자. 거기서 출발하여 프로젝트 핵심 설계 요소를 자세히 살펴보는 것으로 프로젝트 아이디어 착안에서 실행에 이르는 설계 과정을 보여주고자 한다. 이어지는 내용에서 알 수 있듯이 프로젝트 계획은 피드백, 성찰, 개선을 통해 향상되는데, 이는 학생들이 프로젝트를 진행하면서 수준 높은 결과물을 만들어내도록 도와주는 과정과 똑같다고 보면 된다.

프로젝트 아이디어 수집 방안

PBL이 학생의 의사와 선택권을 허용하는 것처럼 프로젝트 계획 수립은 교사의 선택과 창의성을 촉발한다. 어떤 프로젝트를 설계한다는 것은 교사가 제자들을 위한 학습 경험의 설계자가 되는 기회이다. 다양한 경로를 통해 프로젝트가 될 만한 아이디어를 찾아보자. 다음은 다른 선생님들에게 도움이 되었던 몇 가지 방법이다.

기존 아이디어의 차용이나 각색 차용과 각색은 PBL 계획을 가장 빨리 시작하는 방법이다. 다른 교사의 경험이나 프로그램에서 아이디어를 빌려와 이를 자신의 수업 환경에 맞게 각색해 보자.

BIE는 이를 위한 방대한 프로젝트 자료실을 운영하며, 학년이나 과목별로 검색이 가능하다(www.bie.org를 방문하여 'project library'를 클릭). 이 프로젝트들이 골드 스탠다드 PBL의 요소를 모두 갖추고 있는지 비판적인 눈으로 검토해 보자. PBL이 실제로 운영되는 모습을 보고 싶다면 BIE의 비디오 콜렉션을 찾아보기 바란다. 에듀토피아(www.edutopia.org)에서도 PBL 영상물을 제공한다.

미시간 노비 지역에서 4학년을 가르치는 메건 애쉬카나니 선생님은 BIE 자료실에서 아이디어를 얻은 뒤 이를 각색하여 자신의 첫 프로젝트를 시작하였다. "조금만 바꾸면 바로 쓸 수 있는 사례들이 있다는 걸 알았을 때 정말 다행이라는 생각이 들었죠." 이 선생님은 학생들에게 여러 가지로 도움이 되겠다고 생각하여 PBL을 해보겠다는 마음을 먹었지만 "제대로 하지 못할까봐 걱정이 되었습니다."라고 솔직히 인정했다. "아무런 준비도 없는 상태에서 처음부터 모든 것을 어떻게 만들어내야 할지 자신이 없었지요. 감당하기 힘들겠다는 기분이었습니다. 가르칠 내용에 딱 맞는 사례를 발견했을 때의 기분이란… 그건 정말 큰 혜택이었죠." 특히 선생님은 학생들이 자신의 작품을 "샤크 탱크Shark Tank(미국 ABC 방송의 리얼리티 쇼로, 기업인들이 다섯 명으로 이루어진 투자자 패널(이들이 바로 "샤크", 즉 고리대금업자이다) 앞에서 투자 유치를 위해 프레젠테이션을 한다. - 역자 주)" 방식으로 발표하는 프로젝트에 매력을 느꼈다. "퍼즐 조각이 맞춰지는 게 보였죠. 저 혼자서는 그렇게 창의적이지 못했을 겁니다."

기존 단원을 프로젝트로 재구성 이전에 가르쳤던 단원을 새로운 눈으로 살펴보고 이를 PBL로 바꿀 수 있을지 고민해 보는 방식이다. 이 방법의 장점은 그 교과 내용을 이미 잘 알고 있다는 점이다. 또한 학생들이 그 주제에 얼마나 흥미를 갖고 있는지도(아니면 관심이 없는지) 잘 알고 있다. 기존 방식으로 가르칠 때 학생들에게서 "도대체 이게 우리한테 언제 필요하다는 거지?"라는 교사를 난처하게 하는 질문이 자주 나왔던 단원이라면 이제는 이 단원을 실생활과 접목한 프로젝트로 재구성할 때이다.

메건 애쉬카나니 선생님은 과거 4학년 학생들에게 주장하는 글쓰기를 가르칠 때 자신에게 왜 애완동물이 필요한지에 대해 부모님을 설득하는 편지를 쓰게 하였다. 매력적인 과제였고 부모님도 편지를 받아서 좋아하는 것 같았지만 수업의 결과가 썩 좋지는 않았다. 아무도 애완동물을 입양하지 못했던 것이다.

PBL에 익숙해지면서 선생님은 이 수업을 좀 더 실제적인 프로젝트로 재구성할 기회를 포착하였다. 비디오게임 마인크래프트Minecraft의 교육적 활용에 관한 시사 토론에서 아이디어의 실마리를 얻었다. 마인크래프트는 많은 학생들이 방과 후에 즐기는 게임이었기 때문에 학교 정규 일과 안에 그 게임이 들어온다면 정말 멋지겠다는 데 아이들 모두가 동의했다.

이런 상황에 고무되어, 그리고 기존 PBL을 발전시켜 사용해 본 경험을 바탕으로 애쉬카나니 선생님은 주장하는 글쓰기를 학습목표로 하는 새 프로젝트를 설계할 준비를 마쳤다. 하지만 학생들이 의사결정에 관여하는 공인들을 대상으로 글을 쓴다는 점에서 이번 과제는 지난번 과제와 차이가 있었다. 탐구질문은 "교육용 마인크래프트 학교 사용권을 구입하도록 학교 학교운영위원회를 어떻게 설득할 것인가?"였다. 학생들은 과학적 근거를 들어 굉장히 설득력 있는 주장을 펼쳤고 결국 원하는 결과를 얻었다.

학생의 질문과 관심사 학생들의 질문은 프로젝트 아이디어를 위한 마르지 않는 샘물이다. 중요한 것은 아이들의 관심을 끌거나 이들을 자극하고 움직이게 하는 것이 무엇인지를 의도적으로 들어보고 학습목표와의 연관성을 찾아보는 일이다. 조회 때나 일상 대화에서 무슨 얘기들이 오가는가? 수업 중 토의 시간에 주제를 더 깊이 파고들고자 하는 의욕을 보여주는 질문이 들리는가?

레이 아흐메드 선생님은 신규 교사 시절에 "어떻게 하면 어른들이 중요하게 생각하는 것에 학생들이 관심을 갖게 만들까?"라는 질문을 하며 머리를 싸매곤 하였다. 하지만 경력이 쌓여가면서 질문 자체가 잘못되었음을 깨달았다. 그는 "교사들은 '어떻게 하면 학생들이 중요하게 생각하는 것들을 학문적으로 탐구하게 할 것인가?'라는 질문을 해야 합니다."라고 말한다. 이러한 발상의 전환 덕분에 선생님은 학생들의 관심사를 기본으로 하는 화학 프로젝트를 설계할 수 있었다. "프로젝트 아이디어를 생각해 내려고 여름에 몇 주씩 앉아 있곤 했습니다. 그런데 아이들은 저보다 더 나은 프로젝트를 정말 많이 생각해 내더라구요."

아이들에게서 흥미로운 질문이 들리지 않는다면 관심사가 무엇인지 설문조사를 하여 생각을 유도하거나 학생들끼리 인터뷰를 해도 된다. 아이들의 재미있는 질문을 담아둘 수 있도록 화이트보드나 교실 벽에 공간을 만드는 교사들도 있는데, 이런 것들이 나중에 실제 프로젝트로 이어지기도 한다.

로드 아일랜드에서 3학년을 가르치는 로리 러프버러 선생님과 린다 스피니 선생님은 어느 날 로드 아일랜드 주의 상징물에 대해 기존 방식대로 수업을 하고 있었는데, 한 학생이 "우리 주에는 왜 우리 주를 대표하는 곤충이 없나요?"라고 물었다. 이 질문 하나가 멸종 위기에 처한 아메리카 송장벌레를 주 공식 곤충으로 지정하게 하자는 프로젝트를 촉발시켰다. 여러 가지 주 공식 상징물에 대해 피상적으로 배우는 대신 학생들은 동물의 서식지와 멸종 위기종, 정부에 관한 심층 조사에 뛰어들었다. 그리고 마침내 주 의회를 설득하여 자신들이 아끼는 벌레를 주 공식 곤충으로 지정하는 법안을 통과시킴으로써 진짜 결과를 얻어냈다.

고등학교 교사 마이크 골트니 역시 정부에 관한 학습을 위해 아이들을 시정civic affairs에 적극 참여시켰다. 학생들은 자신이 영향력을 행사하고 싶은 쟁점을 고른 뒤 정부라는 지렛대를 이용하여 변화를 가져오겠다는 계획을 세웠다. 예를 들어 한 모둠은 시 의회 앞에서 학교 인근 공공안전을 증대시킬 지역의 총기 규제 조치에 대한 지지를 촉구하였다. "학생들이 시민권에 대해 그냥 책에서 읽고 지나가는 것이 아니라 스스로 시민이 되기를 바랐습니다." 골트니 선생님의 설명이다.

뉴스 헤드라인에서 아이디어 얻기 우리 지역이나 나라 안팎에서 벌어지는 사건 중 학생들을 동요하게 만드는 일은 무엇인가? 이러한 사건은 내가 가르치는 교과와 연관성이 있는가? 수업 중 잠깐 최근 사건을 언급하고 넘어가는 대신 뭔가 "헤드라인을 찢고 나온" 느낌이 드는 프로젝트를 기획해 보자.

다라 로즈 새비지는 델러웨어 주립대학Delaware State University 부설 조기 대학 고등학교Early College High School(미국 일부 주에서 실시하는 고교-대학 연계 과정의 일종으로, 고등학교에서 대학 학점의 일부를 딸 수 있다. – 역자 주)의 국어 교사이다. 아카데미상 후보를 둘러싸고 인종 차별에 대한 논란이 불거졌을 때, 선생님은 좋은 프로젝트가 될 만한 뉴스거리가 생겼다는 생각이 들었다. 새비지 선생님은 '흑인 역사의 달'을 제정한 것으로 알려진 역사학자 카터 지 우드슨Carter G. Woodson을 기리고자 '카터상Carter Awards 프로젝트'를 만들었다. 그리고 오스카상을 본떠 자신들만의 후보 명단 작성에 도전해 보게 하였는데, 학생들은 후보를 내기 위해 글을 읽고 동영상을 보았으며 비판적으로 사고하였다.

대중문화 연계하기 학생들은 요즘 무슨 책을 즐겨 있는가? 최신 유행 영화나 가수는? 프로젝트와 학생의 문화적 관심사를 연계시키는 것은 학생들의 효과적인 참여를 이끌어내기 위해 확실히 검증된 방법이다. 실제로 많은 선생님이 《헝거게임The Hunger Games》 같은 인기작을 십분 활용하여 세계사 과목에서 전체주의의 대두와 이로 인한 갈등을 집중적으로 다루는 프로젝트를 설계하였다.

실제 요구 해결하기 제휴 기관이나 협력 단체가 파악한 실제 요구를 해결할 수도 있다. 이들 "의뢰인"은 비영리단체나 지방자치단체, 사업체, 심지어는 다른 학년의 교사나 학급이 되기도 한다.

짐 벤틀리는 캘리포니아 엘크 그로브의 초등학교 선생님이다. 몇 년 전부터 디지털 스토리텔링 프로젝트로 전 과목을 가르치기 시작했다. 이제 학생들의 다큐멘터리나 교육용 영화 제작 실력이 상당해졌고, 덕분에 지역 사회에서 공익 단편영화나 공공 서비스 안내 동영상 제작 의뢰를 받을 정도가 되었다.

아이오와 디 모인 지역의 아이오와 빅에 재학 중인 고등학생들은 지역의 협력 단체와 정기적으로 팀을 이루어 학생의 관심사와 지역의 문제 해결, 그리고 교과 내용을 활용하는 프로젝트를 실시한다. 이 같은 실제 동업의 결과물로 학생들은 특수교육 대상자를 위한 댄스 치료 교육과정을 개발하였으며, 농업용 드론 사용법을 연구하였고, 육가공 업체의 폐건물을 여가활동용 시설로 재개발하기 위한 계획을 수립하였다.

교사 자신의 관심사에서 시작하기 학생의 관심사가 프로젝트 아이디어의 보고인 것은 사실이나 교사 자신의 취미 또한 간과해서는 안 된다.

중학교 교사이자 블로그 운영자인 헤더 윌퍼트-고론이 남긴 PBL 설계에 관한 한 가지 조언(Heather Wolpert-Gawron, 2014)은 다음과 같다.

"저는 아이들에게 보여줄 것에 대해 제가 들뜨고 신났으면 좋겠어요. 내가 좋아하는 것, 그리고 내가 가르치는 연령대 아이들의 관심사 쪽으로 설계해 보세요."

그는 슈퍼 영웅 속 과학science of superheroes 같은 자신이 원래 좋아하는 내용에서 출발하여 교과 성취기준과의 연관성을 찾곤 한다.

마찬가지로 고등학교 교사 마이크 캐첼 역시 자신의 고향인 미시간 그랜드 래피즈에 있는 같은 이름의 강을 복원하기 위한 시민 주도 운동에 관심을 갖게 된 후 래피즈의 미래에 관한 야심찬 과목 통합 프로젝트를 설계하였다. 사실 이 문제는 교사가 학생들을 역사, 환경과학, 국어 교과를 아우르는 지역 관련 프로젝트로 끌어들이기 전까지 학생들이 인식조차 하지 못했던 주제였다.

학생들과 공동 설계하기 학생들이 다루고 싶어 하는 문제나 쟁점에서 출발하여 교과 학습목표와 결합한 프로젝트를 학생들과 공동으로 설계해 보자. 고등학교 교사 레이 아흐메드 선생님은 학생에게 유의미하면서도 주요 졸업 요건에 부합하는 2학기 화학 프로젝트를 이런 방식으로 설계한다. 1학기에는 학생에게 PBL 과정과 절차를 소개하는데, 이때는 프로젝트 설계에 있어서 선생님이 더 많은 주도권을 가진다.

"학년 초에는 중요한 질문을 하는 저울추가 제 쪽으로 기웁니다. 하지만 2학기가 되면 아이들은 스스로 질문을 던질 준비가 되어 있습니다. 생각해 낸 것을 직접 실행하고 전문가 집단 앞에서 자신이 알아낸 것을 설명하고 방어합니다."

지역의 기름 유출물을 무독성 분산제로 제거하는 방법, 화장품 산화를 막는 법, 호수의 녹조를 조절하는 데 사용할 농약을 고르는 법 등이 최근 진행했던 몇 가지 프로젝트이다. 학습은 학생이 진행하지만 아흐메드 선생님은 그 프로젝트에 화학 교과 내용을 통합하는 것이 자신의 역할이라 생각한다. "교과 내용은 제가 압니다. 제 역할은 바로 프로젝트에 해당 내용이 반드시 들어가도록 하는 일입니다."

기존 프로젝트에 참여하기

첫 프로젝트를 혼자 도전해 보는 대신 기존에 있던 프로젝트를 활용하는 것도 여러 가지 장점이 있다. 이렇게 하면 이미 만들어진 계획으로 시작하여 자신의 상황에 맞게 섬세한 조정이 가능하다. 또한 프로젝트를 실행할 때 필요한 지혜를 나눠줄 동료들을 만날 수도 있다. 진행 중인 프로젝트에 연결시켜줄 사이트 몇 개를 소개한다.

e-NABLE 3D 프린터의 인도주의적 사용을 지도하는 교육자 및 STEM 교육 지지자들의 커뮤니티이다. 학생들은 의수가 필요한 수혜자와 학생 디자이너를 연결해 주는 e-NABLE 플랫폼을 이용하여 어린이용 의수를 설계하고 제작하였다. 이 사이트는 학생과 교사 모두에게 필요한 학습 자원을 제공한다. (www.enablingthefuture.org)

iEARNInternational Education and Resource Network 140개국 학생과 교사를 공동 프로젝트에 참여시키는 비영리 네트워크이다. 교사는 이미 구성된 프로젝트에 참여하거나 자신이 만든 프로젝트를 올리고 다른 사람들을 초대하기도 한다. (www.iearn.org)

CIESECenter for Innovation in Engineering and Science Education 이 단체는 지진, 대기오염 등을 중심으로 한 다양한 과학 연구를 위한 실시간 데이터 수집에 학생을 참여시키는 공동 프로젝트를 조정하고 조율한다. (www.k12science.org/materials/k12/technology/real-time-data)

Out of Eden Walk 2013년 내셔널 지오그래픽 기자 폴 살로펙Paul Salopek은 10년 동안 21,000마일을 걸으면서 인간의 이주 역사를 추적하고 이야기를 수집하는 세계 여행을 시작했다. 그는 여기에 "슬로우 저널리즘"이라는 이름을 붙였다. 교육자들은 다양한 매체를 이용한 그의 기록을 인간 이주, 스토리텔링, 문화 간 이해, 세계 분쟁 등 다양한 프로젝트에 적극 활용하고 있다. 하버드 프로젝트 제로Harvard's Project Zero는 교사들이 학생들을 '산책 파티walking party'에 연결해 주고 자신의 학습 여정에 대한 생각을 교환하게 하는 '아웃 오브 에덴Out of Eden'이라는 온라인 학습 공동체를 만들었다. (http://learn.outofeden-walk.com)

프로젝트 필수 설계 요소에 집중하기

프로젝트를 위한 핵심 아이디어가 생겼다면 이제는 프로젝트의 골격을 갖출 설계 계획을 세울 단계이다. 프로젝트 설계를 위한 필수 요소(90~93쪽 참고)는 이 결정에 참고가 될 것이다.

앞으로 전개될 학습 과정을 미리 떠올려보면 중요한 세부 계획을 세우는 데 도움이 된다. 그러나 동시에 프로젝트가 일단 시작된 뒤에도 변경할 수 있도록 계획에는 융통성이 있어야 한다. 따라서 이 계획을 단계별 설명서로 보기보다는 설계도 초안 정도로 생각하기 바란다.

프로젝트는 과목과 학년에 따라 굉장히 다양하다. 교과 통합 프로젝트가 있는가 하면 단일 과목 프로젝트도 있다. 몇 주 만에 끝나는 것도 있지만 몇 달 동안 지속되는 프로젝트도 있다. 하지만 다양한 배경을 가진 교사들이라도 교과 영역이나 난이도와 무관하게 동일한 틀을 사용하여 프로젝트를 계획하고 협력할 수 있다.

GSPBL 교수 지표

설계와 계획

온전히 자신이 기획한 프로젝트를 시작하든, 기존의 프로젝트를 변형하든, 아니면 학생과 공동 설계한 프로젝트든 간에 주력해야 할 것은 수준 높은 결과물 산출의 기초가 될 핵심 설계 사항이다. 골드 스탠다드 프로젝트 기반 교수 지표에 있는 다음 사항을 유념하자.

프로젝트 수업
어떻게 할 것인가? 2

- 프로젝트에는 프로젝트 필수 설계 요소가 프로젝트 설계 기준표에 설명된 대로 모두 포함되어 있다.
- 계획은 구체적이고 학습 지원 비계, 학습 평가, 프로젝트 일정표가 포함되어 있으며, 학생의 요구에 따라 수정이 가능하다.
- 프로젝트에 필요한 자원은 최대한으로 예상되어 사전에 준비가 잘 되어 있다.

PBL 계획 수립의 핵심은 학생의 학습목표에 있다. 즉, 학생들이 프로젝트를 마칠 때까지 알아야 하는 것과 할 수 있어야 하는 것은 무엇인가? 이 질문에 답을 하는 과정에서 여러분의 학생이 습득했으면 하는 핵심 지식과 이해를 파악하게 될 것이다.

PBL은 학생들로 하여금 깊이 사고하고 불확실성과 씨름하게 만들기 때문에 그에 걸맞은 제대로 된 학구적 목표를 설정해야 한다. 간단한 수업 한 번으로 가르칠 수 있는 내용이거나 학생 스스로 인터넷 검색을 통해 답을 구해도 되는 내용이라면 굳이 프로젝트로 가르칠 필요가 없다.

내용 목표 달성과 함께 학생들이 PBL을 통해 계발 또는 심화시킬 성공 기술에 대해서도 생각해 보자. 비판적으로 사고하고 문제를 해결할 수 있으며 다른 사람들과 함께 일할 수 있고 자신의 학습을 스스로 관리할 수 있는 학생들은 대학과 직장에서, 그리고 시민으로서 겪게 될 미래의 어려움에 잘 대비하고 있다고 할 수 있다. PBL은 이러한 성공 기술을 연마할 기회를 제공하며, 이는 프로젝트가 끝난 후에도 학생들이 오랫동안 계속해서 사용할 능력들이다.

아울러, 계획 과정 초기에 동료들에게 피드백을 요청하면 최종 프로젝트가 개선된다. 조율 프로토콜tuning protocol, 갤러리 워크, 같은 교과 혹은 동학년 단위의 공동 계획 등은 모두 비판적 피드백을 끌어내는 데 효과가 있는 검증된 전략이다. 특별한 형식이 없는 일상적인 나눔만으로도 프로젝트의 세부사항을 다듬거나 동료와의 협업을 위한 기반을 다지는 데 큰 도움이 된다.

학생들이 교사가 설정한 유의미한 학습목표에 도달하도록 도와주기 위해서는 프로젝트를 계획하면서 다음의 프로젝트 필수 설계 요소에 주목하자.

어려운 문제 또는 질문

문제가 너무 어렵지도 쉽지도 않은, 정확한 난이도의 문제나 도전이 학생들로 하여금 사고력을 발휘하게 만든다. 또한 개방형 문제와 비구조화된 문제에서 "정답"이 될 만한 답이나 해법이 나온다.

지속적인 탐구

프로젝트 개시부터 마무리 성찰에 이르기까지 학생들은 깊은 탐구 과정을 경험한다. 이는 답을 도출하기 위해 질문을 던지고 자료 조사와 연구를 실시하고 근거를 검토한다는 것을 뜻한다. 탐구질문은 탐구 과정 내내 학습목표를 분명히 밝히고 그 목표에 집중하게 만든다. 또한 학생들이 추가적으로 만든 질문들(탐구질문에 답하기 위해서 무엇

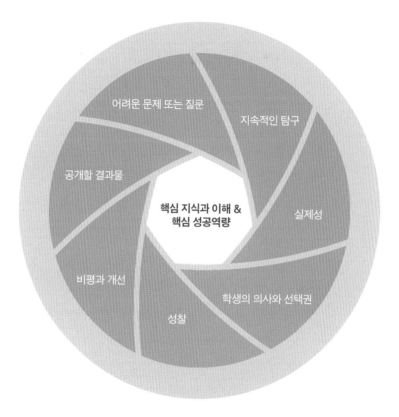

골드 스탠다드 PBL을 위한 프로젝트 필수 설계 요소

을 알아야 하는가?)은 프로젝트 내내 탐구를 지속시키는 데 도움이 된다.

실제성

학습을 최대한 실생활에 적용할 수 있게 만들어 학생의 참여를 높일 수 있다. 실생활과의 연관성은 다음 요소에서 찾아볼 수 있다.

- 문제상황context : 문제나 쟁점은 지어낸 것이나 가상 상황이 아니다. 학생들은 교실 밖 세상과 쉽게 연결된다.
- 학생의 과업, 학습 도구, 참고할 기준 : 실생활에서 사람들이 어떻게 문제를 해결하고 해결책을 창출하는지 보여준다.
- 학습 활동의 영향력 : 학생들은 자신의 노력이 중요하다는 것을 안다.
- 학생의 개인적 관심사, 걱정, 가치, 문화와의 연관성

학생의 의사와 선택권

프로젝트 기간 중 항상 학생들이 결정을 내리고 자신의 생각을 표현하고 주장한다.

성찰

학생들은 프로젝트가 진행되는 동안 자신의 학습에 대해 생각하게 된다. 성찰 질문을 통해 학생들은 현재 직면한 장애물, 지금까지 극복한 어려움, 자신이 만들고 있는 작품의 수준에 대해 자세히 생각해 본다.

비평과 개선

학생들은 최종 결과물에 이르는 동안 계속해서 비평과 개선 과정에 참여하면서 자신의 작품을 개선하고 배움을 심화시킨다. 교사, 동료, 외부 전문가 등 다양한 주체가 실시하는 형성평가에 참여하여 학생은 자신의 결과물을 개선하는 데 도움이 되는 실행 가능한 정보를 얻

는다.

공개할 결과물

프로젝트의 최종 단계에서 학생들은 교실 밖 청중과 최종 결과물이나 해결책을 공유하거나 의견을 교환한다. 교실 밖 청중은 실제성을 보여주는 또 다른 측면이다. 즉 학생들은 자신의 노력이 실제로 세상에 영향을 주게 된다는 믿음을 가질 때 수준 높은 결과물을 만들겠다는 의욕이 더욱 강해진다. 결과물의 공유는 온라인 또는 오프라인 출판, 공개 포럼, 홍보 활동, 시연 등 다양한 형태로 이루어진다. 이들 모두 교실을 넘어선 세계와 아이디어를 공유하는 실제적인 방법이다.

이제 네쉬빌 프로젝트 설계를 살펴보면서 이들 프로젝트 필수 설계 요소를 통해 계획 과정이 어떤 식으로 형태를 갖추어가는지 살펴보자.

헤드-트로터 선생님은 민권운동에 대한 학생들의 관심을 십분 활용하여 아이들이 학습목표를 달성하고 성공 기술을 계발하게 만들어주고 싶었다. 이 프로젝트에서 선생님은 텍스트에 드러난 역사적 사건을 조사한다는 내용의 ELA 성취기준에 집중하였다. 아울러 모둠학습을 통해 학생의 협업능력을 발전시키겠다는 계획도 세웠다.

이러한 학습목표를 염두에 둔 채, 선생님의 다음 과제는 자신이 가르치는 다양한 학습자들 모두에게 적합한 학습의 구심점이 될 텍스트를 찾는 일이었다. 학교의 사서 선생님과 머리를 맞대고 아이디어를 내보았다. 여러 제목이 등장한 가운데 한 가지가 눈에 띄었다. 존 루이스John Lewis 하원의원의 《시위March》라는 작품이었는데, 민권운동에 대한 개인적 경험을 담은 만화 소설 형식의 회고록이었다. 이 작품을 떠올리면서 선생님은 이렇게 생각했다.

'우리 아이들 상당수가 만화에 빠져 있다. 아이들은 분명 이 작품을 좋아할 거다. 읽기 능력이 떨어지는 아이들에겐 만화니까 그림이 도움이 되겠지. 읽기 능력이 뛰어난 아이들은 이 작품을 다루면서 역사적 사건을 철저히 들여다볼 수 있을 거야. 이 작품이면 개별화 수업이 가능하겠어.'

선생님은 배움의 증거가 될 최종 결과물로 학생들이 무엇을 만들어낼지 고민하였고, 다음 질문을 스스로에게 해보았다.

'일정 수준의 선택권을 가지면서 학생들이 만들어낼 수 있는 것은 무엇일까? 어떻게 하면 학생들이 프로젝트 기간 내내 성찰 및 개선과 함께 협업 기술을 사용하여 서로를 지원할 수 있을까?'

이때에도 역시 동료와의 브레인스토밍이 좋은 아이디어를 내는 데 도움이 되었다. 학교의 미디어 전문 교사는 디지털 콘텐츠에 주석을 다는 도구인 '씽링크ThinkLink'를 알려주었다. 이 도구를 이용하여 학생들은 《시위》를 읽으면서 알게 된 역사적 지식을 활용하여 내슈빌 민권운동 가상 투어를 만들어냈다. 시각 자료를 선정하여 글을 작성하고, 이를 지리적 위치 정보와 결합하여 학생들은 점심 식당 연좌농성lunch counter sit-in과 학교 인종분리정책 폐지를 비롯하여 내슈빌에서 벌어진 시위 이야기를 풀어낼 수 있었다. 또한 스마트폰 소유자라면 누구나 이 투어에 참여할 수 있었기 때문에 학생들은 실제 청중과도 연결되었다.

한편 내슈빌 역사 탐방 개발은 학습에 대한 총괄평가 역할도 할 수 있다. 학습의 결과물로 학생들이 만든 디지털 콘텐츠는 텍스트에 드러난 여러 역사적 사건을 고찰한다는 ELA 성취기준 도달 여부를 보여주기 때문이다. 헤드-토로터 선생님은 학생들을 학습목표에 집중시키는 한편 지역의 역사학자가 되어 실천에 나설 기회를 제공하기 위해 다음과 같은 탐구질문을 작성하였다.

"역사학자인 우리는 내슈빌이 민권운동에 끼친 영향을 보존하는 민권운동 가상 박물관 앱을 어떻게 설계할까?"

헤드-트로터 선생님은 프로젝트 설계를 시작하였다. 핵심 학습목표, 탐구질문, 학습이 일어났다는 증거가 될 최종 결과물이 결정되자 소위 프로젝트의 "뼈대"라는 것이 갖추어졌다.

그런 다음 더 많은 질문을 심사숙고하면서 그 뼈대에 살을 붙였다. 이 프로젝트에서 어떤 성취기준을 더 다룰 수 있을까? 프로젝트의 각 일정마다 어떤 학습 활동이 잘 어울릴까? 내가 가르치는 다양한 학습자의 요구를 충족시키려면 형성평가를 어떻게 계획해야 할까? 프로젝트를 어떻게 시작하면 첫 시간부터 높은 관심을 이끌어내면서 프로젝트가 끝날 때까지 탐구를 지속시킬 수 있을까? 이밖에도 앞으로 세워야 할 계획이 여전히 많았지만, 내슈빌 집회가 자신의 학생들을 유의미한 방향으로 이끌 것이라고 확신했다.

Try This!

프로젝트 설계 단계에서 전문가와 상의하기

재미있는 프로젝트는 학생들을 학교 밖 현실 세계에서도 실제 역할을 할 수 있게 만든다. 예를 들어 탐구질문으로 다음과 같은 질문을 던질 수 있다.

- 환경과학자인 우리는 학교 운동장에 살고 있는 야생동물을 위한 서식지를 어떻게 만들 수 있을까?
- 예술가로서 우리는 우리 지역 사회에 영향을 미치는 사회 문제에 어떻게 관심을 가질 것인가?
- 어떻게 하면 화학적 지식을 활용하여 우리 지역 식수의 질을 높일 수 있을까?

그런데 만약 교사 자신이 이러한 분야에 대한 경험이 거의 없다면 어떨까? 그럴 경우 프로젝트의 주제나 내용과 관련된 일을 하는 전문가가 프로젝트 계획 단계에서 유용한 피드백을 주는 방법이 있다. 전문가의 조언을 받으면 교사는 자신이 계획 중인 프로젝트에서 학생들에게 전문가와 똑같은 방식으로 문제를 해결하는 환경을 보장할 수 있다. 이때 프로젝트 계획 수립에 영향을 줄 구체적인 질문을 던져 전문가들이 어떤 식으로 일하는지 깊이 이해하도록 하자.

- 연구할 질문이나 문제는 어떻게 선정하는가?

- 연구나 증거 수집은 어떻게 하는가?
- 어떤 연구 도구들이 사용하기 좋은가?
- 이 분야에서 협업은 어떤 위상을 가지는가?
- 이 분야에서 질을 판단하는 기준은 무엇인가? 우수함은 어떻게 정의하는가?

그렇다면 어떤 경로로 인터뷰할 전문가들을 구할 것인가? 다양한 분야의 내용 전문가 섭외를 위해 먼저 학부모 중 그런 전문가가 없는지 살펴보자. 지역의 기업체나 인근 대학, 비영리 단체에 연락하여 전문가 네트워크를 활용할 수도 있고, 대학 동아리나 전문직 단체와 연결할 수도 있다. PBL에 전문가의 사고방식과 일하는 방식을 더 많이 도입할수록 더욱 실제적인 프로젝트가 될 것이다.

계획은 구체적이되 융통성 있게

PBL 설계 시 일일 계획은 어느 정도 포함해야 할까? 물론 수업 대본을 짜서 학생의 의견이나 선택권의 여지가 거의 없이 각본대로 수업하는 상황을 결코 원치는 않을 것이다. 그렇지만 한편으로는 프로젝트의 비계, 평가 계획, 일정표를 면밀히 준비하여 프로젝트를 시작하고 싶은 마음도 있다. 그런 것들을 미리 준비해 두면 학생 주도 수업에서 벌어지는 '가끔씩 무질서한' 학습의 관리를 대비할 수 있기 때문이다.

예를 들어 내슈빌 집회 프로젝트를 설계할 때 헤드-트로터 선생님은 모든 학생이 참여할 만한 학습 활동을 고려하여 프로젝트 개시를 위한 도입활동을 시작하였다. 이를 위해 선생님은 내슈빌 공공도서관에 가서 민권운동 전시회를 관람하고 역사학자의 도움을 받아 1차 사료를 분석하는 현장학습을 계획하였다. "이 프로젝트에 대해 학생들도 저만큼 신나게 만들 수 있는 한 가지 방법입니다. 역사를 자기 손바닥 위에 올려놓게 할 수 있으니까요."

또한 선생님은 학생들의 독해 능력이 다양하다는 점을 알고 있었기 때문에 계획 속에는 모든 학생들이 학습에 성공하도록 도와줄 비계도 포함되어 있었다. 프로젝트의 초반에는 읽기 시범을 보이기 위해 모든 학생들에게 텍스트의 일부를 소리 내어 읽어줄 계획을 세웠다. 후반에는 여러 가지 문해력 신장 활동을 위해 읽기 능력이 각기 다른 아이들끼리 짝을 지어줄 계획이었다. "짝 활동을 할 때 읽는 걸 힘들어하는 아이에게는 짝이 읽어주게 하면 됩니다." 그와 더불어 다른 매체로 내용을 접해야 하는 학생들을 위해서는 녹음된 텍스트를 제공하기로 마음먹었다.

텔라니아 노르파 선생님의 사례도 비슷하다. 대가족이라는 특별한 조건을 가진 의뢰인을 위해 주택을 설계하는 고등학교 기하 프로젝트를 설계할 때 선생님은 자신이 가르치는 다양한 학생들에게 어떤 학습이 필요한지 신중히 고려하였다. 영어를 모국어로 쓰지 않는 아이들도 수학 토의에 참여할 수 있도록 생각의 뼈대를 잡아줄 문장완성자 목록을 준비했다. 또 특수교육 대상 학생들이 프로젝트 필수 요건에 집중할 수 있도록 설계 명세서를 체크리스트 형식으로 제작하였다.

"전 아이들에게 필요한 비계가 모두 준비되었다고 생각했어요. 그런데 충분하지 않더라구요."

노르파 선생님은 아이들이 설계를 한다는 생각에 완전히 들뜬 상태로 프로젝트를 시작했는데, "막상 수학 앞에서 도미노처럼 무너져버렸다!"고 말한다. 형성평가에서 많은 아이들이 기본적인 수학 개념을 이해하지 못하고 있다는 사실이 드러난 것이다.

"예전에 배웠지만 한동안 쓰지 않았던 개념들이었죠. 간단한 보충 학습이 필요했습니다."

선생님은 재빨리 방향을 바꾸어 수학 개념을 복습할 기회를 마련했다. 아이들은 선생님이나 수학 개념을 잘 이해하고 있는 도우미 학생에게 도움을 받을 참이었다. 복습 시간 확보를 위해 프로젝트 일정표(101~104쪽 참고)를 수정해야 했지만 학생의 학습이라는 관점에서 보면 알차게 보낸 시간이었다.

또한 미적분 준비 수업을 듣는 학생들과 다른 프로젝트를 할 때에는 자기주도 학습이 힘든 아이들이 있다는 사실을 알고 계획을 살짝 변경해야 했다. 주간 계획표를 제공하여 각 학생이 모둠 내 자신의 역할을 적고 그 주 안에 끝내야 하는 일을 기록하게 하였다. 반면 자기주도성을 더 보여준 학생들에게는 융통성을 발휘하였다.

"만약 학생들이 배워야 할 것을 배우고 중요한 과제를 일찍 끝냈다면 잘된 겁니다. 남은 시간을 다른 과목의 필요한 공부에 쓸 수 있거든요. 그 아이들에게 별 의미가 없는 다른 과제를 주지는 않습니다. 이제 졸업이 가까운 아이들입니다. 자기 시간을 어떻게 하면 잘 쓰는지 아는 것도 중요한 삶의 기술이죠."

노르파 선생님의 설명이다.

프로젝트 일정표 작성 ———

프로젝트 일정표는 보통 일반적인 수업이나 단원 계획표와 비슷하지만, PBL의 특성을 보여주는 몇 가지 특징이 있다.

- 첫 시간은 도입활동으로 시작
- 프로젝트 초반에 모둠 단합 시간과 과업을 체계적으로 정리하는 시간
- 강의 및 활동과 함께 제공되는 개인 학습 시간
- 비평 및 개선 활동 시간이 충분함
- 자신의 작품을 공개하기 전 발표를 연습할 시간이 충분함
- 프로젝트 마지막에 성찰과 축하를 위한 시간

**프로젝트 수업
어떻게 할 것인가? 2**

프로젝트 일정표

프로젝트명: 재정 프로젝트　　　　**기간: 18일**

프로젝트 1주차

월요일	화요일	수요일	목요일	금요일
학습목표 복잡한 과업을 이루는 여러 요소를 분석하고 해결을 위한 진입점(entry points)을 파악할 수 있다.	**학습목표** 여러 가지 투자 수단, 이자, 재정계획안의 기본 형식을 진술할 수 있다.	**학습목표** 여러 가지 투자 수단, 이자, 재정계획안의 기본 형식을 진술할 수 있다.	**학습목표** 필요한 질문을 할 수 있다.	**학습목표** 재정적 모형을 나타내는 미지수가 하나의 방정식을 세워 주어진 문제를 해결할 수 있다. 여러 가지 회계 등식(financial equations)에서 구조를 찾아 활용할 수 있다.
활동/수업 도입활동: 워크인 소개, 프로젝트 모둠 구성 및 모둠 단합 활동. 학생은 문제해결상황을 작성하며, 점진적 책임 이양법*으로 읽기 능력이 부족하거나 영어를 모국어로 쓰지 않는 학생들을 지원한다. 학생들은 몇 가지 재정계획안 견본을 검토하며, 모든 프로젝트 과업을 완성하는 데 필요한 몇 가지 탐구질문을 만든다.	**활동/수업** 학생들에게 재무기획사를 소개한다. 재무기획사는 재정 계획의 기본을 설명하고 학생들은 이 내용을 발표 후에 질의응답 시간을 가진다. 필기를 위해 도서조직자(graphic organizer)를 제공한다. 프로젝트 모둠은 프로젝트 과업들을 완성하는 데 필요한 몇 가지 탐구질문을 만든다.	**활동/수업** 모둠별로 재무기획사의 재정계획안을 검토하는 관점 확인 프로토콜을 (point-of-view check protocol) 이용하여 자신의 모둠에 배정된 가족의 재정계획안에 사용할 형식을 결정한다. 각 모둠은 채택된 재정계획설계를 사용하여 최후 집단토론(Charrette protocol)을 마친다. 피드백을 참고하여 개요안을 수정한다. 학생들은 선정된 계획안을 검토하여 가족에게 제출할 질문을 수정, 추가한다.	**활동/수업** 학생들에게 이론의 가족을 소개한다. 소통 능력을 기준으로 선정된 학생들이 그 가족을 인터뷰하고 다른 학생들은 필기를 한다. 학생들은 문제해결양식을 수정한다.	**활동/강의** 학생들은 TI-Nspire 계산기의 도움을 받아 기본 복리 공식에 대한 조사에 임한다.
평가/산출물 학생이 작성한 질문들, 문제해결과정 시, 당면 과제 및 문제해결 과정에서 궁금한 점에 대한 토의	**평가/산출물** 퇴장권(exit ticket), 가족용 질문 견본	**평가/산출물** 가족용 질문 수정본, 재정계획안 양식	**평가/산출물** 인터뷰 과정, 인터뷰 기록 양식, 인터뷰 개선(거래 내용을 차변과 대변으로 구분하여 적는 회계 장부), 문제해결 양식 수정본	**평가/산출물** 조사 결과, 모둠별 성찰 및 협업능력에 대한 학급 토의

---

* 점진적 책임 이양법(Gradual Release of Responsibility Model, GRR)

학습에서 내용, 수준, 방법, 속도 등을 결정할 권한을 교사에게서 학생에게 서서히 이양하는 방법으로, 교사의 역할은 학습 안내자나 조력자의 방향으로 서서히 변해 간다. -역자 주

프로젝트 2주차

월요일	화요일	수요일	목요일	금요일
학습목표 재정적 모형을 나타내는 미지수가 하나인 방정식을 세워 주어진 문제를 해결할 수 있다. 여러 가지 회계 등식(financial equations)에서 구조를 찾아 활용할 수 있다. 함수의 그래프를 그리고 주요 특징들을 해석할 수 있다.	**학습목표** 재정적 모형을 나타내는 미지수가 하나인 방정식을 세워 주어진 문제를 해결할 수 있다. 여러 가지 회계 등식(financial equations)에서 구조를 찾아 활용할 수 있다. 함수의 그래프를 그리고 주요 특징들을 해석할 수 있다.	**학습목표** 재정적 모형을 나타내는 미지수가 하나인 방정식을 세워 주어진 문제를 해결할 수 있다. 여러 가지 회계 등식(financial equations)에서 구조를 찾아 활용할 수 있다. 함수의 그래프를 그리고 주요 특징들을 해석할 수 있다.	**학습목표** 재정적 모형을 나타내는 미지수가 하나인 방정식을 세워 주어진 문제를 해결할 수 있다. 여러 가지 회계 등식(financial equations)에서 구조를 찾아 활용할 수 있다. 함수의 그래프를 그리고 주요 특징들을 해석할 수 있다.	**학습목표** 한 가정이 자신의 재정 목표를 달성하는 방법을 이해하는 데 도움이 되는 세부 설명서를 작성할 수 있다.
활동/수업 이전 시간에 시작했던 조사를 마무리한다. 학습은 각 계산식의 모둠별로 작성한 재정계획안 사이에 어떤 관계가 있는지 토의한다. 교사는 여러 가지 재무 공식의 계산 시범을 보이고, 학생들은 그 공식들을 이용하여 모둠에 배정된 가족과 비슷한 문제들을 연습한다.	**활동/수업** 교사는 토의 규범을 검토한다. 학생은 재무 계산식에 관한 소크라테스식 토의를 펼친다. 토의의 원활한 진행을 위해 문장완성자와 도식조직자*를 사용한다.	**활동/수업** 교사는 금융수학 보고서(financial mathematical report) 견본을 보여준다. 학생은 재무보고서 초안을 작성한다. 학생은 또 다른 조원이 작성한 부분에 대해 칭찬이나 질문, 제안을 한다.	**활동/수업** 학생은 지난 시간에 받은 피드백을 반영하여 재무보고서를 완성한다. 조원들을 만나서 프로젝트 과업들의 진척 상황을 점검한다.	**활동/수업** 교사는 각 모둠이 가지고 있는 재무보고서를 이용하여 모둠별 설명서를 작성하는 방법을 설명한다. 학생은 자신이 작성한 재무보고서를 공부한다.
평가/산출물 재무 계산식, 허습지	**평가/산출물** 문제상황, 토의에서 나온 답변들	**평가/산출물** 칭찬-질문-제안 양식	**평가/산출물** 재무보고서	**평가/산출물** 퇴장 질문(exit question). 모둠별 성찰 및 협업능력에 관한 학습 토의

* **도식조직자:**
텍스트와 그림을 결합해 개념, 지식, 정보 등을 시각적으로 구조화하는 것으로, 글의 내용과 구조를 파악하는 데 유용하다. 수형도, 벤다이어그램, 의미 지도, 마인드맵 등으로 구분된다. - 역자 주

프로젝트 3주차				
월요일	화요일	수요일	목요일	금요일
재량 시간	**학습목표** 한 가정이 자신의 재정 목표를 달성하는 방법을 이해하는 데 도움이 되는 세부 설명서를 작성할 수 있다. **활동/수업** 학생은 재무계획안을 작성한다. 재무기획사는 각 모둠을 만나 진행 상황에 대해 피드백을 준다. **평가/산출물** 퇴장 질문	**학습목표** 다른 모둠의 계획안을 읽거나 발표를 듣고 확인 질문을 하거나 개선을 위한 제안을 한다. **활동/수업** 교사는 '어항 활동'을 활용하여 변형된 조율 프로토콜의 시범을 보여준다. 학생의 조율 프로토콜을 마친다. **평가/산출물** 퇴장 질문과 문개정	**학습목표** 한 가정이 자신의 재정 목표를 달성하는 방법을 이해하는 데 도움이 되는 세부 설명서를 작성할 수 있다. **활동/수업** 각 모둠은 조율 프로토콜에서 도출된 피드백을 바탕으로 자신의 제안서를 수정한다. 각 모둠의 프로젝트 과업들이 전적 상황을 점검한다. **평가/산출물** 재정계획안, 모둠별 성찰 및 협업 능력에 관한 학급 토의	**학습목표** 한 가정이 자신의 재정 목표를 달성하는 방법을 이해하는 데 도움이 되는 세부 설명서를 작성할 수 있다. 수혜적 청자의 도움을 받아 담당 가족에게 재정계획안을 설명할 수 있다. **활동/수업** 각 모둠은 조율 프로토콜에서 도출된 피드백을 바탕으로 자신의 제안서를 수정한다. 각 모둠은 담당 가족을 위한 발표 준비를 시작한다. **평가/산출물** 재정계획안

프로젝트 4주차

월요일	화요일	수요일	목요일	금요일
재량 시간	**학습목표** 수학적 장치의 도움을 받아 담임 가족에게 재정계획안을 설명할 수 있다. **활동/수업** 각 모둠은 담임 가족을 위한 발표를 준비한다. 다른 모둠이나 재무기획사, 혹은 선생님 앞에서 발표를 한 뒤 이들에게서 받은 피드백을 참고하여 발표를 수정한다. **평가/산출물** 발표 관찰	**학습목표** 수학적 장치의 도움을 받아 담임 가족에게 재정계획안을 설명할 수 있다. **활동/수업** 모둠별로 담임 가족 앞에서 발표를 한다. 그런 다음 프로젝트의 성공을 축하하고, 협업능력과 프로젝트 전체를 돌아보는 최종 성찰을 실시한다. **평가/산출물** 발표, 협업능력에 관한 자기평가 및 동료평가		

출처 : 윌라니아 노르파(노스웨스트 고등학교)

필요한 자원 준비하기

프로젝트가 진행되는 동안 학생들에게는 어떤 자원이 필요할까? 이 자원은 바로 이용할 수 있는가, 아니면 발품을 팔아 찾아야 할까? 프로젝트 계획 단계는 프로젝트의 성공에 반드시 필요한 자원을 예측하는 시간이다. 여기에는 읽기 자료와 같은 전통적인 도구뿐만 아니라 정보화 기기나 소프트웨어, 외부 전문가도 포함된다.

내슈빌 집회 프로젝트에서 킴벌리 헤드-트로터 선생님은 모바일 기기에서 사용할 수 있는 내슈빌 디지털 지도를 제작하기 위해서 씽링크(www.thinglink.com)라는 도구가 반드시 필요하다는 것을 깨달았다. 학생들은 이 소프트웨어를 이용해서 콘텐츠 제작자가 되어 민권운동 당시 중요했던 위치에 설명을 추가하였고 이를 대중들과 공유하였다. 물론 헤드-트로터 선생님이 이 소프트웨어의 전문가는 아니었다. 따라서 교내 미디어 전문가를 섭외하여 학생을 기술적으로 지원하는 일도 선생님의 계획 안에 포함되어 있었다. 즉 선생님 스스로가 기술 전문가일 필요는 없다는 뜻이다. 학생들에게 필요하다면 도움을 받을 수 있는 미디어 전문가와 함께 도서관에서 지도 작업을 해도 된다.

프로젝트에 필요한 자원을 고려할 때는 학생들이 필요한 물품과 함께 지원이나 조언, 또는 정보를 제공할 사람도 생각해야 한다. 다음을 참고하기 바란다.

• 과학기술 도구는 프로젝트 전반에 걸쳐 사용할 수 있다. 1차 자료 연구, 과학 시뮬레이션, 또는 공동 집필처럼 자신이 달성하고자 하는 학습목표를 심사숙고한 뒤 그 목적에 맞는 디지털 도구

를 찾아본다. 프로젝트와 기술을 유의미하게 통합하고 싶다면 교
내 미디어 전문가, 사서, 또는 정보 교사의 지원을 받도록 하자.

- PBL 기간 중 내용 전문가가 중요한 역할을 하는 경우가 많다. 학
생들이 조사 연구를 하는 중에 전문가와 접촉이 필요하기도 하
고, 시제품이나 작품을 다듬고 수정하면서 나온 해법에 대한 기
술적 피드백이 필요할 때도 있기 때문이다. 흔쾌히 도와줄 사람
을 찾는다면 학부모나 기업체, 비영리단체, 혹은 대학을 알아보
기 바란다. 요청하는 것이 무엇인지 분명히 밝혀 전문가의 시간
을 너무 많이 빼앗지 않도록 하자.

- 실제적 문제는 다양한 내용 영역과 관련된 경우가 많다. 프로젝
트 설계 시 통합교과 학습 기회를 마련해 보자. 프로젝트를 계획
할 때 다른 교과 교사들과 접촉하여 프로젝트의 일부만이라도
공동으로 진행할 수 있다. 예를 들어 설문조사 설계와 데이터 분
석이 필요한 사회과 프로젝트에서도 학생들이 수학이나 통계 시
간에 배운 내용을 적용할 여지는 있다. 마찬가지로 연구 개요를
작성하는 과학 프로젝트에 국어 교과를 결합할 방법을 생각해
볼 수도 있다.

- 프로젝트에 따라서는 학생들이 결과물이나 시제품 제작을 위해
창작 공간이나 과학 실험실, 미술 스튜디오, 또는 음악/비디오 제
작 스튜디오를 이용하고 싶어 할 수도 있다. 학교에 그런 시설이
없다면 공공도서관처럼 그런 서비스를 제공하는 지역의 자원과
연결해 주면 된다.

외부 인사 섭외

PBL에 입문하는 입장에서 처음 실시하는 프로젝트이거나 비교적 간단한 프로젝트라면 교사인 자신 이외에 다른 성인을 참여시키지 않으려 할 것이다. 하지만 프로젝트의 학문적 철저함과 실제성, 학생의 동기, 학습과 실생활의 연관성을 고려한다면 교실 밖 전문가의 참여는 큰 도움이 된다. 이들은 다른 교사나 교직원, 학부모일 수도 있고, 지역의 주민, 전문직 종사자, 각종 기관의 대표 등 참여의 효과가 더욱 큰 사람들이 될 수도 있다.

- 내용 전문가 초청 연사로 모셔(온라인 연결도 가능) 정보를 제공하거나 프로젝트에 필요한 특정 기술을 학생들에게 가르치게 할 수 있다.

- 멘토 초청 연사나 전문가와 비슷하지만 멘토는 좀 더 오랜 기간 학생들과 더 가까이에서 함께하는 사람들이다. 여러 명이 참여하여 개별 학생 또는 학생 모둠을 지도할 수 있다.

- 청중/패널 프로젝트의 발표회 때 또는 학생들이 산출물을 만들고 핵심질문에 대한 답을 하는 과정에서 실시되는 형성평가 때 초대되어 학생들이 자신의 작품을 공개하는 것을 보고 듣는 사람들이다. 전문가들은 청중 역할을 하는 동시에 학생의 이해와 학

습 과정을 점검하는 질문을 하고 학생의 학습을 평가하는 역할을 하기도 한다.

- 의뢰인 또는 제품 사용자 외부인 또는 그들이 소속된 단체가 도입 활동에서 학생들에게 어떤 일이나 문제 해결을 요청하는 방식으로 전체 프로젝트의 중심이 될 수 있다. 예를 들어 셰릴 바티스타 선생님은 '작은 집 프로젝트tiny house project'를 위해 주역 주민들을 섭외하여 학생들에게 필요한 이야기를 들려주도록 요청하였고, 이들은 이후 학생들이 그 주민들을 위해 작은 집에 관해 제안하는 내용을 들었다.

전문가나 외부인을 프로젝트에 참여시킬 때에는 다음 사항을 염두에 두기 바란다.

- 필요하다면, 그리고 가능할 것 같으면 외부에서 도움을 줄 만한 어른들을 알아보는 작업에 학생을 참여시킨다.
- 여러분의 "부탁"은 반드시 그 사람들의 업무에 관한 부분으로 분명히 하고, 필요한 예상 시간을 명확히 밝힌다.
- 동료나 친구, 학부모에게 전문가 인맥이 있는지 알아본다. 인맥이 없더라도 섭외를 두려워할 필요는 없다. 사람들은 대부분 할 수 있으면 기꺼이 도우려 하기 때문이다.

형평성과 학습 효과를 위한 설계

텔라니아 노르파 선생님은 프로젝트 계획 시 모든 필수 설계 요소를 고려하지만 거기서 그치지 않는다. 학습 능력 부진 학생, 배경지식이나 경험이 부족한 학생들, 또는 영어가 모국어가 아닌 학습자를 대상으로 한 프로젝트를 계획할 때에는 다음 세 가지를 추가로 고려한다고 한다.

"첫째, 저는 우리 아이들이 앞으로 갖게 될지도 모르는 직업에 적용할 만한 수학의 어떤 측면에 노출시키고 싶습니다. 미적분 준비 수업에서 학생들은 재무 기획자들이 하는 일을 배우고 자신이 그 역할을 수행하고 있다는 사실을 깨닫기 시작합니다. 기하와 밀접한 관련이 있는 직종은 설계 분야입니다. 집을 설계하면서 학생들은 여러 가지 기하 개념을 적용해야 하는데 그러면서 자신이 건축가가 될 가능성이 있음을 알게 될 것입니다.

두 번째는 학생들의 부족한 배경지식이 장애가 되어서는 안 된다는 생각입니다. 이는 누구나 그 프로젝트를 할 수 있어야 한다는 것을 뜻합니다. 아파트에 살든 주택에 살든 아이들은 모두 거주에 있어서 유경험자이고 여기에 대한 스키마schema가 어느 정도 있습니다. '집'이 무엇을 뜻하는지 알기 위해 많은 배경지식이 필요한 건 아니지요.

마지막으로, 학업 수준이 다양한 학생들도 모두 참여할 수 있었으면 합니다. 모든 아이들이 배우고 성장할 기회가 있어야 합니다."

레이 아흐메드 선생님의 사례도 비슷하다. 제자들 대다수가 빈곤층에 속하며 상당수가 특수교육을 요하는 상황에서, 선생님은 자신의 제자들이 원하는 것이 있을 때 분명히 요구하는 법을 배울 수 있기를 바란다.

"우리 지역 아이들은 필요한 것을 어떻게 요구해야 하는지를 잘 모릅니다. 이런 점이 아이들을 고등학교에서, 대학에서, 사회에서 뒤처지게 만들었지요. 그렇게 할 수 있도록 교실 상황에서 가르쳐야 합니다."

아흐메드 선생님은 PBL 비계 전략으로 개별 면담을 채택하여 학생들이 자신의 목소리를 낼 수 있도록 독려하였다.

"아이들은 본인들이 파악한 쟁점이나 문제, 어려움이 회의 안건이라는 사실을 알고 회의에 참석합니다. 한두 가지 해결책을 생각해 오기는 하지만 이를 완성하는 데는 도움이 필요합니다."

연습을 거듭하면서 학생들의 자신감도 커진다.

"우리는 우리 제자들이 어려움이 있을 때 언제든 교수들과 이야기할 수 있는 자신감을 갖고 대학에 진학하는 모습을 목격하고 있습니다. 아이들은 학생 때 이런 것을 연습했고 그러한 자발성을 갖추는 일의 가치를 알게 된 것이지요."

중학교 교사 레베카 뉴번 선생님에게도 고려할 점이 한 가지 더 있다. 선생님은 학생들이 과학 프로젝트를 마칠 때 장차 현명한 결정을 내릴 수 있는 권한이 자신에게 있음을 깨닫기를 바란다. 아울러 학생들이 자신에게 중요한 문제에 영향력을 행사하는 방법을 배웠으면 한다.

"기후 변화가 왜 중요한 문제인지는 강의 한 번으로도 설명할 수 있습니다. 하지만 학생들은 듣지 않을 겁니다. 저는 아이들이 그 문제에 가까이 다가가서 더 깊은 질문을 던지기를 바랍니다. 이 내용이 내 삶의 방식과 어떤 관련이 있을까? 내가 어떤 선택을 하면 뭔가가 달라질 수 있을까?"

프로젝트가 끝날 때마다 뉴번 선생님은 과학에 대한 영구적인 이해의 증거를 찾아본다. 또 학생들이 자신이 취할 수 있는 행동이 무엇인지 알아낼 수 있기를 바란다. "어쩌면 열에너지에 대한 모든 세부사항은 다 기억할 수 없을지도 모릅니다. 하지만 큰 그림에 대해서는 좋은 질문을 하고 비판적으로 사고할 수 있을 만큼 충분히 이해하고 있습니다."라는 게 선생님의 결론이다.

진지한 대화와 경청

설계와 계획 단계에서 교사에게 실질적인 피드백을 제공하는 일은 수업 컨설턴트의 중요한 역할이다. PBL 교사에서 컨설턴트로 전향한 제임스 페스터는 레베카 뉴번 선생님이 기후 변화에 관한 야심찬 프로젝트 계획을 제대로 완성하는 데 도움을 주었다.

다음은 페스터 선생님이 두 사람의 협업, 그리고 자신의 질문이 더 나은 프로젝트 설계로 이어지는 과정을 관찰한 내용이다.

저는 컨설턴트이기 때문에 교과 내용에 대해서는 전문성이 없는 경우가 많습니다. 역사를 가르쳤던 제가 수학이나 과학에 대해서 뭘 알겠습니까? 그렇지만 뉴번 선생님은 분명 교과 내용의 전문가이지요.

그래서 우리는 함께 세부사항을 계속 논의할 수 있습니다. 만약 제가 선생님의 계획을 이해할 수 있다면 학생들도 그럴 거라고 생각합니다.

우리가 논의를 위해 자리에 앉을 때마다 저는 이렇게 묻곤 했습니다. "오늘 수업을 마칠 때(혹은 프로젝트가 끝났을 때) 학생들이 무엇을 배웠으면 좋겠습니까?" 그러고 나서 우리는 함께 학생들의 이해를 돕고 스스로 결론에 이르도록 도울 실질적인 방법을 찾아냈습니다. 어떻게 하면 아이들이 탐구를 통한 학습에 계속해서 참여하게 할 것인가? 저는 이 질문을 계속해서 했습니다. 그것이 PBL에서 가장 중요한 질문이기 때문이지요.

뉴번 선생님의 목표 중 하나는 학생의 대화 중 과학에 대한 이야기가 더 많아졌으면 한다는 것이었습니다. 이를 위해 우리는 학술적 언어를 사용하게 만드는 토의 프로토콜을 생각해 냈습니다. 선생님은 책상 위에 문장완성자가 적힌 작은 종이 텐트를 놓아두자는 아이디어를 냈습니다. 멋진 생각이죠! 아이들이 좋은 토의를 하게 하려면 아이들이 집중하기 위해 필요한 것을 제공해야 하거든요.

우리가 이야기했던 또 한 가지는 이 프로젝트가 중학생들만의 독특한 요구를 충족시켜야 한다는 점입니다. 우리가 가르치는 집단의 특성에 대해 정말 생각해 봐야 합니다. 발달상 필요한 것들은 무엇일까? 중학생들이 사회성을 중요하게 여긴다는 건 잘 알려진 사실입니다. 따라서 이 아이들을 이야기하게 만드는, 서로 소통하면서 학습 내용에 대해 이야기하게 만드는 어떤 프로토콜이라도 — 그런 활동들은 중요한 정도가 아니라 이 나이 또래 아이들의 학습에 있어서 필수적입니다. 그런 가이드 라인이 없으면 이 연령대의 아이들은 다른 이야깃거리를 찾을 것이기 때문이죠.

우리는 프로젝트 일정표를 살펴보고 학생들이 자리에서 일어나 누군가와 이야기를 하는 활동이 언제 마지막으로 있었는지 확인했습니다. 그리고 자신의 학습에 대해 다른 사람과 대화를 나눌 활동이 정기적으로 일어날 수 있도록 계속해서 계획을 수정했습니다.

이런 식의 공동 계획에 많은 시간이 필요한 것은 아니다. 페스터와 뉴번은 15분짜리 미니 컨설팅 시간을 확보하여 그 시간을 효율적으로 사용하면서 상당한 진전을 이룰 수 있었다.

"미팅은 매번 실천 과제에 대해 이야기하는 걸로 마무리를 했습니다. 두 사람 각자가 다음 만나기 전까지 해야 할 일을 말이죠." 페스터 선생님의 말이다. "그것이 우리 두 사람 모임의 핵심 규범key norm이 된 셈이지요."

기존 프로젝트의 보완과 재활용

PBL 입문자들이 자주 궁금해하는 것은 매년 새로운 프로젝트를 새로 시작해야 하는가 하는 점이다. 일단 여기에 대한 답은 "아니다"이다. 많은 프로젝트가 계속해서 다시 사용될 수 있다. 물론 내용의 시의성이나 적절성을 고려하여 손을 봐야 하는 경우도 있다. 하지만 PBL 베테랑들은 자신이 진행한 프로젝트를 돌아보고 다음 번엔 어떤 점을 바꾸면 더 좋을지에 대해 동료와 학생들의 피드백을 받는 일을 하나의 관행으로 유지한다.

캘리포니아 데이비스에 있는 다빈치 차터 아카데미DaVinch Charter Academy의 PBL 베테랑 교사 두 명은 "좋은 게 좋은 것"이라는 식에서 벗어나기로 마음먹고 '전쟁 중 미국America at War'이라는 인기 있는 통합교과 프로젝트를 비판적인 시각으로 검토하였다. 그리고 이를 학문적으로 더욱 심화되고 지역 사회와 연계를 확장한 프로젝트로 재구성하였다. "그런대로 괜찮지만 다소 범위가 좁고 규모가 작은 프로젝트에서 뭔가 크고 넓은 프로젝트로 변모했죠." 국어 교사이자 역사 교사인 타일러 밀섑 선생님의 말이다.

원래 프로젝트에서는 학생들이 전쟁 소설을 분석한 뒤 미국 역사에 대해 배운 것을 적용하여 짧은 '차세대 전쟁 영화'를 만드는 것이었다. 이 학교 영어 교사 스콧 스티븐 벨 선생님은 이라크와 아프가니스탄 전쟁으로 탄생한 새 소설 몇 개를 소개할 기회를 포착했다. 《제너레이션 킬Generation Kill》, 《자헤드-그들만의 전쟁Jarhead》, 《왓치The Watch》같은 최신 소설은 학생들에게 실제로 인기가 있었고 독해 수준에 따른 개별화 학습도 가능했다.

학생의 참여는 높았지만 두 선생님의 고민은 이 프로젝트가 역사 공부 측면에서는 너무 약하다는 점이었다.

"우리는 주로 외교 정책과 분쟁의 원인에 대해 이야기하기는 했으나 그에 대한 강력한 목적 의식이 없었습니다."

프로젝트 재구성의 기회는 밀샙 선생님이 한 국회의원 사무실에 다른 일로 전화를 걸었을 때 우연히 찾아왔다. "보좌관이 국회도서관에서 진행하는 참전 용사 역사 프로젝트를 알려주었습니다. 그 의원이 고등학생들이 지역 참전용사를 인터뷰하여 사연을 듣는 일에 관심을 가지고 있는데 혹시 관심이 있는지 묻더군요." 잠시 생각에 잠긴 뒤 밀샙 선생님은 그러겠다고 했다. 그리고 일은 성공적으로 진행되었다.

"이 일은 프로젝트의 가장 큰 일 중 하나가 되었습니다. 학생들은 미국 참전 용사들과 제휴하여 인터뷰를 하고 국회도서관에 보관될 1차 자료 문서를 작성했습니다. 실제 독자가 있다는 사실을 아는 건 학생들에게 큰 의미가 있습니다."

이전에 진행했던 프로젝트를 수정하고자 할 때는 다음과 같은 질문을 해보자.

- 이 프로젝트를 가장 최근에 했을 때 잘되었던 점은 무엇인가? 수정을 계획하고 있더라도 이전에 성공적이었던, 그래서 계속 유지하고 싶은 요소를 반드시 확인하자.
- 이전에 취약했던 지점은 어디였는가? 비계, 형성평가, 학습 활동에서 드러난 구체적인 문제점을 어떻게 보완할 것인가?
- 좀 더 시의적절하고 학생의 삶과 관련성을 높이기 위해 내용을 수정할 필요가 있는가?

- 학생의 참여도를 높일 수 있도록 지역 사회와 연계할 기회는 있는가?
- 이 프로젝트에 더 많은 교과가 참여할 여지는 없는가? 참여를 원하는 타 교과 동료가 있는가?

생각해 보기

이번 장에서는 효과적인 프로젝트의 설계와 계획에 도움이 되는 몇 가지 전략과 자원을 만나보았다. 이제 다음 사항을 깊이 생각해 보자.

- 골드 스탠다드 PBL 프로젝트 필수 설계 요소를 접한 뒤 교수 설계에 대한 자신의 생각에 어떤 변화가 생겼는가? 자신의 수업에서 이미 분명히 보이는 요소는 무엇인가? 주의를 더 기울여야 하는 요소는 무엇인가?

- 프로젝트 아이디어 탐색 전략 중 자신에게 잘 맞는 것은 무엇인가?

- 프로젝트 계획 과정에 학생들을 얼마나 능숙하게 참여시키는가?

- 동료에게 자신이 기획 중인 프로젝트에 대한 피드백을 받을 기

프로젝트 수업
어떻게 할 것인가? 2

회를 어디에서 얻을 것인가? 자신의 계획에 대한 피드백 요청을 위해 갤러리 워크나 동료 비평 프로토콜과 같은 방법을 어떻게 활용하면 좋을까?

PROJECT BASED TEACHING

Part 3
성취기준에 맞추기

"프로젝트를 중요한 학습목표와 일치시켜
학생들에게 디저트가 아닌 '메인 요리'를 제공하자."

PROJECT
BASED
TEACHING

에린 브랜드볼드 선생님은 PBL을 채택한 학교에서만 10년 이상 근무하고 있다.

"운이 좋다고 생각합니다. 전 교생 실습도 PBL로 했거든요."

선생님은 현재 캘리포니아 헤이워드 소재 임팩트 예술 기술 아카데미Impact Academy of Arts and Technology에서 세계사를 가르친다. 학교에는 다양한 인종의 학생들이 다니는데, 상당수가 빈곤 계층에 속한다. 졸업생 대부분이 집안 최초로 대학생이 되는 상황이다.

선생님은 프로젝트 기반 교수 핵심 실천 중 특히 한 가지가 자신의 제자들이 – 모두가 대학 입시를 준비 중인 상황에서 – 성과를 높이는 데 도움이 되었다고 믿는다.

"몇 년 전만 해도 우리는 그저 멋지기만 한 프로젝트를 했었죠. 아이들은 즐겁게 참여했지만 가끔 의문이 들었습니다. 우리가 진정 뭘 가르치고 있는 걸까? 우리 아이들이 알아야 하고 할 수 있어야 하는 지식과 지능은 무엇일까? 시간이 지나면서 알 만한 가치가 있는 것들이 돋보이는 프로젝트를 설계하는 데 능숙해졌습니다."

그 좋은 예가 바로 10학년 세계사 프로젝트 '법정에 선 혁명Revolutions on Trial'이다. 6주짜리 프로젝트를 계획하면서 브랜드볼드 선생님

121

은 혁명에 관한 역사 교과 내용을 비롯하여 주장과 반론에 관한 주 단위 공통 핵심 성취기준과 관련 있는 학습목표를 신중하게 고려했다. 프로젝트 개시부터 최종 활동인 모의재판에 이르기까지 선생님은 학습 활동과 평가를 의도적으로 관련 성취기준에 일치시켰다. 그렇게 하여 학생은 자신이 배워야 할 것이 무엇인지, 그리고 그것들이 왜 배울 가치가 있는지를 분명히 이해하게 되었다.

성취기준을 고려해야 하는 이유

교사가 PBL을 성취기준에 일치시키면 PBL이라는 학습 경험에 시간을 투자할 가치가 있다는 것을 확인시켜주는 셈이다. 특히 프로젝트가 상위 성취기준priority standards에 부합하면 출발 단계에서 학문적 철저함이 구축된다. 즉 프로젝트는 한두 번의 수업으로 해결되는 낮은 수준의 학습을 목표로 하는 것이 아니라, 큰 개념의 이해를 목적으로 하고 복잡할 수밖에 없으며 고등사고능력을 요구하는 성취기준과 일치해야 한다는 뜻이다.

상위 성취기준에 집중함으로써 교사는 학생들이 금방 잊어버리게 될 낱낱의 사실들을 정신없이 바쁘게 가르치는 대신 깊이 있고 개념적인 이해를 구축할 수 있다. 상위 성취기준은 보통 관련 학습목표를 여러 개 거느리고 있다. 가령 좋은 에세이를 작성하는 법을 익히기 위해서는 어휘와 철자, 문법을 잘 부려야 한다(Ainsworth, 2014a). 에세이 작성이 중요한 프로젝트라면 당연히 그와 관련된 기능을 가르칠 것이다. 마찬가지로 사각형의 특징에 대한 이해를 증진시키기 위한 수학 프로젝트라고 해서 세상에 존재하는 모든 사면체를 다루지는 않을 것이다. 평가 전문가 더글라스 리브스Douglas Reeves는 "마름모 같은 세세한 것을 하나하나 다루기보다는" 상위 성취기준에 집중하라고 조언한다(Ainsworth, 2014a).

브랜드볼드 선생님이 근무하는 학교는 교육과정 계획에 있어서 교사에게 상당한 재량권을 주고 있지만 많은 PBL 교사들의 경우 소속 교육청이 지정한 교육 내용의 범위와 순서를 따라야 한다. 교육청에 따라서는 정해진 학습목표를 평가하는 성취도 평가를 3개월에 한 번씩 정기적으로 실시하기도 한다.

신중한 계획이 수반된다면 PBL에 교육청 지정 사항을 녹여내는 것도 가능하다. 조지아 그위넷에 있는 라니어 고등학교Lanier High School가 그 좋은 예이다. 학교의 디자인 기술센터Center for Design and Technology(이하 CDAT) 소속 학생들은 종종 기업체를 낀 야심찬 프로젝트에 도전하는 동시에 주 단위, 교육청 단위로 실시되는 시험도 치러야 한다. CDAT 선생님들은 성취기준 관리에 성공하여 학생들이 표준화 평가에서 계속해서 높은 점수를 올리고 있으며, 동시에 자신의 발명품에 대한 특허를 따거나 전문 제작사의 애니메이션 제작 참여자로 화면에 이름을 올릴 정도로 실제적인 PBL 업적을 자랑한다.

성취기준에 대한 강조는 '설계와 계획'과 깊은 연관이 있다. 하지만 그렇다고 해서 성취기준에 대한 의도적인 강조가 설계 단계에서만 이루어지는 것은 아니다. 탐구질문, 프로젝트 채점기준표, 도입활동, 비계, 공개할 결과물, 평가 계획 등 모든 요소가 목표 성취기준에 맞춰 조정된다.

성취기준과의 연계 —————

프로젝트가 성취기준과 제대로 연계되어 있다면, 그렇다는 증거가 반드시 보일 것이다. 교사는 학습목표를 학생들에게 분명하게 전달하고 있으며 학생들이 이를 달성할 수 있도록 돕고 있다. 골드 스탠다드 프로젝트 기반 교수 기준표에 기술된 성취기준 부합 여부를 보여주는 지표에는 다음 사항들이 포함되어 있다.

- 결과물을 위한 평가기준은 명백하게 성취기준에서 도출되었으며 완전 학습을 입증할 수 있다.
- 학습을 위한 비계, 비평과 개선 프로토콜, 평가, 채점기준표는 특정 성취기준에 대한 학생의 성취도를 일관되게 보여주며, 해당 성취기준을 달성할 수 있도록 일관되게 지원한다.

가치 있는 학습목표와의 연계

이제 브랜드볼드 선생님이 학생들의 유의미한 학습을 위해 프로젝트와 성취기준을 어떻게 연계시키는지 자세히 들여다보자. 프로젝트 계획에 착수하기 전 선생님은 먼저 학생들에게 반드시 필요한 내용 성취기준과 기능을 분석한다.

"이 기능과 개념을 일 년 동안 어떻게 가르칠까라는 질문을 스스로에게 던져봅니다. 그런 다음 성취기준에서 가르쳐야 할 내용과 기능을 추출해 내면서 백워드backward 방식으로 전체 학년 계획을 수립합니다.”

그렇게 세운 일 년짜리 내용 지도는 선생님이 학생들과 함께해야 할 일에 집중하는 데 도움을 준다. 앞서 말한 대로 교육청에 따라서는 가르칠 내용의 범위와 순서를 강제하는 방식으로 이러한 교육과정 계획을 교사에게 부과하기도 한다. 지도 계획을 스스로 세우든, 소속 교육청의 지도를 따르든 우리의 목표는 하나다. 프로젝트와 성취기준을 연계하여 일 년 내내 유의미한 PBL 학습 경험의 기회를 엿보는 것이다.

브랜드볼드 선생님이 담당하는 10학년 세계사 과목은 강대국과 저항이라는 큰 개념을 중점적으로 다룬다. 이는 “우리는 일상생활에서 권력을 어떻게 경험하고 있으며 이에 어떻게 참여하고 대응하고 있는가?”를 들여다보는 일이라고 선생님은 설명한다. 수업 내용은 전 세계에 존재하는 다양한 형태의 권력과, 역사를 통틀어 민중이 그러한 권력에 어떻게 저항해 왔는지 탐구하는 과정을 돕는다. 학생들은 교과 내용을 공부하면서 “자기주도적 조사 연구 능력을 기르고 비판적 사고력과 함께 구두 및 문서를 통한 전달 능력을 계발하여 다양한 텍스트를 분석하고 평가하는 데 자신감을 지닌 독자로 거듭”난다.

브랜드볼드 선생님은 이러한 큰 그림을 가지고 프로젝트를 좀 더 구체적인 학습목표와 일치시키고자 한다. 가령 자신이 세운 교육과정 계획에 따라 2학기에는 논설문 쓰기에 주력해야지, 하는 식이다.

“과거에는 디베이트를 최종 결과물로 했었습니다. 이걸 모의재판으로 바꾸게 되면 학생들이 여러 가지 관점을 좀 더 면밀하게 살펴보기 위해 논쟁 기술을 사용해야만 하겠다는 생각을 했습니다."

또한 실제성을 높이고자 선생님은 법률전문가를 모셔 재판 준비를 했다. "그러한 전문가적 렌즈를 이용하면 학생들이 근거를 갖춘 좀 더 설득력 있는 주장을 펼칠 수 있겠지요."

이 프로젝트에서 학생들은 자신의 이해를 표현하는 수단으로 '시민 대 혁명Citizens v. Revolutions' 사건을 발표해야 한다. 모의재판 준비를 위해 혁명의 원인을 고찰한 뒤 정치적 봉기로 누가 이득을 보는지에 대한 설득력 있는 주장을 전개해야 한다. 프로젝트 최종 발표 때 학생들은 변호사가 되거나 증인이 되어 증언을 한다. 하지만 어떤 역할을 맡든지 간에 학생 전원은 효과적인 논쟁 능력을 보여주어야 한다.

이 프로젝트에 내포된 학습목표를 분명히 밝히기 위해 브랜드볼드 선생님은 성취기준을 "나는 ~을(를) 할 수 있다."와 같이 진술문의 형태로 바꾸어 개인별 완전 학습을 강조하였다. 예를 들어 주 단위 공통 핵심 성취기준에 일치시킨 학습목표는 다음과 같다.

- 나는 정확한 주장을 제기할 수 있다.
- 나는 주장과 그에 대한 대안이나 반론을 구별할 수 있다.
- 나는 주장과 반론을 적절하게 개진할 수 있다.
- 나는 내 주장/반론의 강점과 한계를 지적할 수 있다.
- 나는 단어, 구, 절을 사용하여 주장과 반론의 관계를 명확히 밝힐 수 있다.
- 나는 청중의 지식 수준과 관심사를 예측할 수 있다.
- 나는 정보를 제시한 뒤 이에 대한 결론을 제시할 수 있다.

다음은 세계사 교과 내용과 일치시킨 학습목표 예시이다.

- 나는 혁명의 이념적 프레임을 이용하여 혁명의 원인을 밝힐 수 있다.
- 나는 러시아 혁명을 다른 혁명과 비교할 수 있다.
- 나는 독재정권이 그 나라 국민에 미치는 영향을 분석할 수 있다.
- 나는 혁명가들의 행동 이면에 있는 동기를 분석할 수 있다.
- 나는 시민 삶의 개선이라는 측면에서 혁명의 효과를 판단할 수 있다.

학습목표를 소개하기에 앞서 선생님은 학생들이 이 주제에 완전히 빠져들게 만들고 싶었다. 학생의 흥미를 유발하기 위해 'ㅇ국'이라는 일주일짜리 모의실험 프로젝트로 혁명 프로젝트를 시작하였다. 선생님의 설명을 들어보자.

"첫날 교실에 들어왔을 때 학생들은 교실 배치가 달라진 것을 깨달았습니다. 감옥과 상점이 있고 노동자 거주지가 있었습니다. 3~4명씩 조를 짠 뒤 각 구성원에게 다른 계급을 부여했습니다. 왕족에게는 소파와 함께 온갖 특혜를 주었으며 엄청난 액수의 (가짜) 돈을 지급했지요."

반면 노동자는 보잘것없는 식량을 약간 받았다. 갈등의 조건이 갖추어진 것이다. 이제 학생들은 공정하고 정상적인 사회를 만들라는 요구를 받았다.

세계사 수업을 듣는 네 개 학급에 각기 다른 드라마가 펼쳐졌다. 한 학급은 암살을 모의하였다. 다른 반에서는 지도자가 왕위에서 완전히 물러났다. 또 규칙을 정하기 위해 마을 회의를 소집한 학급이 있어 일견 발전이 보이는 듯했지만 브랜드볼드 선생님에 따르면 "결국 자기 이야기만 떠들어대다가 좌절하게 되었"다.

교사 입장에서 이와 같은 체험식 도입활동은 그 목적에 부합한다. 학생들은 그 활동에 분명히 참여하여 사회적, 정치적, 경제적 불안에 대한 새로운 통찰을 얻었다. 모의실험이 끝날 무렵 학생들은 그 경험을 바탕으로 혁명이라는 말을 간결하게 정의할 수 있게 되었다. 아울러 봉기가 끝난 뒤 사회가 어떻게 재건되는지에 관한 궁금증도 생겨났다.

선생님은 프로젝트 2주차, 즉 모의실험이 종료될 때까지 기다렸다가 학생들에게 탐구질문을 소개하였다.

'역사학자인 우리는 혁명이 시민의 삶을 개선하는 데 어떤 효과가 있는지 어떻게 밝힐 것인가?'

프로젝트에는 개인 과제와 조별 과제가 모두 있었다. 선생님은 학생들이 학습목표를 확실히 달성하도록 하고 싶었다. 큰 목표들은 다루기 쉬운 단위로 쪼갠 뒤 매 시간 분명한 학습목표를 학급에 공지하였다. 예를 들어 프로젝트 2주차에 배경지식을 쌓고 있을 때에는 '혁명의 조건, 신념, 도화선을 파악할 수 있다'와 같은 목표가 있었다. 3주차가 끝날 때까지는 수업의 상당 시간을 출처를 찾고 근거를 평가하는 법을 익히는 데 보냈는데, 이때 학습목표는 '논거를 작성하고 설득력 있는 근거를 들어 이를 뒷받침할 수 있다'였다.

매 시간 수업이 끝나면 학생은 오늘 수업의 목표에 얼마나 도달했는지를 1부터 4점까지 점수를 매겨 스스로를 평가하였다. 이런 식의 형성적 자기평가는 선생님이 학생의 요구를 반영하여 후속 수업을 위한 계획을 세울 때 도움이 되었다.

선생님의 일일 목표 사용은 '배움에는 목적이 있어야 한다'는 자신의 생각이 반영된 것이다. "학생에게 학습목표를 알려주면 이걸 왜 배워야 하느냐는 질문이 사라집니다. 아이들이 그런 일일 목표가 최종 결과물과 어떻게 관련되어 있는지 알 수 있기 때문이지요. 학습목표의 전후 관계를 잘 알려주면 아이들은 자신이 이것을 왜 배우고 있는지 그 목적을 더 분명히 알게 됩니다."

프로젝트를 위한 성취기준 선정

모든 혹은 대부분의 수업을 PBL로 운영하는 교사들은 프로젝트 내에 자신이 가르쳐야 할 성취기준 대부분을 포함하는 여러 가지 방법을 알고 있다. PBL을 다소 제한적으로 활용하는 교사들은 프로젝트로 다루지 못하는 성취기준을 다른 교수법으로 가르치기도 한다. 어떤 성취기준을 프로젝트로 다룰 것인가는 학교가 처한 상황이나 교사 개인의 생각, 학생, 학년이나 과목 등 여러 요인에 따라 결정된다. 고정불변의 법칙 같은 것은 존재하지 않으므로 다음과 같은 성찰 과정을 거쳐보기 바란다.

1. 다음 세 가지 범주에 따라 표를 만든다.
- 중요하고 프로젝트로 가르치기에도 적합함
- 중요하지만 프로젝트로 가르치기엔 적합하지 않음
- 중요하지도 않고 프로젝트로 가르치기에도 적합하지 않음

2. 한 분기, 한 학기, 또는 한 학년 동안 가르쳐야 할 모든 성취기준을 다음 질문을 염두에 두고 위 세 가지 범주에 따라 분류한다.
- 중요한 성취기준인가? 교육청이나 국가 차원에서 '핵심' 성취기준으로 인정하는가? 이 교과의 학습에 핵심적인 내용인가? 핵심 개념 혹은 여러 교과를 아우르는 범분야 개념crosscutting concept인가?(예 : 저학년의 숫자 감각, 고학년의 수학적 모델링, 설명문의 이해 등)
- 프로젝트로 가르치기에 적합한가? 심층적 이해와 탐구를 요하는가?(예 : 민주주의 체제에서 삼권분립, 생태계 등) 복잡한가, 아니면 비교적 단순한가? 수업 한두 시간이면 충분히 배울 수 있는 내용이 아니라 배우는 데 상당한 시간이 필요한가?(예를 들어 과학에서 실험실 안전수칙은 중요하기는 하나 프로젝트에 적합한 내용은 아닐 것이다.)

3. 프로젝트에서 다룰 각 성취기준에 얼마만큼의 시간과 비중을 둘 것인지 생각한다.
- 이 성취기준을 프로젝트의 전경foreground에 둘 것인가? 여러 시간의 수업이나 활동을 할애할 것인가? 학생들은 이 성취기준을 배우는 데 상당한 시간을 쓸 것인가? 프로젝트 전 과정에 연관된

내용인가? 비평, 성찰, 평가의 중심이 될 내용인가?

- 프로젝트 기간 중 배울 수는 있으나 비교적 빨리 배울 수 있는 내용인가? 다른 수업이나 프로젝트 결과물 평가의 일부가 될 수는 있으나 핵심 사항은 아닌가?
- 이 성취기준은 프로젝트의 배경background을 이루는가? 학생들이 행하거나 보여주기를 기대할 수는 있으나 프로젝트 기간 중 중점적으로 다루지는 않는 내용인가?

학습목표에 집중하기

PBL에 이제 입문한 교사들은 어떻게 하면 학습목표에 집중하면서도 학생의 탐구를 장려할 수 있을지를 자주 묻는다. 학생의 질문이나 생각이 목표로 하는 성취기준에서 멀리 떨어진 곳으로 흘러가면 어떻게 하느냐는 것이다.

수학 교사 텔라니아 노르파 선생님은 프로젝트의 모든 학습 활동을 원하는 학습목표와 연결하는 방식으로 학생들에게 의도적으로 성취기준을 상기시킨다.

"성취기준이 반드시 계속해서 등장하게 만들려고 합니다. 정말 신경 쓰지 않으면 결코 쉽지 않은 일이죠!"

예를 들어, 선생님이 진행했던 주택 설계 기하학 프로젝트에서 학생들은 자신의 의뢰인에게 발표할 청사진을 제작한다는 안내를 받았다. 어떤 학생들은 겉보기에 멋진 결과물을 만들어줄 온라인 도구부터 시작하고 싶어 했다. "뭔가 멋진 일을 한 것 같아 보이기는 하겠죠. 근데, 그 안에 수학은 어디에 있을까요? 그 도구가 사람 대신 모든 계산을 해버리기 때문에 그 과정이 보이지 않거든요." 학습목표를 달성할 수 있도록 선생님은 청사진 초안을 수기로 작성하게 하였다. "그렇게 하면 우리가 배우려는 수학이 드러나게 되죠." 그 후 학생이 수학 능력을 입증하면 최종 청사진 제작에 온라인 도구를 사용할 수 있게 허용하였다.

'범위의 방만함scope creep(프로젝트의 범위나 필수 요건이 지나치게 늘어남 – 역자 주)'을 피하는 것 또한 자칫 프로젝트가 너절해지는 것을 막는 방법 중 하나이다. 프로젝트가 진행되는 동안 성취기준 개수를 점점 늘이기보다는 중요하다고 생각하는 학습목표에만 집중하고 학생들이 탐구질문과 최종 결과물이 어떻게 맞아떨어지는지를 이해할 수 있도록 도와야 한다. 학급 토의 때 꼭 알아야 할 내용 목록을 언급할 때마다 학생들에게 자신의 질문이 핵심질문에 답을 하는 데 반드시 필요한지 물어보는 것도 하나의 방법이다.

가끔씩 학생의 아이디어 중 프로젝트의 목표와 동떨어진 것들이 있는데 이는 통제할 필요가 있다. 어떤 선생님들은 화이트보드나 프로젝트 게시판에 '주차장parking lot'이라는 코너를 만들어 지금 당장은 프로젝트 목표와 크게 관계가 없지만 탐구할 만한 가치가 있는 학생의 질문이나 제안을 모아두기도 한다.

성찰 질문 역시 학습목표에 집중하는 데 도움이 된다. 가령, 프로젝트 채점기준표를 사용하여 학생들 스스로 특정 기능이나 이해의 정도를 평가해 보게 할 수 있다. 한 초등 교사는 학생들에게 이제 막 시작하는 수준인 노란색부터 발전 중인 주황색, 그리고 숙달을 의미하는 초록색에 이르기까지 몇 가지 색을 이용하여 일정 기간 동안 자신의 성장을 표시하도록 한다.

타 교과와의 연계 방안

실제 삶 속에서 겪게 되는 문제들은 복잡하기 마련이다. 문제를 해결하기 위해서는 다양한 분야의 전문가들이 머리를 맞대고 서로의 아이디어를 확장하거나 서로 이의를 제기해야 하는 경우가 많다. 따라서 PBL이 더욱 실제적이려면 당연히 여러 교과의 내용 연계를 고려해야 한다.

공동 프로젝트 계획 수립은 상당한 도전이 될 수 있다고 수업 컨설턴트 제임스 페스터는 인정한다. 특히 중등 교사들은 대체로 자기 교과에 대한 전문성은 갖추고 있으나 성취기준을 기반으로 하는 타 교과와의 연계에 대해서는 어려움을 겪기도 한다.

통합 교과 프로젝트 계획 수립의 활성화를 위해 다음 세 가지 검증된 코칭 방법을 제안한다(Fester, 2017).

마인드 맵 작성 이 방법은 이미 공동 작업팀의 일원이거나 원하는 프로젝트 파트너가 있는 교사들에게 특히 효과적이다. 먼저 각 교사는 큰 종이 위에 자신이 올해 가르칠 주요 주제와 성취기준으로 마인

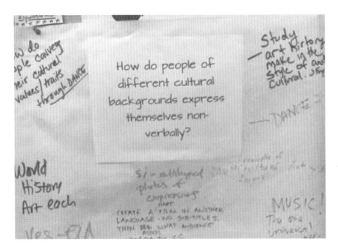

교과 연계를 위한 마인드 맵

드 맵을 작성한다. 그런 다음 그 전지를 벽에 걸고 한 명씩 돌아가며 학습 여정을 설명하는 시간을 가진다. 단, 성취기준은 한 번에 하나씩만 다룬다. 한 사람이 말하는 동안 다른 사람들은 이를 들으면서 자기교과와의 연관성을 찾는다. 자신이 하는 것과 비슷한 내용을 들을 때마다 발표자의 포스터에 조용히 표시하거나 메모를 하여 연관성을 기록한다. 모든 교사가 발표를 하고 나면 연계 지점이 드러나는 몇 가지메모가 생기게 될 것이며, 이는 훌륭한 프로젝트를 구체화하기 위한출발점이 될 수 있다.

탐구질문 갤러리 워크 이 방법은 직원 회의 때, 또는 아직 팀이 지정되지 않았거나 프로젝트 파트너가 없는 교사들에게 적합하다. 먼저각 교사는 전지에 탐구질문 15~20개 정도를 적는다. 이를 벽에 붙인

뒤 갤러리 공간을 만든다. 그런 다음 교사들은 조용히 갤러리 워크를 실시하면서 각각의 탐구질문을 자신의 교과와 어떻게 연결할지 고민해 보고 이를 전지 위에 적어 다른 참가자들과 공유한다.

자기 교과와 뚜렷한 연결 지점이 전혀 보이지 않을 때는 자신의 교과에 좀 더 적합하도록 탐구질문을 수정할 수 있다. 이후 다음 교사의 전지로 옮겨서 앞의 과정을 반복한다. 마지막 단계에서 교사들은 자신과 특히 관련이 있다고 생각되는 질문이 있는 전지로 다시 가서 그 연관성과 프로젝트 계획의 시작 지점을 논의한다.

추진 일정 일 년 중 일정 기간만 범교과로 운영할 기회를 모색하는 두 명 혹은 소규모의 교사들을 위한 계획 수립 프로토콜이다.

먼저 포스트잇을 쌓아두고 각 교사는 포스트잇 한 장에 하루 또는 한 주의 일정을 적는다. 이렇게 작성한 노트는 벽이나 탁자에 한 줄로 붙인다. 상대 교사도 똑같이 한 줄을 만든다. 이제 일정표 두 개가 나란히 붙여지게 되는데, 이때 각 교사는 상대방의 일정표를 보면서 일정이 서로 겹치는 부분이 있는지 찾아본다. 그런 다음 교사들에게 자신의 포스트잇을 어디로 옮기면 상대방의 교과 내용과 더욱 강하게 연계할 수 있을지, 혹은 상대방이 하게 될 프로젝트를 지원할 여지가 있을지 찾아보게 한다.

　　이번 장에서는 프로젝트를 성취기준에 맞추기 위한
다양한 전략을 살펴보았다. 이제 자신의 수업 실천을 돌아보고 성취
기준과 자신의 프로젝트 학습목표를 더욱 확실하게 접목시킬 방안을
찾아보자.

• 성취기준과 관련하여 어느 정도의 재량권이 있는가? 교육과정
　재구성을 직접 하는가, 아니면 교육청이나 학교 차원의 범위와
　순서를 준수해야 하는가? 학교 또는 제도적 지침은 프로젝트 계
　획에 어떤 영향을 미치는가?

• 학년 전체 내용 목표를 살펴보자. 해당 교과 영역의 핵심 개념을
　다루면서 프로젝트에 가장 적합한 내용은 무엇인가?

• 교과 진도표의 내용 중 교과 연계 프로젝트에 가장 적합한 부분
　은 어디인가?

• 얼마나 명시적으로 학생에게 학습목표를 설명하는가? 좀 더 분
　명한 일일 목표는 학생이 자신의 학습을 관리할 때 어떤 도움이
　되는가?

PROJECT BASED TEACHING

PROJECT BASED TEACHING

PART 4
프로젝트 운영과 관리

"학생들은 제대로 운영되는 PBL을 통해 심층학습에 이를 수 있으며
프로젝트에(또한 삶에) 큰 도움이 될 성공 역량을 계발할 수 있다."

PROJECT
BASED
TEACHING

캘리포니아 엘크 그로브에 있는 폭스 랜치 초등학교 Foulks Ranch Elementary School의 짐 벤틀리 선생님과 학생들은 영상 제작자로서 명성을 누리고 있다. 그 지역 공무원들은 재활용에 관한 지역 주민 교육용 영상을 제작하는 일에 이 학생들을 계속해서 고용해 왔다. 이러한 노력을 인정하여 시에서는 학교에 봉사 장학금을 지급한다.

2016년과 2017년도에 벤틀리 선생님 반 6학년 학생들은 짧은 동영상 7개를 제작해 달라는 의뢰를 받았는데, 캘리포니아 주에서 새로 통과된 유기폐기물의 재활용을 의무화하는 법을 지역 사업주들에게 알리는 내용이었다. 이 법은 단계적으로 시행되고 있으며, 2020년이 되면 소상공인 및 아파트 관리자 대다수가 음식물 쓰레기를 비롯한 기타 유기폐기물을 지역의 쓰레기 매립지가 아닌 다른 방식으로 처리하기 위한 재활용 프로그램을 마련해야 한다.

이처럼 실제적인 프로젝트는 여러 가지 이점이 있다. 실제 의뢰인의 존재는 높은 관심과 참여를 보장하며 기억에 남는 학습을 위한 기반이 된다. 청중이 확보되면 학생들은(교사 역시) 품질, 창의성, 생산성에 대해 높은 기준을 설정한다. 벤틀리 선생님은 영상 프로젝트를 과학, 국어, 수학, 사회, 기술 등 다양한 교과를 철저히 아우르는 성취기준에 맞추었다.

영상 제작 학생들이 양질의 결과물을 예정대로 납품하도록, 아울러 그 과정에서 학습 기회를 극대화하기 위해 벤틀리 선생님은 프로젝트 운영의 묘를 발휘해야 한다. "제 역할은 이 일이 단지 하나의 활동이 아니라는 점을 분명히 하는 일입니다." PBL 경험이 많은 벤틀리 선생님은 말한다. "여러 교과의 핵심 개념을 들여와야 하고, 각각 다른 영상을 제작하는 7개 모둠을 지도하면서 꽤나 야심차게 계획된 일정을 지켜야 합니다."

이 프로젝트는 분명 복잡하고 시간이 많이 걸리는 작업으로, 벤틀리 선생님이 지닌 PBL 경험의 깊이를 반영한다.

걸음마 단계에 있는 사람들은 좀 더 가볍게 시작하는 것이 좋다. 벤틀리 선생님 역시 이런 방식으로 프로젝트 기반 학습 교사로서의 자신감을 길러왔다. 하지만 시간이 덜 걸리는, 단일 교과만을 다루는 프로젝트라 하더라도 여전히 학습이 순조롭게 진행되려면 운영에 만만찮은 관심이 요구된다.

프로젝트 운영 전략을 위한 자신만의 도구함을 개발하면 교사와 학생 모두 PBL 운영 제반 업무(학습과 직접적인 관계는 없지만 프로젝트 진행에 필요한 일들 – 역자 주)가 순조롭게 진행되어 학습목표 달성에 좀 더 집중할 수 있다. 프로젝트 기반 교수 핵심 실천이 프로젝트의 성공적 운영에 어떻게 기여하는지를 좀 더 잘 이해하기 위해 주요 전략과 도구를 자세히 들여다보자.

**GSPBL
교수 지표**

활동의 운영과 관리

운영과 관리가 원활한 PBL에서는 교사가 다양한 방법으로 학습을 순조롭게 진행시킨다. 골드 스탠다드 프로젝트 기반 교수 기준표에 기술된 "학습 활동 운영 및 관리" 지표로는 다음과 같은 것들이 있다.

- 수업은 학급 전체 및 소집단 지도를 비롯하여 개별 학습과 모둠 활동 시간이 적절히 안배되어 있다.
- 프로젝트의 성격과 학생의 요구를 고려하고 학생의 의사와 선택권 등 여러 요인을 골고루 반영하여 모둠이 구성된다.
- 프로젝트 관리 도구(모둠 일정표, 모둠 계약서, 학습일지 등)로 학생의 자기관리와 독립성, 협업능력을 지원한다.
- 수업의 루틴과 규범은 생산성의 극대화를 위해 프로젝트 기간 중 일관되게 지켜진다.
- 중간점검일, 마감일 등 일정은 현실성이 있고, 이미 정해진 일정이라도 융통성 있게 운영되며, 병목현상이 없어 일의 진행에 지장이 없다.

협동을 최대한 활용하기

기본적으로 대부분의 프로젝트는 일정 수준의 협업이 필요하다. 심지어 개인 프로젝트의 경우에도 학생들은 또래 학습 활동에 참여하여 서로 피드백을 주고받는다.

PBL에서 모둠에 대한 강조는 의도적이다. 모둠이 학습의 사회적 힘을 활용하기 때문이다. 그러나 모둠을 위한 모둠 활동은 아니다. 협업은 PBL이 지닌 실제성을 보여주는 요소로서 다양한 분야에서 문제 해결이 어떤 식으로 이루어지는지를 반영한다. 복잡함이 증가할수록 여러 분야에서 전문가들 사이의 협력은 더욱 중요해진다.

오늘날 학생들은 협업이 새로운 표준new normal이 되는 경제 체제에 진입하게 될 것이다. 우리가 살고 있는 서로 연결된 세상에서 복잡한 문제를 다루려면, 학생들은 문화적 차이를 극복하고 다양한 관점을 이해하며 다양한 학문을 접목시키는 법을 알아야 한다. 신생 기업에서 정부 기관, 학교 조직에 이르기까지 팀은 이제 어디서나 조직의 기본 단위가 되었다(Duhigg, 2016).

탁월한 협동 정신은 교실 테두리를 훨씬 넘어서는 목표이다. 기술 대기업인 구글의 경우 아리스토텔레스 프로젝트라는 조사를 통해 완벽한 팀을 역설계reverse engineer하고자 하였다. 구글의 팀 구성원들은 성격이나 기능을 섞어서 생산성 향상을 꾀하는 마법의 공식이 없다는 사실을 깨닫고는 매우 놀랐다. 오히려 다음 설명에서 알 수 있듯이 거기에 대한 답은 효과적인 프로젝트 기반 교수 핵심 실천, 특히 문화의 조성이라는 것과 일치한다.

연구자들은 결국 "우수한" 팀과 문제가 있는 팀을 가르는 것은 집단 구성원들이 서로를 어떻게 대하는가에 있다는 결론을 내렸다. 다시 말해, 올바른 규범은 어떤 집단의 집단 지성을 높일 수 있지만, 구성원 한 명 한 명은 대단히 뛰어나더라도 잘못된 규범으로 인해 그 집단이 어려워질 수 있다(Duhigg, 2016).

아울러 우수한 팀에서는 두 가지 특징이 공통적으로 나타났다.

첫째, 회의 때 구성원 전원의 발언 시간이 같았다. 이는 여러 PBL 프로토콜에서 강조하는 점이기도 하다.

둘째, 높은 사회적 감수성을 보여주었다. 사회적 감수성이란 "다른 사람의 어조나 표정을 비롯한 여러 가지 비언어적 단서를 바탕으로 그들이 어떻게 느끼는지를 직관적으로 알아채는 데 뛰어나다"는 능력을 세련되게 표현한 말이다(Duhigg, 2016). 그러한 단서에 주의를 기울이게 되면 심리적 안정감이 형성되어 팀원들은 마음 놓고 자신의 의견을 말하고 모험에 나서게 된다. 이런 특성은 모든 학생이 자신에게 발언권이 있으며 자신의 생각이 존중받을 것이라는 사실을 알고 있는 PBL 교실에서도 마찬가지로 적용된다.

PBL을 처음 접하는 학생들은 "그냥 저 혼자 하면 안 되나요?"라고 묻기도 한다. 따라서 프로젝트의 성공을 위해 왜 팀워크가 반드시 필요한지 설명할 나름의 논리를 준비해 두자. 다음은 협업이 요구되는 몇 가지 프로젝트 시나리오이다.

- 어떤 프로젝트에서는 전문화가 필요할 수 있다. 즉, 한 사람이 혼자 감당하기엔 규모가 너무 크거나 복잡할 수 있다. 이런 상황에서는 학생들이 모둠 내에서 전문적인 역할을 맡아 자신의 강점

으로 공동의 노력에 이바지해야 한다.

- 탐구질문이 개방형 질문의 형태로 작성된 데에는 분명한 이유가 있기 때문에 간단한 구글 검색으로 답할 수 없다. 그보다는 다수의 "바람직한" 해법이나 최종 결과물이 가능하다. 이는 학생이 자신의 관심사에 가장 부합하는 모둠을 구성할 수 있다는 것을 뜻하며, 결국 학생의 의사와 선택권을 강화한다.
- 프로젝트의 성공을 위해 창의성이나 문화적 역량이 반드시 필요할 때가 있다. 어떤 문제에 대한 다양한 관점, 공감, 통찰을 들여와서 더 나은 해법에 도달할 수도 있다. 이것이 협업을 해야 하는 또 한 가지의 현실적인 이유이다.

앞서 Part2에서 논한 바와 같이 프로젝트를 설계하고 계획할 때에는 학생들이 왜, 그리고 어떻게 협업할 것인지를 숙고해야 한다. 교사가 모둠을 지정할 것인가, 아니면 학생들 스스로 함께할 모둠원을 선택하게 할 것인가? 두 가지 방법 모두 장단점이 있다.

또 한 가지 고려할 점은 모둠 구성의 시기이다. 어떤 프로젝트에서는 프로젝트 개시 직후부터 공동 작업이 시작된다. 그런 경우 교사는 협업 기술을 프로젝트 전 기간 동안 의도적으로 가르치고 강화하며 평가할 시간을 확보할 수 있다. 또는 학생들이 각자 사전 조사를 하여 어느 정도 내용을 이해한 다음 학생 스스로 좀 더 심층적으로 공부하고 싶은 주제를 정하게 하는 방식을 택할 수도 있다. 이 경우 주제를 중심으로 모둠이 자연스럽게 형성되고 학생들에게 더 많은 재량권이 주어진다. 두 방법 모두 장점이 있기 때문에 프로젝트의 필요에 따라,

4-1. 모둠 구성 방식에 따른 장점과 단점

모둠 구성 방법	장점	단점
교사가 결정	• 시간이 절약된다. • 갈등과 감정 소모가 줄어든다. • 학생의 성장과 최대한의 효과를 위해 교사의 개입과 조정이 가능하다. • 실제적이다. 현실에서는 모둠을 스스로 고를 수 없는 경우가 대부분이기 때문이다.	• 자신의 모둠에 불만을 가지는 학생이 생길 수 있다. • 학생의 주인의식이나 동의를 기대하기 어렵다. • 현명한 모둠 구성 방법을 배우기 어렵다.
교사가 결정하되 학생의 의견 반영	• 갈등과 감정 소모를 최소화할 수 있다. • 학생의 성장과 최대의 효과를 위해 교사의 개입과 조정이 어느 정도 가능하다. • 학생이 어느 정도 주인의식을 가지며 어느 정도 수긍한다. • 학생은 현명하게 모둠을 구성하는 법을 배울 기회를 얻는다.	• 교사 입장에서 시간이 더 걸린다. • 모든 학생의 기호를 반영하기 어렵다. • 자신의 모둠에 불만을 가지는 학생이 여전히 생길 수 있다.
학생이 결정하고 그 과정을 교사가 관리	• 갈등을 거의 없앨 수 있다. • 학생은 주인의식을 가지며, 학생의 전적인 동의가 있다. • 학생은 현명하게 모둠을 구성하는 법을 배운다.	• 학생이 모둠 선택 방법을 배워야 하는 경우 시간이 더 많이 걸릴 수 있다. • 패거리나 따돌림 문제를 방지하려면 수업 문화가 바로 서 있어야 한다. • 마음을 다치는 학생이 있을 수 있다. • 아주 어린 학생에게는 맞지 않다. • 원활한 모둠의 운영을 위해 어떤 능력들이 필요한지 학생들이 잘 모를 수 있다.

그리고 학생의 협업능력에 따라 모둠 구성 방법을 달리하면 된다.

일단 프로젝트가 시작되면 자신의 협업 계획을 검토하면서 조정해야 한다. 개별 학습에 익숙한 학생들이라면 협력과 협상, 합의 도출, 역할 분담 방법을 배우기 위해 교사의 도움이 필요할 것이다. 이처럼 프로젝트 기반 교수에서 모둠 분위기의 관리는 매우 중요한 요소이다.

학생들이 복잡한 화학 프로젝트를 진행 중일 때 레이 아흐메드 선생님은 바람직한 결과에 도달하기 위해 효과적인 협업이 왜 필요한지를 학생들에게 상기시킨다. 예를 들어 수질을 공부하는 프로젝트에서 모둠의 학생들은 동일한 실험을 하면서도 모두 서로 다른 부식 억제제corrosive inhibitor를 사용한 경우가 있었다.

"데이터 수집을 할 때는 정밀해야 합니다. 정확해야 하지요. 또 모둠원 각자가 기여하는 부분이 있기 때문에 반드시 모둠으로 함께 작업해야 합니다. 각 모둠에는 서로 다른 데이터 4개가 나오고, 이를 분석해야 합니다. 그냥 자기가 원하는 걸 하면 안 됩니다. 자신의 요구를 잠시 제쳐두고 '이게 우리 모둠의 장기적인 목표이고, 앞으로 우리는 이런 식으로 일해야 해.'라고 말하는 거죠. 협업을 해야 합니다."

초등 교사 사라 레브 선생님은 협업능력을 기르기 위해 간단한 준비 활동으로 시작한다. 프로젝트를 위한 본격적인 모둠 활동을 시작하기 전, 이 5세 학생들은 먼저 '버디buddies'라 불리는 5학년 선배들과 함께 활동을 하였다. 이들의 임무는 재활용 재료로 독창적인 물건을 만들어내는 것이었다. 활동이 끝난 뒤 선생님은 자신의 학생들만 데리고 그 활동을 반성하는 시간을 가졌다. 이때 사용했던 협업 기준표는 어린 학습자를 위해 특별 제작된 것으로, 일반적인 평가에서 사용되는 표현 대신 이모티콘을 사용하였다(초등 저학년용 협업 기준표는 www.bie.org/object/document/k_2_teamwork_rubric 참고).

"우리는 어떻게 하면 좀 더 나은 모둠원이 될 수 있을까에 관해 이야기를 나눴습니다. 아이디어를 나누기 어렵다면 어떻게 해야 할까? 모둠 활동 대신 운동장에 놀러 가고 싶어 하는 친구가 있을 때는 어떻게 해야 할까? 우리 모두가 좀 더 능력을 키울 부분은 어디일까?"

레브 선생님의 설명이다. 그리고 학생들이 스스로 자신의 협업능력을 평가하는 모습을 보면서 선생님은 아이들의 정직함에 감탄했다.

"모두가 스스로에게 '스마일' 표를 주는 건 아니더라구요."

아이들은 모두 함께, PBL 학습으로 바로 전이될 협업의 공감대를 형성한 것이다.

모둠 내에서 정해진 역할을 맡게 하자

프로젝트 모둠은 구성원들이 각자 정해진 역할을 맡고 있을 때 잘 돌아간다. 고학년 학생들의 경우 교사와 함께 혹은 교사 없이 모둠 스스로 역할을 정할 수 있다. 저학년은 당연히 교사의 도움이 필요하다. 역할 분담 시 도움이 되는 몇 가지 방법을 소개한다.

- 학생들에게 학습자 프로필을 작성하게 한다. 여러 방법이 있지만 PBL 교사이자 컨설턴트인 켈리 리지 선생님이 개발한 SING이

라는 방법이 효과적이다. 학생들은 (필요하다면 교사의 도움을 받아) 사분면에 적혀 있는 다음 질문 네 개에 답을 한다.

- 나의 장점(Strengths)은 무엇인가?
- 나의 관심사(Interests)는 무엇인가?
- 나의 요구(Needs)은 무엇인가?
- 나의 목표(Goals)는 무엇인가?

〈사진 4-2〉는 초등학생 사례이며, 〈표 4-3〉은 중등 사례이다. 이 활동의 결과를 바탕으로 학생을 모둠에 배정한다. 고학년 학생들은 스스로 모둠을 구성할 때 이를 참고하게 한다.

4-2. 초등 저학년 프로젝트용 모둠 역할

4-3. 학습자 프로필 작성을 위한 SING 차트

강점	관심사
• 모둠원 간 유대 관계 형성 • 모든 구성원의 의견 반영하기 • 융통성 • 최신 기술 도구의 사용 방법을 잘 배움	• 다른 관점과 경험 이해하기 • 독창적인 경로/해법 설계하기 • 작품에 시각예술 통합하기
요구	**목표**
• 다른 사람들과 대화를 통해 아이디어 처리하기 • 이의를 제기할 수 있는 안전한 분위기 만들기 • 목표 확인하기	• 협업과 효율성 사이의 균형을 유지하는 법 배우기 • 체계성과 시간 관리 향상시키기 • 모둠원들에게 건설적인 피드백 제공하기

- 항상 같은 역할을 할지, 프로젝트에 따라 역할을 달리 할지를 결정한다. 두 가지 방법을 혼용할 수도 있다. 가령 어떤 프로젝트에서는 영상 제작자가 필요하지만 그렇지 않은 경우도 있기 때문이다.

- 학생들이 실제로 협업을 하는 대신 각자 할 일을 나눠서 맡은 일을 혼자서 다 하는 방식이 아닌, 학생들에게 업무를 배당하는 역할을 맡기는 방식을 고려해 보자. 기존의 '모둠 활동' 역할, 즉 모둠장, 기록자, 조사자, 작가, 예술가와 같은 역할 대신 프로젝트 매니저, 수석 엔지니어, 역사학자, 통신 관리자, 소셜 미디어 감독, 제작 감독 등 실생활에 있는 역할을 부여한다. 이 방법은 모둠에서 혼자 너무 많은 일을 떠맡거나 그와 반대로 모둠을 제대

로 이끌지 못하는 '보스'가 한 명 있을 때 생길 수 있는 문제를 방지하는 데에도 도움이 된다.

- 각 역할마다 할 일을 분명히 밝힌다. 이는 학생과 함께할 수 있다. 기존의 모둠 활동에서는 학생 한 명이 예술가로 지정되어 삽화 제작 전체를 책임지는 형태였다면, PBL 프로젝트 모둠에서는 이제 그 역할을 제작 감독이라 부른다. 이들은 창의성과 관련된 성취기준이 반드시 달성되도록 하고 제작 과정 전체를 감독하며 시각 보조 자료의 수준을 점검하고 제작과 관련된 모든 의견이 반영되도록 하는 일을 책임진다.

다음은 학생들이 협업 방법을 익히는 데 도움이 되는 전략이다. 학생들이 제대로 협업하는 법을 배우게 되면 혼자 할 때보다 질적으로 더욱 우수한 결과물을 만들어낼 수 있다.

힘 있게 시작하기 모둠 배정을 교사가 한 경우든 학생 스스로 한 경우든 교사는 모둠을 힘 있게 출범시키고자 한다. 특히 학생들끼리 서로 잘 모를 때에는 모둠 단합 활동을 하는 것도 도움이 될 수 있다. 모둠 이름 또는 로고 만들기와 같은 가벼운 활동이 모둠의 정체성을 형성하는 데 도움이 되기도 한다. 말문을 열게 할 만한 문구를 소개하거나, 같은 모둠에 속한 학생들이 서로의 강점을 파악하는 설문조사를 실시해 보자.

　책무성 강화하기 구성원들의 책임을 명시한 모둠 계약서나 약속이 책무성을 쌓는 데 도움이 된다. 사실 모둠 계약서 작성 자체가 하나의 좋은 모둠 단합 활동이다. 학생들이 PBL을 처음 접하는 경우라면 계약서 양식을 제공하거나 다른 학생들이 작성한 예시 몇 가지를 보여주기도 한다. 이때 분명하고도 간단한 말로 작성하도록 독려하자. 〈표 4-4〉의 예시를 참고하기 바란다.

　몸소 바람직한 행동의 모범을 보여주기 모둠의 유능한 일원이란 어떤 것을 뜻하는지 교사가 직접 모범을 보인다. 가령 교사인 여러분이 수업 전문가나 도서관 직원, 또는 미디어 전문가와 프로젝트를 공동으로 설계하고 실행할 때가 있다. 이들 각자가 제공하는 전문지식을 강조하여 어른들의 협업이 어떻게 더 나은 결과로 이어지는지 학생들이 직접 볼 수 있게 하자.

　학교 밖 실제 협업 사례 보여주기 학생들이 학교 밖 사례를 통해 공동 작업의 가치를 인식할 수 있게 한다. 새로운 과학적 성과나 지역사회의 문제 해결 사례, 심지어는 스포츠 경기에 관한 뉴스 기사에서도 협업의 흔적을 찾아본다. 현장학습이나 전문가와의 인터뷰를 계획 중이라면 학생들이 그 사람들의 업무에서 협업의 역할에 관해 질문하게 해보자.

4-4. 모둠 계약서 예시

프로젝트 모둠 계약서	
프로젝트명	
모둠원	
우리의 약속	

□ 서로의 생각을 존중하며 경청하겠습니다.

□ 자신이 맡은 일에 최선을 다하겠습니다.

□ 자신이 맡은 일의 마감을 지키겠습니다.

□ 필요할 때에는 도움을 요청하겠습니다.

□ _____

만일 모둠원 중 누군가 우리의 약속을 지키지 않는 일이 생기면 우리 모둠은 회의를 열어 그 모둠원에게 약속을 지키라는 요청을 할 수 있습니다. 만약 그 모둠원이 여전히 약속을 어긴다면 우리는 선생님께 도움을 요청하여 해결 방법을 찾을 것입니다.

날짜 : _____

모둠원 서명

_____ _____

_____ _____

_____ _____

프로젝트 모둠이 구성되는 즉시 에린 브랜드볼드 선생님은 학생들에게 모둠 계약서를 작성하게 한다.

"아이들은 세 개에서 다섯 가지 정도로 지킬 항목을 정합니다. 모든 수업 자료의 지참이라든지, 마감기한 준수, 활동에 집중하기 같은 것들이 포함됩니다. 또 모둠원이 약속을 지키지 않았을 때 어떻게 할지에 대한 자신들만의 합의사항을 생각해 내기도 합니다."

학생들은 서로에게 정직하며, 가끔은 귀엽기도 하다.

"교실 뒤에서 팔굽혀펴기를 하는 학생을 보고 무슨 일인지 묻는 일도 생깁니다. '활동에 집중하지 않았거든요. 그래서 지금 벌받는 거예요.'라는 대답을 듣기도 하죠."

프로젝트가 진행되는 내내 수업 규범과 루틴은 협동 문화를 강화한다. 성찰 질문을 비롯한 기타 형성적 평가 기법을 통해 학생들은 모둠 분위기를 평가한 뒤 이를 개선하기 위한 의견을 낸다. PBL 전문가들의 다음 제안을 참고하자.

다양한 상호작용의 혼용 팀 프로젝트라고 해서 학생들이 항상 모둠으로만 공부하는 것은 아니다. 소크라테스식 세미나와 같은 학습 활동에는 학급 전체가 참여한다. 간이 지도mini lesson의 경우 각 모둠에서 추가 지도나 지원이 필요한 학생들만을 불러내서 이루어지기도 한다(비계에 관한 자세한 사항은 Part6 참고). 비교적 내향적인 학생들은 가끔씩 공동 작업이 주는 사회적 부담에서 벗어나 혼자 공부하는 기회에 감사할 것이다.

프로젝트 활동의 시작과 마무리는 항상 모둠별 체크인으로 체크인 check-in(수업을 시작할 때 교사와 학생이 만나서 오늘 집중할 목표를 확인하는 일 – 역자 주)은 모둠이 목표를 설정하고 진행 상황을 보고하며 확인 질문을 하고 다가오는 마감 기일을 환기시키기 위한 활동이다. 각 모둠이 짧게라도 다시 모일 시간을 만들어두면 의사소통이 더욱 원활해지고 전원이 공동의 목표에 집중할 수 있다.

팀워크 성찰 프로젝트가 진행되는 동안 중요한 시기마다 학생들이 자신의 모둠이 어떻게 활동하고 있는지를 돌아보도록 독려한다. 만약 프로젝트의 주요 학습목표 중 하나가 협업이라면 채점기준표와 같은 기준표가 반드시 있어야 하며 이것이 성찰 질문으로 사용되어야 한다. 모둠의 모든 구성원이 자신에게 발언권이 있다고 느끼는가? 학생 각자의 강점과 재능을 기꺼이 환영한다는 것을 모둠은 어떤 식으로 보여주는가? 어떻게 하면 우리 모둠이 협업을 더욱 잘할 수 있을까? 프로젝트의 마지막 시간에는 학생들에게 팀워크가 학습 성과를 내는 데 도움이 되었는지 방해가 되었는지 돌아보게 한다. 그리고 학생들은 이번 경험을 바탕으로 다음 번에는 팀워크의 어떤 점을 고치고 싶어하는지도 파악하자.

프로젝트 관리 전략의 확장

다양한 프로젝트 관리 전략을 개발하면 교사는 학습목표에 집중하면서 계속해서 움직이는 프로젝트의 부분들을 더욱 잘 따라가며 점검

할 수 있다. 교사는 학생들이 자신만의 도구와 전략을 개발하도록 도와주는 일에도 전략적으로 접근해야 한다. 이것들은 PBL을 위해서도 필요하지만 장차 삶에도 도움이 될 것이기 때문이다.

학생들이 프로젝트로 배우는 과정에 도움이 되는 도구와 절차를 이용하자. 일정표, 모둠일지, 과제 진척 점검표task tracker와 같은 도구는 학생들이 진행 상황을 계획, 정리하거나 확인하는 데 도움을 준다. 이 도구들은 채점기준표 등 이해 확인을 목적으로 하는 다른 평가 도구와는 목적이 다르다(물론 이것들도 PBL에서 매우 중요하다). 프로젝트 관리 도구는 생산성과 자기관리를 위한 것이다. 지금까지 우리가 해낸 것, 다음에 해야 할 일과 마감기한, 그리고 누가 무엇을 할지를 분명히 할 수 있다.

단, 한 가지 주의사항은 프로젝트 관리의 강조가 학생들이 단계별 지시사항을 따른다거나 학습이 같은 속도로 이루어진다는 것은 아니라는 점이다. 시작부터 끝날 때까지 각자 알아서 하도록 내버려둔다는 뜻도 아니다. 그보다는 프로젝트 관리 도구와 절차를 통해 할 일을 잘 알고 일을 체계적으로 진행할 수 있기 때문에 학생들은 자신의 학습에서 더 많은 주도권을 가질 수 있다. 이처럼 도구와 절차는 프로젝트의 궤도 이탈을 알려주는 일종의 조기 경보 시스템인 셈이다.

하나의 프로젝트에 따라오는 여러 가지 일에 신경 쓴다는 것은 학생들에겐 상당히 어려운 일이다. 프로젝트 하나만 진행하더라도 질문 목록이라든지, 모아둔 자료라든지, 연구 기록물, 일지 등 상당한 양의 '챙길 것'들이 생긴다.

텔라니아 노르파 선생님은 각 모둠의 작업대마다 프로젝트 폴더를 두어 학생들이 이런 것들을 정리하고 관리할 수 있게 한다. 새 과제나 일정 변경사항을 추가하면서 '매주 폴더를 채워 넣는다'고 한다. 학생들은 프로젝트 진행에 필요한 일을 알고 싶으면 폴더를 참고한다. 레베카 뉴번 선생님은 웹사이트를 활용하는데, 모든 프로젝트 과제와 함께 자신의 중학생 제자들에게 필요할 만한 자료를 뽑아 이곳에 선보인다.

교실에 프로젝트 담벼락을 꾸민 뒤 이곳에 탐구질문이나 프로젝트 일정표, 꼭 알아야 할 내용을 비롯한 여러 요소를 게시하는 교사도 많다. 단, 이는 정적인 게시물이 아니라 프로젝트가 진행되면서 계속해서 진화해 나간다.

온라인 프로젝트 센터 역시 같은 기능을 하는데, 학생들이 인터넷에 접속하면 언제든지 이용할 수 있다는 장점이 하나 더 있다. 한편 학부모는 이곳을 통해 학습이 진행되는 모습을 들여다볼 수 있으며, 임박한 마감일이나 필요한 자료, 현장학습, 기타 운영 세부사항에 관한 실질적인 정보를 얻는다.

학생들은 수업 시간에 프로젝트 담벼락이나 온라인 센터에서 꼭 알아야 할 질문들을 참고하여 조사 연구를 하게 된다. 학생들이 연구에 깊이 파고들수록 이 목록은 점점 확장될 것이다. 학생들은 조사하고 싶은 새 질문을 추가하거나 답이 끝난 질문은 줄을 그어 지우기도 한다. 이처럼 프로젝트 담벼락을 활용하면 이런 정보를 계속해서 접할 수 있기 때문에 학생들은 체계적으로 공부할 수 있을 뿐만 아니라 자신의 학습에서 더 많은 주도권을 갖게 된다.

프로젝트 담벼락은 모범이 될 만한 최종 결과물을 전시하는 기존의 게시판과는 다르다. 프로젝트 담벼락은 결과보다는 바로 지금 진행 중인 학습에 초점을 둔다. 학생들은 적시 학습just-in-time learning(학습자가 필요할 때 원하는 방식으로 습득하는 학습 방법 – 역자 주)을 위한 도구와 비계를 쉽고 빠르게 이용할 수 있으며, 고등학생에게도 초등학생 못지않게 도움이 된다.

루틴에는 효과적인 프로젝트 운영을 수업 문화의 일부로 강화하는 도구가 더 많다. 더그 레모브(Doug Lemov, 2015)에 따르면 수업 루틴 classroom routine이란 "학생들이 별다른 감독 없이 의식적으로 인지하지 않은 상태로(습관으로서) 그리고(또는) 자신의 의지로 교사의 유도 없이 하는(예를 들어 읽으면서 필기를 하는 등) 자동화된 절차나 시스템"을 말한다.

어떤 루틴은 과제 제출이나 출석 점검과 같은 일상적인 일의 효율성을 증진시킨다. PBL에서는 루틴이 학생 스스로 자신의 학습을 관리하도록 돕기도 하고 심층적 사고를 장려하기도 한다. 많은 PBL 교사들은 하버드 대학의 프로젝트 제로Harvard's Project Zero에서 개발한 보이는 사고 루틴Visible Thinking을 사용한다. 이들은 연구 결과에 기반한 루틴으로서 "학습자의 사고 과정을 느슨하게 관리하면서 능동적인 처리를 독려한다. 이 루틴은 일상적인 학생의 사고를 깊고 넓게 확장하는 짧고 배우기 쉬운, 그리고 일상적인 수업의 일부가 된 초간단 전략"이다. 물론 사고 루틴은 탐구의 비계로도 좋지만, 프로젝트를 추진시키기 위한 확실한 체계를 제공하기 때문에 학생들은 이를 통해 자기 학습의 더 많은 부분을 관리할 수 있다.

롤리 베르베르거 선생님은 장기간의 통합 교과 프로젝트를 실시하는 동안 '보고-생각하고-궁금해하기(See/Think/Wonder)'라는 루틴을 자주 사용했다. 이 루틴은 면밀한 관찰을 권장하며, 학생으로 하여금 다음 세 가지 질문을 생각하도록 유도하여 학생의 탐구를 뒷받침한다.

- 무엇이 보입니까?
- 지금 보고 있는 것에 대해 어떻게 생각하십니까?
- 여러분의 궁금증을 유발하는 것은 무엇입니까?

프로젝트가 진행되는 동안 이 루틴이 자주 사용되었고, 이는 학생들의 호기심을 자극하고 학생들이 작업을 체계적으로 진행하도록 도움을 주었다. 베르베르거 선생님의 설명처럼, 이 같은 절차, 즉 새 주제를 시작할 때 관찰과 질문을 촉진하는 사고 루틴의 도입, 그 관찰과 질문으로 탐구 기반 학습을 실시한다는 방침, 그리고 이어지는 쓰기-비평-고쳐쓰기 활동은 그 한 해 동안 기본적인 활동 공식이 되었다.

PBL에 도움이 되는 수업 루틴을 정립하는 일은 시간과 노력이 드는 일이지만, 에린 브랜드볼드 선생님은 "학생들이 선생님 없이도 사고하고 문제를 해결할 수 있도록 그런 시간과 노력이 반드시 필요"하다고 주장한다.

브랜드볼드 선생님은 학생이 자기 학습의 더 많은 부분을 관리하도록 지원하기 위해 조사 연구를 위한 도식조직자나 주요 과제의 완성을 위한 절차를 기억하는 데 도움을 줄 체크리스트와 같은 도구를 소개하였다. 선생님은 "안내와 지시는 분명해야" 한다고 덧붙인다.

"그래야 반복해서 설명하지 않아도 되고, 학생들은 더 빨리 작업에 들어갈 수 있거든요."

만약 학생들이 이미 학습지에 설명되어 있는 활동 방법이나 절차와 관련된 질문을 해올 때는 선생님은 "난 너희들을 믿는다. 스스로 알아낼 수 있을 거야."라고 말해 준다고 한다.

학생들이 모둠의 문제를 해결하기 위한 한 가지 방법으로 효과적인 협의회 루틴의 도입을 고려해 보자. 몇 가지 간단한 절차만으로도 회의는 불평불만을 늘어놓기보다 해법을 찾는 데 집중될 수 있다. 다음은 한 초등 교사가 프로젝트 기간 중 학생들의 모둠 활동 관리에 도움을 주기 위해 사용하는 루틴이다.

1. 안건은 무엇인가? 우리가 협의할 구체적인 문제, 관심사, 상황은 무엇인가? (주의 : 회의를 위한 회의를 열지 말 것!)

2. 이 문제에 대해 우리는 무엇을 알고 있는가? 모둠 구성원들은 회의의 주제에서 벗어나지 않는 한 모든 의견을 받아들이면서 예의를 지켜 토의에 임한다.

3. 우리가 취할 다음 단계는 무엇인가? 우리가 스스로 해결할 수 있는 문제인가, 아니면 선생님의 도움이 필요한가? 후속 조치로서 누가, 무엇을 할 것인가?

이와 같은 새로운 루틴을 정립하기 위해서는 의식적인 연습이 필요하다. 먼저 어항Fishbowl 형태로 모둠별 협의회의 시범을 보여주거나 역할극으로 바람직한 회의 예절과 예의 없는 행동을 보여줄 수 있다. 학생들이 마침내 자기들끼리 모둠회의를 갖기 시작하면 교사는 관찰자로 참여하여 주제에서 벗어날 때만 회의 안건으로 다시 돌아오도록 도와준다.

초등 교사들은 흔히 "선생님 앞에 세 명Ask three before me"이라는 규칙을 사용하여 학생들이 정보원으로 선생님에게만 의지하지 않고 친구들끼리도 의지하여 답을 찾도록 독려한다. 테네시 멤피스 지역의 한 9학년 선생님은 이 규칙을 자기만의 방식으로 변형하여 학생들이 PBL 학습에 더욱 자신감을 갖고 임할 수 있게 도와주었다. 수업 컨설턴트 이안 스티븐슨 선생님은 이 규칙이 서서히 그 선생님 수업의 문화를 바꿔가는 모습을 다음과 같이 묘사하였다.

이 아이들은 PBL을 처음 접했습니다. 지금까지는 선생님들이 떠먹여주는 모든 지식을 받아먹는 데 익숙해져 있었지요. 선생님은 학생들이 프로젝트에 대해 의문이 생길 때마다 선생님부터 찾는 상황은 자기 주도성을 기르는 데 도움이 되지 않는다고 판단했습니다. 그래서 다음과 같은 간단한 규칙을 도입했습니다. "질문이 있을 때는 먼저 모둠의 누군가에게 질문을 합니다. 만약 해결이 되지 않으면 다른 모둠 친구에게 묻습니다. 그런 다음 잠시 멈춰서 스스로에게 질문을 던지고 지금까지 모인 모든 정보를 바탕으로 스스로 답을 해봅니다. 그래도 여전히 의문이 남을 때에는 선생님한테 오세요."

선생님은 교실에 변화를 가져오려면 교실에서 이런 수업 규칙이 잘 보여야 한다는 것을 깨달았습니다. 그래서 이 세 단계의 절차를 요약한 포스터를 만들어 눈에 띄는 곳에 붙였습니다(〈표 4-5〉참고). 컨설팅 기간 동안 선생님은 자신이 학생들의 질문에 바로 대답하는 대신 그 포스터를 가리키는 빈도를 관찰해 달라고 요청했습니다. 바로 대답을 해주지 않기 위해서는 선생님도 노력이 필요했지요. 학생들에게 포스터를 가리키며 "이 중 지금 어느 단계에 있어?"라고 묻기 위해 스스로 부단히 노력하였습니다.

학생들의 반응은 흥미로웠습니다. 처음에는 투덜거리는 소리가 많았습니다. "선생님은 저희를 절대 안 도와주시네요!"라고 불평하는 학생들도 있었습니다. 하지만 서서히 아이들은 절차나 운영에 관한 질문 중 몇 개는 자기들끼리도 해결이 된다는 걸 알게 되었죠. 이렇게 되자 선생님은 학생들에게서 좀 더 깊이 있는 질문을 받게 되었습니다. 아이들이 선생님에게 하는 질문의 내용이 활동 절차나 방법에서 교과 내용으로 바뀌었습니다. 이 규칙이 몸에 배자 학생들은 배움이 자신이 지금까지 경험했던 것과는 뭔가 달라 보이고 다르게 느껴지며 다른 의미를 가질 수 있다는 것을 깨닫게 되었습니다. 아이들이 더 많은 노력을 해야 하겠지만, 그 노력은 결국 보답을 받습니다.

'선생님 앞에 세 명' 규칙

잘 모르는 것이 있을 땐 이렇게 합시다!

1단계 : 스스로에게 확인 질문을 던진다.

2단계 : 가까이 있는 친구에게 확인 질문을 해본다.

3단계 : 스스로에게 한 번 더! 질문을 해본다.

4단계 : 선생님에게 질문한다.

프로젝트 운영에 도움이 되는 기술 도구

중학교 역사 교사인 톰 네빌 선생님은 PBL에서 테크놀로지를 활용하여 서로 멀리 떨어진 학생들의 협업능력을 육성한다. 현재 진행 중인 '기념비 프로젝트Monuments Project(www.monumentsproject.org)'는 역사 연구를 실시하여 해외에 묻혀 있는 미국의 1차 세계대전 참전 용사들의 이야기를 다루는데, 이 프로젝트에는 여러 나라 학생들이 참여한다. 학생들의 학습 관리를 돕기 위해 선생님은 '온라인 서류가방online briefcase'을 만들어 관련 데이터베이스나 디지털 도구, 프로젝트 진행에 필요한 양식을 내려받을 링크를 제공한다.

PBL과 테크놀로지의 결합에 대한 네빌의 철학은 간단하다. "테크놀로지 자체나 특정 도구가 중요한 게 아니라 이를 적재적소에 사용하는 것이 중요하다."고 그는 말한다.

"학생들에게 최적의 도구들을 제시하여 어떤 것을 선택할지 깊이 생각하게 할 수 있다면, 이는 특정 도구를 능숙하게 사용할 줄 아는 것보다 궁극적으로 훨씬 중요합니다."

그렇다면 어떤 도구들이 PBL 서류가방으로 사용될까? 여기 몇 가지를 소개한다.

클라우드 기반 협업 도구 지 스위트G Suite 교육용(기존의 구글 교육용 앱들)에는 클라우드를 기반으로 한 협업, 소통, 프로젝트 관리 도구가 다양하게 있다. 일정표, 공동 문서 및 양식, 구글 클래스룸 등이 바로 그것이다(https://edu.google.com/k-12-solutions/g-suite). 마이크로소프트365에도 콘텐츠 생성, 협업, 모둠 관리를 위한 온라인 도구가 있다.

디지털 교실Digital classroom 학습 관리 플랫폼은 일정표나 모둠 관리, 공지사항, 평가 기능, 포트폴리오 등을 갖춘 맞춤식 디지털 교실 생성을 지원한다. 에드모도(www.edmodo.com)나 클래스도조(www.classdojo) 등이 있다.

위키Wikis 여러 명의 저자가 쉽게 편집할 수 있는 웹사이트인 위키는 프로젝트 진행 중 이루어지는 콘텐츠의 생성과 공유, 관리에 유용하다. 피비웍스(www.pbworks.com/education)나 구글 사이트(https://sites.google.com)를 이용한다.

프로젝트 트래커Project trackers 슬랙(https://slack.com), 트렐로(https://trello.com)는 팀 프로젝트의 진행 상황을 관리하고 협업을 촉진시키기 위한 대표적인 도구인데 교육용과 전문가용이 있다.

온라인 게시판 형성평가, 브레인스토밍, 자료 공유에 좋다. 대표적으로 패들릿(http://padlet.com)이 있다.

학습 시간 알차게 보내기

앞서 Part2에서 수준 높은 프로젝트를 설계하고 계획하기 위한 전략을 탐색할 때, 결과를 염두에 두고 시작하는 지혜를 언급하였다. 이는 중요한 학습목표에 집중함으로써 프로젝트 계획안에 학문적 철저함을 확보하기 위한 확실한 방법 중 하나이다. 또한 계획에는 외부 청중과 함께하는 출판물이나 웹사이트의 공유 등 그동안의 배움을 표현하는 최종 행사도 들어 있다. 이러한 기회 덕분에 학생들에게는 실제 청중뿐만 아니라 실제 마감기한이 생긴다. 프로젝트를 개시하는 순간 카운트다운이 시작되는 것이다. 그 시간까지 어떻게 하면 학생들이 학습목표를 확실히 달성하게 할 것인가?

시간 관리와 관련해서는 프로젝트 일정표를 고려하되 학생들 자신만의 시간 관리 전략을 계발시켜주어야 한다. 이정표 과제milestone assignments는 학생들에게 큰 프로젝트라도 여러 개의 작은 단계로 진행되어간다는 것을 보여준다. 이들 이정표 과제에 현실적이지만 엄격한 마감기한을 설정하면 학생들은 작은 마감기한을 지킬 줄 알게 되고 이것은 막판에 일이 몰리는 상황을 방지한다.

아울러 학생의 학습 상태에 따라 일정을 융통성 있게 조정하는 일도 필요하다. 텔라니아 노르파 선생님의 경우 학생들이 의뢰인에게 최종 주택 설계 계획안을 발표하기 전 최소한 두 차례 이상 연습 시간을 거치도록 계획하였다. 그러나 학생들이 수학 개념과 씨름하느라 당초 예상보다 시간이 더 필요하다는 것을 깨달았다. 그에 따라 선생님은 리허설을 한 번으로 줄이더라도 간이 수업과 교과 내용 복습에 더 많은 시간을 할애하는 쪽으로 일정을 조정하였다.

다음은 베테랑 PBL 선생님들이 제공하는 프로젝트 운영을 위한 조언으로, 심층적 학습을 위한 시간을 확보하는 데 도움이 될 것이다.

장애물 제거 고등학교에서 과학을 가르치는 브랜든 코헨 선생님은 프로젝트를 학급 전체 과제와 모둠 과제로 구성한다. 프로젝트 관리자로서 코헨 선생님의 목표는 선생님이 잠시 학생 몇 명과 시간을 보낼 때에도(예를 들어 실험 장비나 도구의 사용법을 알려주는 등) 나머지 학생들은 계속해서 자신이 하던 일에 집중하리라는 믿음을 갖는 것이다.

"이를 위해서는 신뢰의 문화가 필요합니다. 또 학생들이 과제에 대해 잘 알아야 가능한 일이죠. '과제는 뭘까? 이것을 우리가 하는 이유는? 무엇을 언제까지 마쳐야 하지?' 이런 걸 말이지요."

코헨 선생님의 운영 전략 중 하나는 자신의 존재가 학생의 학습 진행에 장애물이 되어서는 안 된다는 것이다.

"어떤 학생이 제 도움을 필요로 하는데 제가 즉시 도와줄 수 없더라도 그 학생에게는 몇 가지 다른 방안이 있습니다. 예를 들면 친구에게 도움을 청한다든가, 제가 시간이 날 때까지 잠시 다른 일을 하면 됩니다."

개별화된 지원 학생에 따라서는 시간 관리나 작업량을 조절하는 법을 배울 때 추가적인 지도나 구조가 필요할 수 있다. 집중력 장애나 기타 특별한 도움이 필요한 학생이 있다면 프로젝트 과업을 그 학생이 처리할 수 있는 크기의 단위로 나눌 수 있게 도와주거나, 집중력을 유지하는 방법을 알려준다든지, 앞일을 예측하며 움직일 수 있도록 도와줌으로써 이 문제를 해결한다. 학생들이 자신만의 자기관리 전략을 계발하여 학습자로서 더욱 독립심을 기를 수 있도록 도와주자.

작업의 흐름 깨지 않기 형성평가 전략(PART5 참고)은 프로젝트가 진행되는 전 기간 동안 학생의 이해를 점검하기 위해 반드시 필요하다.

하지만 학생들이 하는 일을 방해하지 않으면서 생산성을 점검할 수 있는 방법은 없을까?

제임스 페스터 선생님은 중학생을 가르치던 중 좋은 방법 한 가지를 떠올렸다. 각 모둠마다 미니 화이트보드를 비치한 뒤 학생들에게 자신이 하고 있는 일을 몇 마디로 적어보라고 한다. 선생님은 이 방법을 박물관에서 자신이 하는 일을 궁금해하는 관람객을 위해 "저는 오늘 ○○를 하는 중입니다."라는 표지판을 들고 있는 전문가에 비유한다. 교사는 이것을 보고 학생들이 무엇을 하고 있으며 자신이 어떤 도움을 줘야 할지 쉽게 짐작할 수 있다. 이 방법은 원래 페스터 선생님의 아이디어가 아니었다.

"어떤 학생이 계속해서 뭘 하고 있는지 묻는 저 때문에 지쳐서 생각해 낸 방법입니다. 어느 날 자기 책상에 포스트잇을 붙여놨더라구요, '전 지금 ○○를 하고 있어요.' 굉장한 아이디어 아닌가요?"

모둠 활동 시간의 전략적 사용 학생 모둠 활동이 내실 있게 이루어지고 있다면 교사는 그 시간을 관찰과 기록에 사용한다. PBL 베테랑 교사 케빈 선생님에 따르면 모둠 활동 시간은 교사가 돌아가면서 모둠을 만나 모둠의 협력을 관찰하고 대화에 참여하거나 학습의 비계로서 간단한 지도를 해줄 수 있는 기회이다(Kevin Gant, 2017).

"모둠 활동을 계획할 때에는 '그 시간에 교사인 나는 무엇을 할 것인가?'에 대한 생각이 있어야 합니다. 그런 계획이 없다면 선생님은 그 시간을 낭비하는 것이나 다름없습니다."

충분한 성찰 시간 확보 프로젝트라는 북새통 속에서 성찰 시간을 확보하기란 힘든 일이다. 하지만 이 부분을 생략하고 싶은 유혹을 뿌리쳐야 한다. 수업 마무리에 몇 분 정도만 시간을 내면 학생들은 잠시 시간을 갖고 자신의 배움을 살필 수 있다. 어떤 것을 힘들어하는가? 프로젝트에서 잘되고 있는 것은 무엇인가? 등 성찰 질문과 방법을 자주 바꾸어 학생들의 기계적 답변을 방지하자. 예를 들어 서로를 인터뷰하게 하거나 트윗 주고받기, 또는 이모티콘 사용 등 프로젝트에 대한 자신의 생각을 돌아보게 하는 다양한 방법을 활용하자.

피로 방지를 위한 휴식 피로는 일의 진행을 방해할 수 있다. 특히 장기간에 걸친 복잡한 프로젝트일수록 더욱 그렇다. 짐 벤틀리 선생님이 영상 제작 프로젝트 과제를 학생들과 작은 단위로 쪼개는 이유가 여기에 있다. "수업 때 45분 동안은 프로젝트 고유의 작업을 한 뒤 잠시 쉬었다가 다시 돌아오는 식입니다. 대본 비평 같은 힘든 일을 하고 난 뒤엔 잠시 문장도식화diagramming sentences 같은 활동을 합니다. 잠시 뇌를 쉬게 하면 좋습니다."

거꾸로 교실의 활용 거꾸로 교실은 교사가 수업 중 강의를 녹화 영상으로 대체하고 학생은 이를 숙제로 시청하는 방식이다. PBL에서도 이 교수법을 활용할 수 있는데, 그렇게 하면 모둠 활동이나 개인 작업에 더 많은 시간을 확보할 수 있기 때문이다. 경제 교사 제이슨 웰커 선생님은 학생 전원에게 가르쳐야 할 경제 과목의 교과 내용을 영상 수업으로 다룬다. 수업 시간에는 각 프로젝트 모둠을 만나 학생들이 영상에 등장하는 주요 개념을 프로젝트에 제대로 적용하는지 확인한다. 이처럼 소규모로 이루어지는 모둠 토의에서는 기존의 강의식 수업에 비해 교과 내용에 더욱 깊이 들어가기 마련이다.

워크숍 모형의 통합 워크숍 모형은 문해력 개발을 위해 가장 많이 사용되는 검증된 교수법으로, PBL에서는 교과와 무관하게 효과적인 학습 관리를 위해 사용된다. 레이 아흐메드 선생님의 경우 고등학교 화학 수업과 저자 워크숍을 결합하여 정기적으로 운영한다. 워크숍 방식은 과학 분야의 글쓰기 실력을 기르는 데 도움이 될 뿐만 아니라 동료와의 피드백 교환 능력과 필요할 때 도움을 요청하는 능력도 길러준다. 다음은 아흐메드 선생님의 운영 방법이다.

"한 학생이 글 한 편을 골라 '얘들아, 나 이제 피드백 받을 준비됐어.'라고 말합니다. 글을 쓴 학생은 자신이 쓴 글의 강점이라 생각하는 것을 밝힙니다. 그런 다음 '도움이 필요한 부분은 여기야. 좀 더 괜찮은 글이 되려면 어떻게 하면 좋을까?'라고 덧붙이지요."

선생님은 실제 과학자들도 이런 식의 협업을 통해 자신의 글을 개선한다는 점을 학생들에게 상기시킨다. 선생님은 자신의 경험을 들려주면서 "화학 실험실에서 일할 때는 2주마다 자기가 한 작업을 공개해야 합니다. 이런 식의 비평은 그 학문의 핵심이랍니다. 과학자들이 하는 일이 바로 이런 일입니다."라고 말해 준다.

아흐메드 선생님의 수업에서는 교사와 학생 모두 글에 대한 피드백을 초반에 제공한다. 그리고 프로젝트가 완성 단계에 이르면 외부 전문가가 와서 추가적인 피드백을 준다. 이 무렵이 되면 이제 학생들은 글을 개선하는 데 있어서 피드백의 가치를 충분히 알고 있다. 자신의 글이 출판되어 대중에게 공개될 것이라는 점을 알고 있기 때문에 학생들은 전문가 수준으로 글을 쓰고 발표를 하려는 강한 동기를 갖는다.

프로젝트 담벼락 활용 방안 ─

제임스 페스터 선생님이 컨설팅을 맡고 있는 북캘리포니아 지역 교사들은 보이는 학습visible learning을 열렬히 신봉한다. 그 전략 중 하나가 '과정 담벼락process wall('프로젝트 담벼락' 혹은 '프로젝트 게시판'으로도 부른다)'이라는 것인데, 여기에는 프로젝트가 진행되면서 만들어지는 다양한 결과물들이 게시된다.

이 게시판은 보통 긴 전지를 교실 안 눈에 잘 띄는 곳에 붙여서 만든다. 프로젝트가 진행되면서 꼭 알아야 하는 질문, 여러 가지 퇴장권exit ticket의 예시, 스케치 노트, 성찰일지의 일부 등 학생의 학습 결과물이 이곳에 하나둘씩 추가된다. "이 벽에는 프로젝트가 실시간으로 기록됩니다. 고정된 형태의 정보가 아니라 계속해서 진화합니다." 페스터 선생님의 설명이다.

프로젝트가 끝나면 교사들은 향후 계획 수립 때 참고하기 위해서 풍부한 정보가 들어 있는 이 벽 전체의 내용을 잘 보관해 둔다. 다음에 같은 프로젝트를 진행하고자 할 때 이 결과물들을 검토하면서 가장 좋았던 부분과 특별히 어려웠던 점을 떠올릴 수 있다. 이처럼 교사에게 프로젝트의 실시간 기록물이 생기면 반복과 성찰을 통해 프로젝트를 개선해 가면서 수정, 보완 혹은 확장이 가능하다.

학생에게도 이 담벼락은 여러 가지 기능을 한다. 이에 대해 페스터 선생님은 "책무성, 평가, 탐구, 비계, 수업 문화 조성을 위한 도구"라고 말한다.

"결석을 했던 학생도 빨리 따라잡을 수 있습니다. 이전 항목으로 돌아가서 수정하거나 추가할 수도 있어요. 성찰 시간이 되었을 때 이전에 했던 것을 기억해 낼 필요가 없지요, 거기 다 있으니까요. 전체 프로젝트 범위를 다 볼 수 있습니다. 무엇보다 거기 붙어 있는 결과물 속에서 학생들은 그 수업을 듣는 자신의 모습을 보게 됩니다. 그렇게 되면 더 큰 소속감이 생기게 되지요."

프로젝트 담벼락은 프로젝트 운영을 위해서도 필요하지만 컨설팅 도구로도 유용하다.

"컨설턴트나 관리자가 교실에 들어와서 담벼락을 보면 학생들이 현재 프로젝트의 어느 단계에 있는지가 한눈에 보입니다. 학생들이 배우고 있는 것을 전체 맥락에서 볼 수 있지요. 또 관리자나 컨설턴트에게는 이런 것이 프로젝트 기반 교수가 이루어지고 있다는 증거가 됩니다."

이번 장에서는 다양한 PBL 수업 운영 전략을 살펴
보았다. 지금까지 자신을 프로젝트 관리자로 생각하거나 PBL을 통한
자기관리 기술의 계발을 염두에 둔 적이 없을 수도 있다. 다음 세 가
지 측면을 염두에 두고 자신에게 어떤 관리 전략이 필요한지 생각해
보자.

- 팀워크 : 프로젝트 모둠 구성을 위해 어떤 계획을 가지고 있는
가? 각 모둠이 모두 힘 있게 출발하도록 어떻게 돕고 있는가? 어
떤 방법으로 모둠을 살피면서 어려움을 해결하는가?

- 도구 : 이번 장에 소개된 기술 도구 중 자신이 이미 사용하고 있
는 것은 무엇인가? 프로젝트의 학습목표를 달성하기 위해 디지
털 도구를 어떻게 활용해야 할까?

- 시간 : 프로젝트 일정을 계획할 때 '어수선한 중반부'에 학생들이
피드백을 바탕으로 자신의 학습 결과물을 수정할 충분한 시간을
확보해 두는가? 모둠 활동이 효율적으로 진행되고 있을 때 학습
을 관찰하기 위해 수업 시간을 어떻게 활용하는가?

PROJECT BASED TEACHING

PART 5
학생의 학습 평가하기

"형성평가와 총괄평가의 균형을 유지하고 학생에게 다양한 경로로
피드백을 제공하여 학생들이 PBL에서 심층 학습에 성공하고
수준 높은 결과물을 만들어내게 하자."

PROJECT
BASED
TEACHING

몇 주 동안 작은 집 설계에 매달린 셰릴 바우티스타 선생님의 3학년 학생들은 최종 발표회 준비를 마쳤다. 각 모둠은 준비한 세부 청사진, 축척 모형, 예산 산출안, 고객용 홍보전략 등을 발표하였다. 의뢰인들은 학생들이 탐구질문에 대한 답으로 내놓은 문구와 결과물을 하나하나 들여다보았다. 탐구질문은 "주어진 예산에 맞춰 우리 설계팀은 공간, 위치, 시간, 노동, 자재, 고객의 취향을 고려하여 한 가정을 위한 주택을 어떻게 설계할까?"였다.

물론 청중들은 지난 몇 주 동안 있었던 피드백, 수정, 개선이 이 행사를 위해 학생들을 어떻게 단련시켰는지 전혀 할지 못한다. 프로젝트 기간 중 형성평가는 교사 피드백, 동료평가, 전문가 지도, 자기성찰 등으로 이루어졌다. 이 모든 것이 학생의 배움을 빚어냈고, 선생님은 아이들이 최종 행사에서 자신이 가진 최고를 내놓을 수 있도록 준비시켰다.

종합적 평가가 PBL의 성공에 중요한 이유

PBL에서 학생의 학습에 변화를 가져오는 한 가지 핵심 요소는 바로 평가에 대한 종합적인 접근이다. PBL 평가는 학생을 완전 학습으로 이끈다. 이는 단순히 '알고 모르고를 판단하는 점수 내기'나 학생을 능력순으로 줄 세우는 일과는 다르다. 평가 전문가 릭 스티긴스(Rick Stiggins, 2007)에 따르면 올바른 평가는 모든 학생들이 연승가도를 달리게 한다. 특히 PBL에서는 더욱 그러한데, PBL에서는 평가의 초점이 정확히 학생의 성장에 맞춰져야 하기 때문이다.

학생의 학습 평가

프로젝트는 시작해서 끝날 때까지 여러 형태와 양식의 평가가 이루어진다. 골드 스탠다드 프로젝트 기반 교수 기준표에 기술된 학습 평가 지표로는 다음과 같은 사항이 있다.

- 프로젝트 결과물과 기타 학습의 증거 자료들이 교과 영역 성취 기준과 성공 기술을 철저히 평가하는 데 사용된다.
- 모둠별 결과물뿐만 아니라 개별 학생의 학습도 충분히 평가된다.
- 다양한 방법과 절차의 형성평가가 자주, 정기적으로 실시된다.
- 점검 시점마다 비평과 개선을 위한 구조화된 프로토콜이 사용된다. 학생들은 효과적인 피드백을 주고받으며, 이는 향후 수업 관련 의사 결정과 학생의 행동에 영향을 미친다.
- 학생들이 자신의 성장을 스스로 평가할 체계적인 기회가 정기적

으로 주어지며, 경우에 따라서는 동료의 수행도 평가한다.
- 프로젝트 전 기간 동안 학생과 교사 모두 성취기준과 일치하는 채점기준표를 사용하며, 이 기준표는 형성평가와 총괄평가에서 모두 사용된다.

평가 계획 수립을 위한 전략

PBL을 할 때 교사에게 도움이 되는 다양한 평가 도구, 즉 쪽지시험, 관찰법, 피드백 제공 프로토콜 등은 이미 많은 교사와 학생들에게 익숙할 것이다. 다만 프로젝트 기반 교수로 인한 변화는 평가의 시기와 목적, 방법이 좀 더 전략적이라는 점이다.

형성평가, 즉 학습을 위한 평가assessment for learning는 프로젝트의 전 기간 중 자주 이루어져야 한다. 또 학생들에게는 피드백을 참고하여 자신의 학습 결과물을 수정하기 위한 충분한 시간이 필요하며, 이 과정에서 학생들은 최고를 목표로 작업하면서 여러 번 글을 고쳐 쓰거나 결과물을 수정한다.

총괄평가, 즉 학습에 대한 평가assessment of learning는 프로젝트의 종료 시 이루어지기는 하지만 학생들은 프로젝트를 시작할 때부터 자신이 어떤 평가를 받게 되리라는 것을 분명히 이해하고 있어야 한다. 교사는 프로젝트 시작 때 특정 학습목표의 달성을 이해하기 쉽게 설명한 평가기준표를 제시하여 모든 평가 계획을 투명하게 공개한다. 어떤 교사는 채점기준표를 학생과 함께 작성하기도 한다.

PBL 평가는 또한 개인평가와 모둠평가, 자기평가와 동료평가, 그리고 교과내용 평가와 성공 기술 평가 사이의 균형을 유지한다. 장기간에 걸친 학생의 학습을 다면적으로 보여주는 그림을 조금씩 완성해 가는 과정으로, 이 과정에 학생 자신도 적극적으로 참여한다.

효과적인 평가 계획의 수립을 위해, PBL에서 학생의 연전연승을 도와줄 네 개의 전략을 자세히 들여다보자.

1. 성공기준을 투명하게 밝힌다.
2. 형성평가를 강조한다.
3. 개인평가와 모둠평가의 균형을 맞춘다.
4. 다양한 경로의 피드백을 장려한다.

전략 1. 성공기준을 투명하게 밝힌다

중학교 교사 레베카 뉴번 선생님이 기후 변화 프로젝트를 계획할 때 바랐던 것은 학생들이 다음 두 가지를 확실히 이해하고 넘어가는 일이었다. 첫째, 인간이 기후에 어떤 영향을 미치는가, 둘째 기후 변화를 완화시키기 위해 인간은 무엇을 할 수 있는가.

이 두 가지 학습목표는 차세대 과학과 성취기준 및 주 단위 핵심 성취기준과 일치하는 것으로 심층적 탐구 프로젝트에 아주 적합하다. 아울러 이 두 가지에는 학생들이 과학 교과와 해법을 찾기 위한 노력을 자신의 일로 받아들이면 좋겠다는 뉴번 선생님의 개인적 소망이 투영되어 있다. "프로젝트를 계획할 때 저는 이 내용과 학생의 삶은 어떻게 이어져 있는가를 생각합니다. 어떻게 하면 학생들이 이것을 배우고 나서 변화를 위한 행동에 나서고 싶다는 기분을 느낄 수 있을까를 항상 생각하죠."

뉴번 선생님은 탐구질문부터 시작하여 여러 가지 방법으로 이 목표를 학생들에게 투명하게 공개한다. 선생님이 진행했던 '기후 변화 이야기와 과학' 프로젝트의 탐구질문은 "기후 변화는 여러 지역 사회에 각각 어떤 영향을 미치며, 긍정적인 변화를 가져오기 위해 우리는 무엇을 할 수 있는가?"이며, 앞으로 적용 학습이 있을 것임을 시사하였다. 프로젝트 기간 중 일어난 학습 활동, 학생의 조사 연구, 전문가 자문, 현장 연구, 성찰 활동은 모두 탐구질문으로 다시 연결되었으며, 덕분에 학생들은 학습목표에 집중하면서 실천에 나설 준비를 할 수 있었다.

프로젝트의 단계마다 학생들은 성공기준을 잘 알고 있었고 이는 뉴번 선생님의 수업 사이트에 자세히 설명되어 있다. 뉴번 선생님은 학생들에게 이정표 과제와 마감 기한을 사전에 공지하였다. 한편 학생들은 프로젝트가 끝날 무렵엔 자신이 배운 것을 적용하여 기후 변화에 실제로 영향을 미칠 실행 계획을 내놓아야 한다는 사실을 이해하였다. 학생들에게 프로젝트의 큰 그림을 제공하고 그 과정에서 그들의 학습을 평가하고 안내하는 것으로 선생님은 학생들의 성공을 위한 기반을 다져갔다.

프로젝트가 종반부를 향해 달려가고 있을 때 뉴번 선생님은 아이들이 세운 기후 변화를 위한 실행 계획을 비판적으로 검토하기 위해 한 모둠에 합류하였다. 음식물 쓰레기 감소를 촉구하는 캠페인 영상을 제작하기로 한 모둠이었다. "아이들은 왜 이것이 그토록 중요한 문제인지를 설명했어요. 제대로 된 데이터도 있었어요."라고 선생님은 말한다. 또 학술적 용어를 써가며 자신의 주장을 개진하였고 출처를 밝혔다. 선생님은 결과물의 개선을 위해 사소한 몇 가지를 고쳐보라고 제안하였다. 하지만 학생들이 핵심 개념을 제대로 이해한 점에 대해서만큼은 나무랄 데가 없다고 생각했다.

"아이들은 음식물 쓰레기를 줄이는 일이 어린이인 자신이 진정한 변화를 일으키기 위해 할 수 있는 일이라는 것을 이해했습니다. 이건 감동적인 일입니다."

이 일은 아이들이 자신이 중요하게 여기는 목표에 도전할 때 어떤 것들을 이룰 수 있는지 잘 보여준다.

학생들이 PBL의 학습목표를 이해하고 받아들일 수 있도록 도입활동entry event이 끝나면 바로 학생들과 평가 계획을 공유하기 바란다. 이를 위해서는 먼저 채점기준표 분석이 필요하다. 자신의 PBL 경험과 학교 상황에 따라 프로젝트를 위한 채점기준표를 처음부터 새로 만들기도 하고 과거에 썼던 것을 용도에 맞게 수정하여 다시 쓰거나 학년이나 학교 전체가 공통으로 사용하는 채점기준표를 사용할 수도 있다. 출처가 어디든 간에 중요한 것은 학생들이 평가에 쓰인 표현을 반드시 이해하고 학습자로서 자신의 성장을 이끄는 데 이를 활용하는 방법을 익혀야 한다는 점이다.

애비 슈나이더존 선생님은 작문 워크숍의 에세이 평가 때 이미 사용한 바 있는 채점기준표를 사회 프로젝트에서 다시 사용했다. 아이들은 자신에게 친숙한 이 채점기준표로 자신의 초고를 여러 번 다듬는 한편 동료 검토 시간에는 서로의 작문을 비평해 주었다.

에린 브랜드볼드 선생님 역시 고등학교 세계사 시간에 채점 가이드를 만들어내는 과정을 통해 학생들이 혁명 프로젝트의 마지막 활동이었던 모의재판을 평가하도록 지도했다. 선생님은 그 과정을 다음과 같이 설명했다.

먼저 학생들은 재판 동영상을 몇 개 보면서 분석하고 자신의 법정 변론을 연습하는 시간을 가진 다음, 모의재판의 실질적인 참여를 평가하기 위한 기준을 만들어냈습니다. 합의에 이르기 위해 우리는 '갈수록 커지는 모둠(GOILS: Groups of Increasingly Larger Size)'이라는 프로토콜을 사용하였지요. 일단 각 학생은 혼자서 기준 5개를 생각해 냅니다. 그런 다음 짝과 비교하여 다시 5개를 추려냅니다. 이제 4인 1조가 되어 또다시 5개를 선정하는 방식입니다. 이 과정은 학급 전체가 하나의 큰 모둠이 될 때까지 계속되고 마지막에는 학급 전체가 합의한 기준 5개만 남게 되는 식이지요. 이 기준(증거, 논증, 발표력, 법률 전문성, 지식)은 모의재판 중 배심원들이 학생들의 법정 수행 능력을 평가할 때 사용했습니다.

채점기준표를 함께 작성하면 수월성excellence의 수업 문화가 강화된다. 브랜드볼드 선생님은 "그런 과정이 학생으로 하여금 '이걸 정말 잘한다는 건 어떻게 한다는 뜻일까?'라는 생각을 하게 만든다."고 말한다. 학생들은 교사가 결정한 학습목표에 대한 자신만의 지표를 만들어보면서 수준 높은 수행이 무엇인지를 더욱 잘 이해하게 된다.

채점기준표를 처음 사용해 보는 학생들이라면, 프로젝트 초반에 평가 도구에 쓰인 언어를 분석하고 채점기준표를 사용하는 법을 연습해 보는 시간을 마련해야 한다. 한 가지 좋은 방법은 이전 프로젝트 때 나온 학생 결과물을 보여주고 채점기준표를 채점 가이드 삼아 이를 평가해 보게 하는 것이다. 이때 평가 용어는 학생들이 반드시 이해해야 한다. 낯선 용어는 스스로 뜻을 알아보게 하거나 아이들이 이해하는 비슷한 말로 제시하도록 하자.

화학 교사 레이 아흐메드 선생님은 학년 초에 수업 때 쓰일 채점기준표를 공개하고, 뉴욕 수행 성취기준 협회New York Performance Standards Consortium가 만든 이 기준표가 2학기에 이루어지는 모든 프로젝트의 총괄평가에 사용된다는 점을 공지한다. 이 평가는 고부담 평가high-stakes assessment로, 그 결과는 졸업 자격 요건에 반영된다.

아흐메드 선생님은 이 채점기준표를 그냥 나눠주는 대신 이를 즉시 하나의 학습 도구로 활용한다. 과학 논문 옆에 채점기준표를 두고 "여기가 바로 우리의 목적지입니다. 우리는 과학자들이 하는 일을 할 겁니다."라고 설명한다. 프로젝트 활동의 일부로 학생들은 자신이 설계한 실험에 관한 논문을 작성할 것이다. 이 목표를 염두에 두고 아이들은 함께 저널을 읽고 채점기준표가 요구하는 기준을 살펴보며 이를 본보기 삼아 분석한다. 이를 기회로 학생들은 수준 높은 결과를 내기 위해서 무엇이 필요한지에 대해 질문하고 생각해 보기 시작한다.

학생들을 특정 학습목표에 집중하게 만들고 싶다면 채점기준표의 한 줄만 보여주는 방법도 있다. 〈표 5-1〉은 아흐메드 선생님이 사용하는 채점기준표 중 '배경 연구contextualize'라는 항목만을 추출한 것이다. 이 항목을 학생들에게 보여줄 때는 '원전original sources'이라든가 '적절히 인용됨appropriately cited', '가설/논지hypothesis/theses'와 같은 핵심 용어에 대한 설명이 필요하다. 또 오른쪽에서 왼쪽으로 갈수록 수준이 높아지는데, 내용은 동일하지만 수식어가 달라진다는 점도 알려줄 수 있다. 가장 중요한 것은 학습이 어떤 경로를 거쳐 숙달로, 혹은 그 이상으로 이어지는지를 학생들이 분명히 볼 수 있게 하는 것이다.

5-1. 우수 기준

수행 지표	매우 우수	우수	보통	개선 필요
배 경 연 구	두 개 이상의 원전을 인용하여 배경 연구가 철저히 이루어짐. 모든 출처를 적절히 인용함. 문제의 중요성이 분명히 진술됨. 가설/논지는 철저히 배경 연구에 기반함.	배경 연구가 철저히 이루어짐. 출처를 적절히 인용함. 문제의 중요성을 진술함. 가설/논지는 배경 연구와 연관이 있음.	서론에 배경 연구가 포함됨. 출처를 밝힘. 문제의 중요성을 진술함. 가설/논지가 분명히 진술됨.	서론에 배경 연구가 없음. 출처가 없음. 문제의 중요성을 진술하지 않음. 가설/논지를 밝히지 않음.

협업이나 비판적 사고와 같은 성공 기술을 프로젝트의 일부로 평가하고자 한다면 그러한 학습목표가 반드시 분명하게 정의되어야 한다. BIE는 내용지식 평가용 채점기준표와 성공 기술 평가용 채점기준표를 분리하여 사용할 것을 권장한다(4C 평가용 채점기준표는 BIE 홈페이

지에서 내려받을 수 있다).

학생들이 채점기준표를 이해했다는 확신이 들면 이제 프로젝트 기간 중 이를 학습에 활용하도록 독려해야 한다. 텔라니아 노르파 선생님은 각 모둠의 책상마다 프로젝트와 관련된 모든 자료를 보관하는 폴더를 두는데, 그곳에 채점기준표도 보관하게 한다. 학생들이 프로젝트와 관련된 문제풀이 과제를 하는 동안 선생님은 교실을 돌아다니며 라벨지에 메모를 남긴다.

"돌아다니면서 아이들이 공부하는 것을 듣고 평가한 뒤 지금까지 잘된 것에 대해 메모를 해서 책상에 붙여줍니다. 아이들은 채점기준표를 앞에 둡니다. 제 피드백을 읽은 뒤 더 잘하려면 앞으로 무엇을 해야 할지 이야기할 수 있지요." 예를 들면 자신이 정답을 맞혔는데도 더 좋은 피드백을 받지 못한 이유가 무엇일까 궁금해하는 학생이 있었다. "아이에게 채점기준표를 보라고 이야기해 주었습니다. 그랬더니 '아하! 문제를 어떻게 풀었는지 설명이 없네요.'라고 말하더군요. 그 후 그 학생은 풀이 과정을 사방에 적어놓았어요." 이제 이 학생은 단순히 일을 끝내는 것이 아니라 수준 높은 결과를 내는 것이 목표라는 점을 이해하게 된 것이다.

21세기 성공 기술의 평가

대부분의 선생님들은 내용지식과 기능을 평가하는 데 익숙하다. 내용지식과 기능의 평가를 위해서는 쪽지시험이나 시험, 쓰기 과제 등 다양한 기존의 평가 도구를 사용할 수 있으며 학생이 만들어낸 결과물과 발표에서 판정의 근거를 찾을 수도 있다. 그러나 성공 기술의 평가는 쉽지 않다. 다음은 비판적 사고나 문제해결능력, 협업, 창의성/혁신 등 성공역량 평가에 활용할 만한 도구와 전략이다.

- 해당 성공 기술이 어떤 능력을 가리키는지를 자세히 설명한 채점기준표를 학생과 공유하거나 함께 작성한다.
- 프로젝트 과제를 수행 중인 학생들을 관찰하고 학생들이 하나 혹은 그 이상의 성공 기술을 어떻게 사용하고 있는지를 기록한다. 채점기준표에서 끌어낸 관찰 가능한 행동의 목록을 작성한다.
- 프로젝트 기간 중 개별 학생이나 모둠을 만나 하나 혹은 그 이상의 성공 기술을 어떻게 기르고 있는지 이야기해 본다.
- 프로젝트 기간 중 그리고 프로젝트가 끝났을 때 총괄평가의 일환으로, 학생들에게 채점기준표를 참고하여 자신의 성공 기술 사용을 스스로 평가해 보게 한다. 학생들에게 자신과 친구들이 하나 혹은 그 이상의 성공 기술을 얼마나 잘 발휘하였는지 (특히 협업능력) 평가해 보게 하자.
- 프로젝트가 진행되는 동안 일지를 작성하여 자신의 성공 기술 사용에 관해 기록하게 하고 프로젝트가 끝났을 때 자신의 성과를 성찰하는 데 이를 활용하게 하자.
- 학생들이 발표를 할 때 자신이 성공 기술을 사용했는지를 확인하는 질문을 한다(청중에게 질문을 하도록 독려할 수도 있다). 예를

들면 문제 해결이나 혁신적인 결과물을 개발하는 데 어떤 과정
을 거쳤는지 설명해 달라고 요청한다.

전략 2. 형성평가를 강조한다

PBL 수업에 가보면 다양한 방식으로 형성평가가 이루어지고 있음
을 알 수 있다. 수업이 끝날 때마다 학생의 이해를 확인하는 퇴장권이
라든지, 학생들이 자신의 학습을 스스로 평가하는 성찰일지, 또는 아
이들이 서로에게 구체적인 피드백을 제공하는 갤러리 워크 같은 활동
등 다양한 방법이 사용된다.

그러나 한 가지 주의할 점이 있다. 형성평가의 빈도를 높인다고 해
서 점수를 더욱 강조하는 것은 아니라는 점이다. 점수는 학생에게 정
지 신호, 즉 과제가 모두 끝났다는 신호로 다가올 수 있다. 이와는 반대
로 형성평가에서는 다음에 어떤 학습 경험이 올 것인가가 중요하다.

프로젝트 기반 수업 교사에게 형성평가는 다음 수업 계획을 위해
정보를 제공하고 상황을 진단하는 기능을 한다. 교사는 형성평가를
통해 '이 개념을 다른 방식으로 더 가르쳐야 할까? 자료를 더 제공해
야 하나? 아이들을 더 깊게 파고들게 하거나 사고를 확장시키도록 몰
아붙여야 하는가?' 등의 다양한 상황을 진단할 수 있다. 한편 학생들
은 형성평가를 통해 학습을 위한 피드백을 적시에 얻게 되며 자신의
이해를 표현하는 우수한 결과물을 산출할 수 있도록 도움을 받는다.
따라서 형성평가 때마다 점수를 부여하는 방식보다는 중요한 이정표

과제와 총괄평가 때 등급을 부여하는 방식을 추천한다.

짐 벤틀리 선생님은 프로젝트 기간 중 형성평가를 지혜롭게 사용한다. "프로젝트가 끝났을 때에만 피드백을 주는 것은 너무 늦다"고 선생님은 경고한다. 벤틀리 선생님은 여러 가지 기술 도구, 비평 프로토콜, 교사 관찰 등을 혼합하여 자신이 가르치는 6학년 학생들의 이해를 점검한다. 구글 클래스룸에서 교과 내용과 관련된 질문을 하거나 온라인 게시판 패들릿Padlet에 메시지를 올리기도 한다. 또한 학생의 답안을 보고 공부하다 막힌 사람은 누구인지, 누가 힘들어하는지를 알 수 있기 때문에 간단한 모둠 수업이나 개인 지도를 계획할 수 있다. 진행 중인 작품에 대한 동료 비평을 이끌어내기 위해 갤러리 워크를 계획하고, 학생에게 '잘되고 있는 것은 무엇인가? 헷갈리는 것은? 궁금한 것은 무엇인가?'와 같은 질문을 하게 하여 피드백을 잘 줄 수 있도록 도움을 주기도 한다.

벤틀리 선생님은 학생들이 학습 활동을 하고 있을 때 보고 듣는 것만으로도 효과적인 형성평가가 되는 경우도 많다고 덧붙인다. 아이들이 공부하다 막힐 때, 아니면 더 깊이 파고들어도 되겠다는 판단이 설 때 선생님은 단서나 자극을 준다. 모든 형성평가는 학생에게 시의적절하고 이해와 실행이 가능한 피드백을 제공하는 하나의 기회이다 (Fisher, Frey, & Hite, 2016).

레베카 뉴번 선생님의 과학 수업에서도 유사한 평가 관행이 관찰된다. 학생들이 기후 변화 프로젝트를 진행하는 동안 선생님은 다양한 형성평가 기법을 이용하여 학생들의 내용 이해를 점검하고 그에 따라 수업을 조정하였다. 사전에 계획된 것도 있었지만 필요할 때마다 그

때그때 이루어지기도 하였다.

사전 지식 평가 프로젝트를 개시하고 학생의 사전 지식을 평가하기 위해 뉴번 선생님은 '기후'와 '날씨'의 차이를 짧게 써보게 하였다. 선생님은 활동에 흥미 요소를 가미하고자 트위터에서 하는 방법을 보여주었다. 그러나 학생들은 실제로 트위터를 사용하는 대신 "오프라인 트윗"을 작성하였고 분량에도 제한을 두었다.

기존의 생각에 균열을 내기 위해 선생님은 학생들에게 알래스카, 오레곤, 플로리다에서 도시를 하나씩 골라 각 도시의 10일간 일기예보를 보여주었다. '아이들이 기후와 날씨를 구별할 수 있을까? 일기예보는 아이들이 예상한 내용과 일치하였는가? 이 일기예보를 통해 아이들은 날씨와 기후에 대해 기존에 자신이 갖고 있던 생각을 어떤 식으로 바꾸게 되었는가?' 선생님은 이런 것들을 알고 싶었다.

그런 다음, 아이들은 자신이 내린 정의를 조원들에게 읽어주고 트위터 스타일의 댓글을 받았다. 반대 의견이 있는 경우 새 트윗 용지에 무엇이 정확하지 않은지를 설명하는 댓글을 보냈다. 만약 괜찮다고 생각하면 '좋아요'를 보냈다. 또 공유할 만큼 괜찮다는 생각이 드는 내용은 리트윗하기도 하였다. 이 간단한 활동으로 교사는 학생의 사전 지식을 파악할 수 있었고 학생들은 프로젝트 기간 중 선생님만이 피드백을 주는 것은 아니라는 점을 인지하였다.

이정표 과제 부여 기후 변화의 과학, 특히 인간에게 미칠 수 있는 영향을 학생에게 확실히 이해시키기 위해 내용 이해 수업이 끝나자 뉴번 선생님은 프로젝트 2주 전에 계획했던 이정표 과제를 냈다. 학생들은 모둠별(지역 선택에 따라 구성)로 세계 어딘가에 있는 기후 변화에 취약한 지역의 재해를 분석하는 포스터를 제작하라는 지시를 받았다.

이 과제를 통해 선생님은 실행 계획 수립 단계로 넘어가기 전 학생들의 내용 이해를 점검할 수 있었다. 선생님은 "아이들은 혹독한 날씨가 생기는 원인이 무엇인지 알고 있는가? 기후 변화가 날씨에 영향을 미칠 것이라는 사실을 이해하는가? 홍수나 가뭄 같은 사태를 예측할 수 있는가? 자신의 이야기에 인간적인 면모를 더하면서도 과학적 데이터로 뒷받침할 수 있을까?"를 알고 싶었다.

포스터 제작 과제에는 동료 평가의 기회도 있었다. 학생 모둠은 먼저 포스터의 대략적인 스케치부터 시작하였다. 그리고 이것을 반 친구들에게 보여주고 내용에 관해 1차 피드백을 받았다(이때 교사는 이를 지켜보며 오개념을 정정해 주었다).

일단 내용을 정확히 알고 나면 이제 실물 크기의 포스터 디자인에 들어간다. 제작이 끝나면 다른 모둠에 발표하였다. 선생님은 평가의 일환으로 발표를 경청하며 각 모둠의 모든 학생들이 관련 교과 내용을 정확하게 설명할 수 있는지 확인하였다.

관찰과 질문 뉴번 선생님은 재난 포스터와 같은 사전에 계획된 평가와 함께 프로젝트가 진행되는 내내 학생의 활동을 일상적으로 충분히 관찰하였다.

선생님은 효과적인 형성평가는 "질문이 전부"라고 이야기한다. 학생들이 자신의 학습에 관한 토의를 진행 중일 때 선생님은 이를 들어

보고 캐묻는 질문을 던지곤 한다. "그런 다음 한 걸음 물러나서 아이들끼리 이야기하게 둡니다. 제 역할이 어떤 비밀 관찰자는 결코 아닙니다. 다시 짚고 넘어갈 부분 또는 오개념을 시사하는 어떤 이야기가 들릴 때는 끼어듭니다."

선생님이 애용하는 형성평가용 질문 몇 가지는 계속해서 사용해도 문제가 없는 일반적인 것들이다. 가령, '그 얘기에 대해 좀 더 말해 볼래?'라든가 '사례를 들어줄 수 있어?' '왜 그렇게 생각해?' '네가 이야기하는 내용의 이면에 있는 네 생각을 좀 더 듣고 싶어.' 같은 코멘트이다. 어떤 것들은 '네 주장은 무엇이지?' '그 증거는 네 추론을 어떻게 뒷받침하지?'처럼 과학 수업에서 나왔으면 하는 학술적 언어를 강화하기도 한다.

고등학교 수학 교사인 텔라니아 노르파 선생님은 비공식적 형성평가를 활용하여 힘들어하는 학생들에게 끈기를 가지도록 격려한다. 즉시 '구출'해 주기보다는 "저는 장애물에 부딪혀도 괜찮다고 알려줍니다. 하루나 이틀 정도를 한 문제와 씨름하도록 내버려두지요. 그 아이들에게 '공부하다 막히는 건 당연한 거다. 숨 한 번 크게 쉬고 나서 다른 방법으로 그 문제를 접근해 봐. 선생님이 도와줄게.'라고 말해 주곤 합니다." 만약 힘든 상황이 지속된다면, 이는 추가적인 수업이 필요하거나 그 개념을 다른 방식으로 가르쳐야 한다는 신호이다.

노르파 선생님의 평가에 대한 생각은 수업 문화와도 일치한다. 선생님과 학생들은 실패가 장차 모험에 도전하고 성장형 사고방식을 기르는 데 어떤 가치를 지니는지에 대해 이야기한다. 수학에 대한 집요함을 발휘하기가 어렵다는 것은 선생님도 인정한다. 하지만 올바른 평가 방법은 뭔가를 지속할 정신 근육을 기르는 데 도움이 된다.

형성평가 지도 작성 ──────

프로젝트 기간 중 학생들이 배워야 할 것을 배우고 프로젝트 결과물 완성을 위한 작업이 순조롭게 진행되도록 교사는 형성평가를 사용한다. 프로젝트 평가 지도를 이용하여 형성평가 및 점검 시점을 계획해 보자(www.bie.org/object/document/project_assessment_map에서 빈 양식과 함께 완성된 견본 몇 가지를 제공한다). 기본 절차는 다음과 같다.

1 평가 지도의 왼쪽에는 프로젝트의 주요 최종 결과물 하나를 둔다(이것이 총괄평가 역할을 한다).
2 그 결과물의 오른쪽에는 그 결과물을 완성하기 위해 학생들에게 필요한 핵심 지식과 이해, 성공 기술을 나열한다(이것들이 성취기준에서 추출한 학습목표가 된다).
3 학습목표의 오른쪽에 이들 학습목표의 달성에 이르는 과정을 점검할 형성평가 도구와 방법을 나열한다.

〈표 5-2〉는 에린 브랜드볼드 선생님의 세계사 과목 혁명 프로젝트에서 사용된 사례이다.

5-2. '법정에 선 혁명' 프로젝트 평가 지도

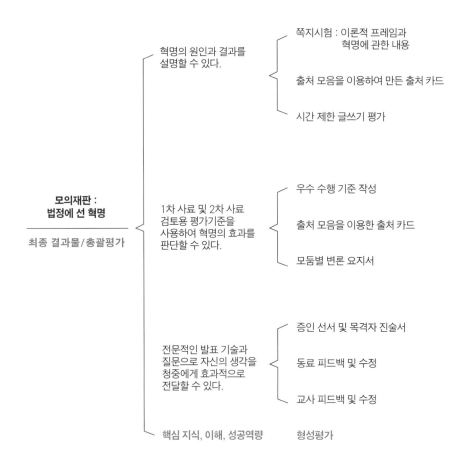

전략 3. 개인평가와 모둠평가의 균형을 맞춘다

PBL에서 팀워크는 중요하다. 이는 교실 밖 실생활에서 협업의 중
요성을 반영한다. 프로젝트를 계획할 때 모둠 분위기를 고민하는 이

유가 바로 여기에 있다. PBL 교사들은 모든 학생이 편안함을 느끼고 모든 의견을 중요하게 여기는 협력적 수업 문화를 조성한다. 학습을 관리하고 비계와 코칭을 제공하는 동시에 효과적인 협업을 촉진하는 데에도 신경을 쓴다. 팀워크는 당연히 평가에서도 중요한 역할을 한다.

많은 PBL 입문자들을 당혹스럽게 하는 것은 모둠의 결과물을 평가하면서 어떻게 동시에 개별 학생의 학습을 평가해야 하는가이다. 모둠 프로젝트가 공지되면 곧바로 공정성 문제부터 제기하는 학생이나 학부모도 있다. 학교에 따라서는 아예 성적 규정 자체가 모둠의 작업을 평가하기 어렵게 되어 있는 경우도 있다.

이 문제에 천착해 온 PBL 베테랑 교사들은 개인평가와 모둠평가의 균형을 맞추는 현실적인 전략을 개발하였다. 한 번 시도해 볼 만한 방법 몇 가지를 소개한다.

개인평가와 모둠평가를 분명히 구분하기 프로젝트 계획 단계 때 개인과제로 할 것과 모둠과제로 할 것을 정해 두고 그에 따라 평가를 실시한다. 예를 들어 학생 각자는 핵심 내용의 이해를 평가하는 에세이를 쓰거나 시험을 쳐야 한다. 모둠 결과물로는 배운 것을 적용하여 공동의 해결책이나 결과물을 산출하는 방식을 취할 수 있다.

셰릴 바티스타 선생님이 진행한 작은 집 프로젝트의 경우에도 학생들은 쓰기 과제를 통해 개인평가를 받았다. 아이들은 자신이 제안한 청사진에 관한 의견서를 작성하였으며 수학적 개념들을 주택 설계에 어떻게 적용하였는지 설명하는 글을 썼다. 모둠평가는 의뢰인 앞에서 실시한 발표로 국한되었다.

에린 브랜드볼드 선생님 역시 다른 PBL 교사들과 마찬가지로 모둠 과제보다는 개인 과제에 더 큰 비중을 두는 편이다. 혁명 프로젝트에서 주요 개인평가 과제로 3주차를 마무리할 때 실시한 시간 제한 글쓰기 시험도 있었다. 이를 통해 선생님은 각 학생이 내용을 얼마나 이해하고 있는지 또 논거를 구성하는 법을 이해하고 있는지를 확인할 수 있었다. 학생들은 모둠별 재판의 변론, 증거, 법정에서의 역할이 요약된 변론 요지서case theory로 모둠평가를 받았다. "이것이 학생들이 같은 점수를 받았던 유일한 과제였다"고 선생님은 말한다. 선생님의 의도는 모둠의 구성원 모두가 함께하면서 재판 중 각자의 역할을 준비하기 전 변론과 증거를 전원이 반드시 공유하도록 하는 데 있었다.

동료 책무성의 강화 평가 전략은 학생들이 자신의 모둠에 책임감을 가질 수 있게 해주어 자기 몫을 제대로 하지 않는 구성원의 무임승차 문제를 해결하는 데 도움이 된다. 효과적인 협동학습을 위해 모둠계약서를 활용하는 방법에 관해서는 앞서 언급한 바 있다. 어떤 교사들은 책무성 강화를 위한 한 가지 전략으로 학생들에게 모든 구성원의 기여도를 평가하게 하는 방법을 쓰기도 한다.

레베카 뉴번 선생님은 프로젝트 종료 시기가 다가오면 학생들을 대상으로 설문조사를 실시하여 노력에 따라 개인의 점수를 조정해 보게 한다. 만약 모든 조원이 자기 몫을 제대로 하였다면 전원이 같은 점수를 받는다. "만약 누군가가 자기 몫을 하지 않았거나 더 많은 일을 한 사람이 있을 때에는 점수 조정이 이루어질 수 있습니다. 학생들은 사전에 이 점을 알고 있기 때문에 모두 책임감을 갖고 임하게 됩니다."

선생님의 설명이다. (이 부분에 대해서는 한국 교사들의 비판적 접근이 필요하다. 모든 모둠에 같은 총점이 주어진 상태에서는 모둠 활동이 원활히 이루어진 모둠에 속한 학생들이 그렇지 않은 모둠보다 손해를 보는 상황이 벌어질 수 있다. 따라서 이 방식을 도입할 때에는 한 명이 받을 수 있는 최고 점수는 고정해 두어야 한다. - 역자 주)

에린 브랜드볼드 선생님은 프로젝트 일정 안에 모둠 구성원들이 서로의 협업능력을 평가하는 시간을 몇 번 잡아둔다. "각 모둠원에게 점수를 부여해야 하며, 그 이유를 설명해야 합니다. 저는 아이들에게 솔직하게 해야 한다고 강조합니다. 만약 높은 점수를 받을 자격이 없는 사람에게 높은 성적을 주는 일은 결국 그 사람에게 모둠에 기여하지 않아도 된다고 허락하는 거나 다름없다고 말이지요." 프로젝트가 끝나면 학생들은 최종 모둠평가에도 참여하는데, 여기서 받은 점수는 최종 성적의 협업 부문 점수에 반영된다.

모둠 활동에 대한 성찰 독려 형성평가 전략의 일환으로 자기 모둠의 협동 작업을 성찰하게 한다. 해당 주제를 수업 일지의 주제나 퇴장권 작성을 위한 질문으로 줄 수 있으며, 선생님이 각 모둠과 협의회를 할 때 안건으로 삼을 수도 있다. 모둠의 문제를 일찍 파악하면 학생들은 서로의 차이 때문에 생기는 문제를 아직 바로잡을 시간이 있을 때 해결할 수 있다.

전략 4. 다양한 경로의 피드백을 장려한다

주로 교사만이 평가의 주체가 되는 기존의 평가와 달리 PBL 평가는 다양한 주체가 평가에 참여하기도 한다. 자기평가 이외에도 동료 평가, 전문가나 청중의 평가 등이 가능하다.

동료 피드백 유도 방법 프로젝트 기반 학습 교사들 사이에서 흔히 사용되는 방법 중 하나는 비평 문화의 조성이다. 이는 동료 피드백을 어떻게 주고받아야 하는지를 가르치고, 시범을 보이고, 지도해야 한다는 것을 의미한다. 많은 교사들이 PBL 전문가인 론 베르거Ron Berger의 가르침, 즉 연령을 불문하고 피드백은 친절하고 구체적이며 도움이 되어야 한다(Berger, Rugan & Woodfin, 2014)는 원칙을 따르고 있다.

에린 브랜드볼드 선생님은 학생들이 여러 가지 동료 피드백 프로토콜을 사용할 수 있게 가르친다. 혁명 프로젝트를 예로 들면, 모둠은 자신의 법정 변론을 연습할 때 '어항 활동'이라는 절차를 사용하였다. 한 모둠이 어항의 중앙에서 연습을 하는 동안 다른 모둠은 바깥 원에 서서 이를 지켜보았다. 관찰자 학생들이 피드백을 제공하고 나면 서로 역할을 바꾸었다. 이 프로토콜이 끝나면 두 모둠 모두 피드백을 반영하여 수정하는 시간을 가졌다.

학생들이 구체적인 피드백을 제공할 수 있도록 브랜드볼드 선생님은 도식조직자에 관찰 내용을 기록하게 하였다. 가운데 줄에 학급 전체가 개발한 기준을 나열하였다. 그 왼쪽에 관찰자들이 개선을 위해 제안할 점을 적게 하였다. 오른쪽 줄은 잘된 점을 표시하는 공간이었다. 이러한 비평의 경험은 실행자나 관찰자 모두에게 똑같이 도움이 되었다. 선생님은 이 프로토콜이 "이 프로젝트에서 사용했던 프로토콜 중 가장 유용한 것 중 하나"였다고 밝혔다.

청중에게 피드백 요청하기 학생의 결과물을 위한 실제 청중이 존재한다는 사실은 학생의 흥미를 증진시키고 학생으로 하여금 수준 높은 결과물을 내고 싶게 만드는 요인이 된다. 그렇기 때문에 공개할 결과물은 PBL 설계에 있어서 핵심 요소 중 하나로 간주된다. 이러한 공개발표를 프로젝트 결과물을 공유하는 자리로 활용하는 데 그치지 말고 청중의 피드백을 받는 기회로도 활용해 보자.

청중에게는 학생의 결과물에 피드백을 어떻게 주는지 교사의 안내가 필요할 수도 있다. 앞서 언급한 셰릴 바스티스타 선생님의 작은 집 프로젝트를 예로 들어보자. 발표에 앞서 선생님은 의뢰인들에게 채점기준표와 함께 학생들에게 할 질문을 제공하였다. 또 의뢰인들에게 가장 마음에 드는 설계, 즉 자기 가족에게 가장 적합한 것을 선정해 달라고 요청하였다. 프로젝트 초반에 학생들은 의뢰인을 인터뷰하여 요구사항, 디자인 기호 등을 조사하였다. 학생들의 설계도는 의뢰인의 바람을 얼마나 잘 반영했을까?

학생 모둠이 하나씩 발표장을 빠져나갈 때 선생님은 의뢰인들이 자신의 결정을 두고 고심하는 모습을 지켜보았다. 의뢰인들은 피드백의 일부로 자신이 왜 특정 설계도를 골랐는지를 설명하도록 요청받았다. 선생님은 학생들이 그 이유를 듣고 거기에 대해 성찰할 수 있기를 바랐다. "그분들은 왜 다른 것 대신 이것을 골랐을까? 어떤 차이가 있지?"

공개 발표 준비의 일환으로 청중들이 학생들과 적극적으로 소통할 준비를 할 수 있도록 어떻게 도와줄지 생각해 보자. 필요하다면 후속 질문이나 청중 투표를 독려하자. 일례로, 한 고등학교의 마케팅 프로젝트는 4학년 학생 청중에게 자신이 개발한 제품 아이디어를 홍보하는 활동으로 마무리되었는데, 이 프로젝트를 실시한 브라이언 쇼흐 선생님은 홍보가 끝난 뒤 4학년들의 투표가 이루어지도록 기획하였다. 투표 결과는 성적에 반영되지는 않았지만 그 고등학생들에겐 의미 있는 피드백이 되었다.

마찬가지로 브랜드볼드 선생님의 혁명 프로젝트에서는 학생들이 변론을 마치자 배심원단이 평결을 가지고 돌아왔다. 배심원들은 학생들 스스로 작성한 기준을 참고하여 결정을 내렸다. 선생님은 또한 배심원들에게 도식조직자를 제공하여 모의재판 중 제시된 증거를 계속해서 기록하게 하였다.

전문가 피드백 독려 많은 프로젝트에 내용 전문가가 투입된다. 전문가들은 조사 연구 단계에 개입하기도 하고 학생들이 결과물이나 해결책을 설계하고 다듬는 과정에 개입하기도 한다. 해당 분야의 우수 표준에 정통한 전문가에게서 형성적 피드백을 받아보자. 전문가들은 최종 발표나 결과물을 채점하는 방식으로 총괄평가에 기여하기도 한다.

작은 집 프로젝트에서 셰릴 바티스타 선생님의 학생들은 엔지니어의 자문을 여러 번 받았다. 프로젝트의 초반부에 선생님은 예전 프로젝트의 결과물인 청사진 몇 가지를 보여주었다. 이후 학생들이 청사진 작업을 할 때 선생님은 모든 도면을 반드시 정확하고 깔끔하게, 각 부분의 명칭을 제대로 붙여 제작하도록 독려하였다. 만약 전문가에게서 그런 피드백을 듣는다면, 그것은 교사가 선을 제대로 그으라고 말하는 것보다 더 큰 의미가 있다고 바티스타 선생님은 말한다. "전문가에게서 나온 피드백은 더 무게를 가집니다. 그건 진짜거든요."

레이 아흐메드 선생님은 화학 프로젝트의 일부에 대한 피드백을 받기 위해 전문가를 모셔온다. 수질에 관한 상당한 데이터 수집을 요하는 이 프로젝트를 위해 선생님은 통계 분야의 전문가를 수소문하여 학생들이 수집한 데이터의 분석과 발표에 대한 지원 협조를 요청하였다. 전문가 집단은 이전에 같은 수업을 들었던 학생을 비롯하여 대학원생, 수학 교사, 기타 직업적으로 통계를 사용하는 사람에 이르기까지 다양했다. "우리 아이들에게 자신과 비슷하게 생겼으면서 친절하고, 그 분야에서 전문가인 사람들을 만나게 하는 게 중요했습니다."

아흐메드 선생님은 학생을 전문가와 어떻게 만나게 할 것인가에 대해서도 분명한 의도를 갖고 있다. 선생님은 학생들이 전문가와 일대일 대화를 위한 안건을 정하길 바라는데, 협의회를 준비하려면 학생들은 이 기회를 통해 자신이 무엇을 배우고 싶은지를 깊이 생각해야 한다. 가령 이런 생각을 하는 것이다.

"이제 통계 전문가를 만날 거야. 그때 이런 이야기를 해야지. '저는 T-테스트 사용법을 배우고 싶어요. T-테스트에 대한 영상도 보았고 연습문제도 몇 개 풀었는데 아직 잘 이해가 되지 않습니다.'"

이런 생각은 전문가와 나눌 대화의 기초가 된다. 아흐메드 선생님에 따르면 이 구조는 자발성을 조장하여 학생들로 하여금 자신이 배워야 하거나 더 깊이 이해할 필요가 있는 것을 적극적으로 요구하게 만든다고 한다.

킴벌리 헤드-트로터 선생님 역시 내슈빌 행진 프로젝트가 끝나갈 때 전문가 집단을 초청하여 학생들에게 피드백을 주도록 계획하였다. 이들이 제공한 전문가적 비평 덕분에 학생들은 한 번 더 최종 수정 작업에 들어갔고, 전문가 집단이 보여준 열의는 이 프로젝트에 대한 학생들의 열정을 계속해서 불타오르게 만들었다.

총괄평가 실행 전략

교육학 교수 로버트 스테이크Robert Stake는 형성평가와 총괄평가의 차이를 말할 때 자주 인용된다. "요리사가 수프를 맛보는 건 형성평가이고, 손님이 수프를 맛보는 건 총괄평가이다"(Scriven, 1991).

PBL에서 프로젝트의 절정은 평가의 초점이 학습을 위한 평가assessment for learning : formative에서 학습에 대한 평가assessment of learning : summative로 전환되는 시점이다. 프로젝트를 시작할 때 설정했던 목표에 학생들이 도달했는지 알아보기 위해 교사는 학생들이 학습 경험의 결과로 무엇을 알게 되었는지 또는 할 수 있는지를 측정한 증거를 비판적으로 살펴볼 필요가 있다.

PBL 총괄평가는 프로젝트의 성격에 따라 다음과 같이 여러 형태를 띤다.

• 프로젝트 채점기준표에 의거한 최종 결과물의 점수

- 배운 것을 적용할 수 있는지를 평가하는 수행 과제
- 내용 이해를 알아보는 기말시험 또는 에세이 평가
- 학생의 최종 발표나 전시회에 대한 전문가의 의견
- 학생의 일지, 설계 노트, 실험 보고서, 기타 학습이 일어났음을 증명하는 서면 결과물

앞서 우리는 개인평가와 모둠평가의 균형을 유지하는 전략을 알아보았다. 총괄평가를 실시하는 교사는 학생 개개인이 학습목표의 달성이라는 측면에서 얼마나 성장했는지를 알아봐야 한다. 예를 들면 실제 의뢰인의 재무설계사가 되어보는 프로젝트를 실시했던 텔라니아 노르파 선생님의 경우 각 학생이 수학적 개념을 얼마나 잘 이해하였는지 알아보고 싶었다. 물론 의뢰인 앞에서 발표하는 일은 모둠으로 협력하여 이루어졌지만, 그에 앞서 주택담보대출 상환을 위한 저축이나 학자금 대출 상환 방법 등의 수학적 계산은 개별적으로 익히고 연습하였다. 선생님은 그 계산 결과를 보고 내용 학습의 숙달 여부를 평가하였다.

Try This!

다양한 PBL 채점 전략

PBL을 이제 시작하는 교사들은 모둠으로 이루어지며 실제적인 결과물을 만들어내는 데다 내용지식과 함께 성공 기술을 다루는 프로젝

트를 도대체 어떻게 평가해야 하는지 궁금해하는 경우가 많다. 사실 PBL을 하게 되면 교사는 물론 학교와 교육청 모두 평가와 기록에 대해 기존에 갖고 있던 생각을 재고하게 된다. 그러나 동시에 새로운 평가 및 기록 방식은 물론, 성취기준이나 역량을 기반으로 하는 채점과 같은 전통적인 평가 방식과도 PBL이 잘 어울린다는 사실을 알게 된다.

PBL 성적 산출에 관해서는 교사마다 자신만의 체계와 신념이 있는 경우가 일반적이라 이를 위한 간단한 비결은 존재하지 않는다. 그러나 다음 PBL 교사들의 조언은 생각해 볼 만하다.

- 프로젝트 전체에 단일 등급이나 점수를 부여하지 않는다. 대신 프로젝트 기간 중 몇 번의 점검 시기에 이루어지는 작은 과제, 쪽지시험을 비롯한 여러 가지 평가, 중간 결과물의 점수를 매기자.
- 모둠 결과물보다는 주로 개인 수행을 근거로 해서 성적을 부여한다.
- 모둠 결과물을 아예 평가하지 않는 것도 고려해 볼 만하다. 그렇게 하더라도 자신의 작품이 대중에게 공개될 예정이기 때문에 학생들은 여전히 수준 높은 결과물을 완성하려는 동기를 가질 것이다.
- 내용지식 및 기능의 습득 점수와 성공역량 평가 결과를 구분한다.
- 진행 중인 작품이나 초고의 질은 평가하지 않는다. 해당 단계의 완료 여부에 대해서만 점수를 부여한다.

다양한 형성평가 기법 고안하기

　성공적인 프로젝트 기반 학습을 위해 형성평가가 얼마나 중요한지를 처음으로 깨닫는 순간 교사들은 큰 부담을 느낀다. 앞으로 학습을 순조롭게 진행시키기 위한 도구와 전략을 어떻게 확보해야 할지 궁금할 것이다. 그러나 선생님들 대부분은 알게 모르게 이미 다양한 형성평가 도구를 갖고 있다. 실제로 체크인, 관찰, 쪽지시험, 질문 전략 등은 교사가 학습자를 돕기 위해 자주 사용하는 것들인데, 다만 너무 자주 사용하다 보니 그것이 형성평가라는 사실을 깨닫지 못할 뿐이다.

　교사들과 함께 짧은 시간 안에 해볼 수 있는 코칭 활동을 한 가지 소개한다. '스캐터고리Scattergories'라는 게임을 본뜬 활동이다. 활동의 목적은 자신이 갖고 있는 형성평가 지식을 확인하고 동시에 창의적인 PBL 평가를 고안해 내는 것이다.

1　3~4명씩 모둠을 만든다.

2　5분 동안 형성평가 기법을 최대한 많이 생각해 내야 한다고 설명한다. 그런 다음 형성평가 도구나 방법을 말해 보게 하여 활동 방법을 이해했는지 점검한다. (예 : 퇴장권, 찬성/반대 등)

3　타이머를 5분에 맞춘다.

4　시간이 다 되면 모둠별로 생각해 낸 평가 방법 수를 보고하게 한다.

5　이제 모둠별로 돌아가며 평가 방법을 발표한다. 스캐터고리 방식

으로 하면 좋다. 즉 다른 모둠의 발표를 듣다가 자기 모둠에 같은 항목이 나오면 "우리도 그거 있는데!"라고 맞장구를 치는 것이다. 공통된 항목은 모든 모둠의 목록에서 지운다.

6 마지막에는 공통된 항목을 제외한 독창적인 형성평가 방법만이 남게 된다. PBL을 진행하는 동안 각 방법이 언제, 어떻게 학생의 학습을 지원하는 데 쓰일 수 있을지 전체가 함께 생각해 본다.

생각해 보기

이번 장에서는 효과적인 PBL 평가를 지원할 여러 자원과 실제 평가 사례들을 살펴보았다. 자신의 현재를 돌아보면서 PBL 평가 방법을 개선하기 위한 전략을 찾아보자.

- 학생들은 평가기준을 이해하는가? 아이들의 성장에 도움이 되고 수월성의 문화를 강화하는 채점기준표를 사용하고 있는가?

- 평가 계획은 형성적 평가 전략에 충분한 방점을 두고 있는가? 이번 장에 소개된 여러 형성평가 방법 중 어떤 것을 학생에게 도입할 것인가? 그렇게 해서 무엇을 배울 것으로 기대하는가?

- 모둠평가와 개인평가의 균형을 맞추기 위해 어떤 계획을 가지고

있는가? 모둠 구성원들이 공동 책임을 지도록 어떻게 돕고 있는가? 만약 모둠 산출물을 만들게 된다면 각 학생의 학습 여부는 어떻게 평가할 것인가?

- 누가 학생들에게 결과물에 대한 피드백을 제공하는가? 학생들이 동료, 전문가, 일반 청중들에게 받는 피드백의 질을 어떻게 높일 것인가?

PROJECT **B**ASED **T**EACHING

PART 6
학습을 위한 비계 제공

"사전 학습경험이나 언어 능력, 독해 능력과 관계없이
모든 학생이 PBL에서 성공할 수 있는 환경을 만들어야 한다."

애비 슈나이더존 선생님은 동학년 교사와 함께 4학년 사회와 국어의 한 단원을 재구성하면서 캘리포니아 주 역사를 간단히 복습하는 것 이상을 목표로 잡았다.

"아이들은 골드러시(1848년 캘리포니아에서 엄청난 금광이 발견되어 시작된 뒤 약 1855년까지 이어졌던 사건으로 미국 각지는 물론 해외에서 일확천금을 꿈꾸는 약 30만 명의 남녀노소가 캘리포니아로 유입되었고 그 결과 소도시였던 샌프란시스코가 대도시로 성장하였다. 이후 캘리포니아가 미국의 31번째 주로 성장하는 데 큰 영향을 주었던 사건이다. - 역자 주)나 캘리포니아 선교('캘리포니아 미션'이라고도 한다. 18세기 스페인 수도사들이 캘리포니아 해안을 따라 원주민을 정복하고 기독교를 전파시켰던 전초 기지로, 오늘날 캘리포니아 주요 도시의 기반이 되었다. -역자 주) 정도만을 기억하면서 4학년을 마치게 됩니다. 저희는 더 깊이 들어가고 싶었습니다."

이것이 바로 '위대한 캘리포니아 모험 프로젝트'의 발단이었다. 학생들은 8주 동안 모둠을 이루어 "캘리포니아는 왜 '골든 스테이트(금으로 된 주)'인가?"라는 탐구질문에 매달렸다. 학생들은 역사 속에서 '금' 관련 에피소드를 하나 골라 이를 에세이에서 논한 다음, 그 이야기를 생생하게 담아내는 짧은 창작극을 공연해야 했다.

학교 전시의 밤 행사의 일환으로 이루어진 최종 발표회에서 각 모둠은 실제 청중 앞에서 이 역사 창작극을 무대에 올렸다. 이 웅장한 피날레를 위해 인터뷰, 조사 연구, 주장하는 글쓰기, 무대 설계, 대본 작성, 대중 연설 등 여러 차례의 이정표 과제가 필요했다.

프로젝트 시작 전 슈나이더존 선생님은 자신이 가르치는 학생 28명의 배경이 실로 다양하다는 점을 염두에 두었다. 그중에는 캘리포니아 원주민인 아이들도 있었으며 미국으로 갓 이주해 온 학생들도 있었다. 해당 학년 수준의 독해력이 있거나 그 이상인 학생들이 있는가 하면 여전히 영어를 더 배워야 할 학생들도 있었다. 다만 읽기 교과의 단원 몇 개에서 아메리카 원주민, 초기 탐험가, 골드러시를 중점적으로 다루었던 덕분에 학생들은 이와 관련된 캘리포니아 주 역사 지식을 공통되게 갖고 있었다. 위대한 캘리포니아 모험 프로젝트를 통해 모든 학생들은 좀 더 분석적으로 역사에 접근하게 될 것이었다.

모든 학생의 성공을 돕기 위해 두 교사는 프로젝트 계획안에 여러 가지 교수 지원을 포함시켰다. 아울러 학생들이 힘들어할 때에는 즉시 필요한 비계를 끼워넣었다. "우리가 예상했던 것과 학생들이 실제로 필요로 했던 것 사이의 균형을 잡는 일이었지요." 슈나이더존 선생님의 설명이다.

프로젝트 기반 교수에서 비계는 모든 학생이 출발점과 관계없이 학습자로서 성장할 수 있도록 필요한 도움을 제공하는 일이다. 교사들은 학생들이 교과 내용을 어떻게 접할 것인가에서 조사 연구의 실시나 동료와 협업할 준비에 이르기까지 모든 것을 고려한다. 어떤 비계는 모든 학생들을 위한 것이기도 하지만 어떤 비계는 특정 모둠이나 개인의 요구에 맞춰 이루어진다. 사전에 준비된 비계도 있으며 어떤 것들은 필요에 따라 사용되기도 한다. 슈나이더존 선생님에 따르면 교사에게 비계에 익숙해진다는 것은 "활동 중인 학생들을 관찰하면서 그들의 요구를 파악하여 필요할 때 개입할 여러 가지 도구를 가지게 된다는 것"을 의미한다.

PBL에서 비계가 반드시 필요한 이유

학습에 대한 비계는 일반적인 교육에서도 중요한 일이지만 특히 PBL에서 모든 학생을 성공시키기 위해 반드시 필요하다. PBL에서 비계의 목적은 학생 한 명 한 명을 학습목표에 도달시킬 환경의 조성과 필요한 지원의 제공이다. 이때 학습목표는 교과 목표와 성공 기술을 모두 포함한다. 학생이 스스로 해낼 수 있는 실력과 자신감을 쌓아가면서 비계는 서서히 제거된다.

비계는 학생들이 비계가 없었다면 불가능했을 성과를 이룰 수 있게 해준다(Tomlinson, 2017; Wood, Bruner, & Ross, 1976). 개별화 교수 differentiated instruction의 권위자인 캐롤 앤 톰린슨Carol Ann Tomlinson의 설명은 다음과 같다.

개별화 수업이 이루어지는 교실에서 교사의 목표는 어떤 학생이 핵심 학습목표 대비 어느 위치에 있는지를 알아내서 그 학습자가 쉽게 느끼는 지점보다는 조금 더 멀리, 또 편안하게 여기는 속도보다는 조금 더 빠르게 학습자를 밀어붙일 학습 경험을 제공하는 일이다. 교사

213

는 학생이 노력할 수 있도록, 그리고 효율적으로 공부하도록 지도하며, 학생이 자신의 현재 수준보다 조금 어렵다고 느끼는 목표에 도전할 때 필요한 도움을 반드시 받을 수 있게 한다(2017).

평등한 교실에서는 학생의 사전 학습 경험이나 언어 유창성, 독해 실력이 성공에 장애가 되지 않는다. "모든 사람의 다음 단계가 똑같을 수는 없다는 것을, 그리고 성장하기 위해서는 누구에게나 비계가 필요하다는 점을 반드시 기억하라."고 톰린슨은 조언한다(2017). 이는 학습 능력이 우수한 학생이나 영재 아동뿐만 아니라 하위권 학습자에게도 똑같이 해당되는 말이다. 톰린슨은 "어떤 아이들에게는 생각이 필요 없는 단순한 과업을 주고, 다른 아이들에게는 선생님이 중요하게 생각하는 어려운 과업을 부여하는 패턴에 빠지기가 아주 쉽다."고 경고한다. "교사가 진정 원하는 것은 모든 학생이 필수 지식, 이해, 기능에 집중하는 일이다. 그리고 모든 아이들이 자신의 일을 해내기 위해서는 반드시 생각을 할 수밖에 없도록 만드는 일이다."

비계는 일견 복잡해 보일 수 있지만 꼭 그럴 필요는 없다. 훈련용 바퀴가 부착된 자전거를 타고 있는 한 아이를 지켜보고 있다고 생각해 보자. 바로 그 상황이 비계이다. 훈련용 바퀴는 영구적인 장치가 아니다. 즉 아이가 스스로 균형을 잡고 방향을 틀고 멈출 수 있을 때가 되면 떼어내게 되어 있다. 몇 번 비틀거릴 수도 있고 어쩌면 몇 번 넘어지기도 할 테지만, 결국 아이는 혼자서 자신 있게 두 바퀴 자전거를 탈 수 있게 된다. 교실에서 이루어지는 비계도 마찬가지이다. 학생들을 무능하게 만드는 존재가 아니라 조력자의 역할을 하는 것이다(Benson,

1997).

적절한 비계를 갖추면 PBL은 다양한 능력을 지닌 학생들에게 적절하고 쉽게 배울 수 있는 학습 방법이 될 수 있다. 그러나 PBL을 특별한 묘책이라 기대해서는 안 된다. 자기 학년 수준보다 훨씬 뒤처져 있거나 이해 격차가 매우 큰 학생들에게는 프로젝트가 진행되면서 실력을 기르고 지식 공백을 메우기 위한 특별한 관심이 필요할 것이다. 다음에 소개하는 몇 가지 사례에서 볼 수 있듯이 프로젝트 기반 교사들은 모든 학생들이 학습목표를 향해 성장해 나가게 하는 다양한 전략을 구사한다. 그리고 그 전략 중 상당수는 기존의 교수법에서도 사용하는 것들이다.

GSPBL 교수 지표

학습을 위한 비계 제공

교사가 비계에 신경을 쓰고 있는 PBL 교실에서는 모든 학생들이 제대로 된 학습에 필요한 지원을 받는다. 프로젝트 기반 교수 기준표의 학습 비계 제공 지표로는 다음 사항이 포함된다.

- 각 학생은 내용, 기능, 자료를 이용하는 데 필요한 교수 지원을 받으며, 이러한 지원은 더 이상 필요하지 않을 때 제거된다.
- 비계는 최대한 학생의 질문이나 요구에 의해 유도된다. 교사는 프로젝트 초반에 지나치게 많은 정보를 미리 제공하지 않고 학

생이 필요로 하거나 요청할 때까지 기다린다.

- 다양한 도구와 방법을 이용하여 핵심 성공 기술을 가르친다. 학생들에게는 이를 연습하고 적용하며 자신의 성장을 성찰할 기회가 많이 주어진다.
- 학생의 탐구를 위한 도움과 비계가 제공되지만, 학생이 최대한 독립적으로 생각하고 활동할 수 있게 허용한다.

'위대한 캘리포니아 모험 프로젝트' 속 비계

PBL 수업에서 비계를 제공하다 보면 친숙한 교수 전략을 활용할 기회가 생긴다. 기존의 수업에서 사용해 온 방법 - 가령, 도식조직자라든가 수준별 읽기 자료, 토의 프로토콜 등 - 중 상당수가 프로젝트 수업 때에도 유용하다.

PBL에서 비계를 효과적으로 사용하려면 당면한 학습의 어려움을 구체적으로 알아야 한다. 내용의 완전 학습을 지원하고자 하는가? 학생들이 학문적 태도를 기르도록 돕는 것이 목표인가? 협업능력 혹은 다른 성공 기술의 계발을 위한 비계를 제공하고자 하는가? 학생의 프로젝트 관리 전략을 계발하고자 하는가? 비계마다 목적은 다를 것이다. 비계가 실제 교실에서 어떻게 활용되는지 알아보기 위해 애비 슈나이더존 선생님의 '위대한 캘리포니아 모험 프로젝트' 속 비계를 자세히 살펴보자.

프로젝트 초반, 모둠을 구성할 때 슈나이더존 선생님과 동료 교사는 학생의 자료 조사 능력과 문해력에 주목하였고 그에 맞춰 내용에 대한 비계를 제공하였다. "가장 힘든 학생들의 경우 골드러시를 맡은 모둠에 배정했습니다. 그 아이들도 골드러시에 대해서는 사전 지식이 좀 있었거든요." 선생님의 설명이다. 학급 전체는 이전 단원에서 골드러시를 배웠다. 교과 내용에 대한 배경지식이 있었기 때문에 추가 지원이 필요한 학생들도 자료 조사보다는 글쓰기에 더 집중할 수 있었다.

또 어떤 모둠은 금문교의 역사를 조사하고 싶어 했다. "그 내용에 대해서는 전혀 배운 바가 없었죠. 아이들 스스로 모든 조사를 해야 하는 상황이었습니다." 금문교의 역사와 관련 공학기술을 조사하고 연구하는 일은 처음 접하는 내용을 다룰 만한 문해력과 언어 능력, 자료 조사 능력을 갖춘 아이들에게 좋은 성장의 기회로 다가왔다.

프로젝트가 진행되면서 두 교사는 특정 학습목표 달성을 위해 필요할 때마다 추가적인 비계를 도입하였다. 논설문 작성을 예로 들어보자. 어떤 학생들은 다른 사람보다 더 많은 도움을 필요로 하는데, 이 학생들에게는 글의 내용을 구성할 때 사용할 수 있는 틀을 제공하였다. 한편 특정 등장인물의 관점에서 대본을 쓰는 일에 대해서는 거의 모든 학생들이 어려워한다는 것을 깨달았다. "우리는 관점을 취한다는 것이 무엇인지에 대해 전체 학생을 대상으로 여러 번 시범을 보였습니다."

학생들이 작문 과제를 하는 동안 두 선생님은 동료 피드백의 수준을 높이기 위해 고심하였다. 학생들은 이미 작문 워크숍을 통해 피드백을 줄 때 사용할 문장완성자를 익혔다. "그렇다 하더라도 구체적인 피드백을 주는 방법에 대해서는 여전히 지도가 필요했다."고 슈나이더존 선생님은 말한다. "'이번 피드백은 무대배경이나 소품에 대한 것이 아닙니다. 이번에는 오로지 대본을 수정하는 데에만 주력할 겁니다.'라고 말하곤 했습니다. 이후의 피드백은 연기에만 집중했습니다. 공연은 어땠는지, 어떻게 하면 몸동작이나 목소리, 시선 처리를 개선할 수 있을지, 그런 것들을 말이지요." 학생들에게 특정 요소에 초점을 맞춘 피드백을 주도록 유도하였더니 결과적으로 공연 때 최선을 다하는 데 도움이 되었다.

비계 제공이라는 교사의 개입은 프로젝트가 진행되는 내내 이루어진다. 사전에 계획된 지원도 있고 학생들이 프로젝트를 진행하면서 도움을 필요로 할 때 나오는 것들도 있다. 비계에 따라서는 학급 전체에 적합한 것도 있다. 어떤 학생들에게는 특정 학습 문제를 해결하기 위해 좀 더 개별화된 개인 지도나 소집단 지도가 필요하다는 걸 형성평가를 통해 알게 되기도 한다.

교사의 입장에서 볼 때 효과적인 비계는 "학생들 모두가 잘할 수 있다고 가정하고, 아이들이 그렇게 될 수 있도록 도와줄 방법을 고민합시다."(Tomlinson, 2008)라는 교사의 긍정적인 사고방식에서 출발한다.

학생용 학습 안내서를 이용한 비계

프로젝트 진행 중 학생에게 필요하다고 예상되는 비계를 계획하려면 프로젝트의 중요한 최종 결과물에서 출발하는 '백워드 설계' 방식으로 접근하자. 벅교육협회가 제작한 학생용 학습 안내서Student Learning Guide는 여기에 적합한 도구로, 부록에 예시를 수록하였다(부록2. '학생용 학습 안내서' 참고). 기본 절차는 다음과 같다.

1 표의 가장 왼쪽 열에 주요 최종 결과물을 나열한다. 각 결과물에서 평가하고자 하는 '기준 성취기준anchor standard(모든 학년의 성취기준의 토대와 기준이 되는 성취기준으로, 학년별 성취기준은 기준 성취기준을 학년 수준에 맞게 변형하여 작성한다. 'College and Career Readiness Anchor Standards'를 줄여 쓴 말로, 원활한 대학 및 사회 생활에 필요한 능력을 바탕으로 작성되었다. – 역자 주)'을 함께 적기도 한다.

2 두 번째 열에는 각 결과물마다 이를 완성하기 위해 달성해야 하는 학습목표를 적는다.

3 세 번째 열에는 교사와 학생 모두 학습이 제대로 진행되고 있는지 파악할 수 있는 형성평가 기법이나 점검 항목을 열거한다.

4 네 번째 열에는 모든 학습자의 학습목표 달성을 지원할 교수 전략(예 : 수업, 활동, 과제, 자료 등)을 기록한다.

• 학습 안내서 작성 시 193쪽과 194쪽에 소개된 형성평가 지도 작성법을 참고하기 바란다.

여러 가지 개별화 방법 : 내용, 과정, 결과물

초등학교 고학년을 담당하는 짐 벤틀리 선생님은 본인이 가르치는 학생들의 읽기 능력이 제각각이라는 것을 경험으로 알고 있다. 하지만 그렇더라도 모든 학생이 자신이 배우고 있는 내용에 대해 토론하고 비판적으로 생각할 수 있기를 바란다. 최근 진행되었던 영상 제작 프로젝트에서 학생들은 기후 변화 과학과 유기폐기물의 재활용 관리에 관한 뉴스 기사를 읽고 있었는데, 모든 아이들이 그 내용을 이해할 수 있도록 선생님은 뉴셀라(http://newsela.com)라는 온라인 도구를 활용하였다. 이 사이트는 똑같은 뉴스 기사를 난이도에 따라 다섯 단계로 제공한다.

"누구나 기후 변화나 유기물 재활용에 대해 읽고 이야기하게 할 수 있습니다. 쌍방향 방식이기 때문에 본문에 미리 설명을 달고 학생에게 답을 하게 할 수 있죠. 그리고 이것이 모두 각 학생에게 맞는 렉사일 지수Lexile level(미국의 메타메트릭스 연구소가 20여 년 동안 약 5만 권의 책을 분석하여 개발한 수치화된 텍스트의 난이도를 가리킨다. 이 지수를 참고하여 자신의 수준에 맞는 도서를 효율적으로 골라 읽을 수 있다. 미국에서는 교과서나 학생용 추천도서에 렉사일 지수를 표시하도록 되어 있으며 숫자가 높을수록 어려운 책이다. - 역자 주)로 이루어집니다."

벤틀리 선생님의 내용 개별화 사례는 PBL에서 교사가 다양한 학습자의 요구에 맞게 수업을 조정하는 주된 방법 중 한 가지를 보여준다. 이제 내용뿐만 아니라 과정과 결과물의 개별화가 어떤 식으로 이루어질 수 있는지 알아보자.

1. 내용의 개별화

학생들은 다양한 방법으로 정보를 접할 수 있어야 한다. 벤틀리 선생님이 같은 내용을 수준별로 제시한다면, 국어 교사인 킴벌리 헤드-트로터 선생님은 만화 소설이나 오디오북처럼 몇 가지 서로 다른 매체로 내용을 제시하고 학생들이 원하는 방식을 골라 내용을 접하게 한다. 어떤 선생님들은 공유 프로젝트 웹사이트나 학습 스테이션에 다양한 자료를 정리하여 제시하기도 한다.

《So All Can Learn》(2017)의 저자 존 매카시John McCarthy는 내용 개별화를 위해 다음과 같이 제안하였다.

"영상물, 토론, 읽기 자료, 시각 자료 등 학습자가 친해질 수 있는 여러 가지 방법을 제공하자. 학습자는 적어도 그중 몇 가지는 이해할 수 있을 것이다. 한 가지 전달 매체만으로는 부족하다." 학습 스테이션을 활용하면 학생들에게 더 많은 선택권이 생긴다. 매카시의 설명을 더 들어보자. "첫 번째 스테이션에는 영상물 목록 세 개가 있고 학생들은 그중 하나를 보면 된다. 두 번째 스테이션에서는 이 분야의 전문가들이 이러한 기능을 어떻게 사용하는지 또는 이 사건을 어떻게 다루는지를 상세히 설명한다. 세 번째 스테이션에는 읽기 자료 몇 개가 있으며, 네 번째 스테이션에는 읽기 자료와 내용이 같은 듣기 파일이 있다."

셰릴 바우티스타 선생님이 가르치는 3학년 학생 중 몇 명은 영어가 모국어가 아니다. 이 학생들의 영어 수준은 초급부터 고급에 이르기까지 제각각이다. 각 프로젝트마다 선생님은 학생들의 언어적 요구를 예상하고 그에 따라 비계 계획을 세운다.

예를 들어 '작은 집 설계 프로젝트'에는 이 학생들이 모를 것 같은 수학 용어가 등장했다. 선생님은 프로젝트 초반부에 모둠 활동으로 '도형의 둘레' 같은 용어들을 소개하고 "이 말이 무슨 뜻이라고 생각하나요?"라는 질문을 던지곤 하였다. "그러고 나서 그림을 그리거나 사진을 사용해서 아이들의 이해를 돕곤 하였지요." 학생들은 각자 각 용어를 그림과 유의어, 반의어로 설명하는 용어 사전을 만들었다. "이것이 아이들 각자가 프로젝트 기간 내내 사용할 참고자료가 되었습니다."

2. 과정의 개별화

아이들은 자신이 현재 배우고 있는 것을 어떤 식으로 이해할까? 아마 학습자마다 다를 것이며, 과정의 개별화가 중요한 이유가 바로 여기에 있다. 톰린슨Tomlinson은 정보와 아이디어의 처리 방법도 학생들이 선택할 수 있게 해야 한다고 제안하였다.

교사는 연구 과제 수행 중에 배운 것을 표현하는 방법을 학생 스스로 선택하게 할 수 있다. 예를 들면 미국 혁명 초창기 영국인과 식민지인 사이의 관계를 배운 뒤 이를 표현하는 방법으로 정치 풍자만화 그리기나 신문 편집자에게 편지 쓰기, 혹은 도표 만들기 같은 몇 가지 선택지를 주는 방식처럼 말이다(Tomlinson & Allen, 2000).

레베카 뉴번 선생님은 자신이 가르치는 중학생들과 함께 과학 대화공책을 활용하여 PBL의 탐구 과정을 기록하고 필요에 따라 학생들에게 비계를 제공한다. 공책의 구조에는 비계가 녹아들어 있다(Macarelli, 2010). "(공책의) 오른쪽에 읽기 자료나 수업 내용 등 교사가 제공하는 정보가 있습니다. 왼쪽은 학생의 반응입니다. 이를 통해 아이들이 이 내용에 어떻게 반응하는지, 자신의 생각을 어떻게 표현하는지를 알 수 있습니다." 뉴번 선생님의 설명이다. 어떤 학생은 도표나 개념 지도를 그리고 내용을 적어 넣기도 한다. 데이터를 분석한 표를 만들거나 요약문을 작성하는 경우도 있다.

학생들이 자신의 생각을 어떤 식으로 표현하고 싶은지를 결정하면서 "자동적으로 개별화가 이루어지는" 셈이라고 뉴번 선생님은 덧붙인다. 선생님은 수정을 해주거나 어려워하는 학생을 지원하는 등의 필요한 후속 조치를 취할 수 있다. 과학 개념을 완전히 익혀 더 깊은 탐구를 할 준비가 된 학생들에게는 좀 더 확장된 새로운 내용을 제공할 수도 있다.

3. 결과물의 개별화

PBL에서는 프로젝트의 마지막 단계에서 자신의 배움을 표현할 때 학생들이 그 방식을 선택하는 것이 일반적이다. 매카시(2017)의 설명처럼, "우수한 결과물은 학습목표에 부합하고 학습목표의 중요한 부분을 제대로 구현해 낸 것이다. 어떤 결과물을 내놓을지 학생들 스스로 선택하게 하면 학생들은 자신이 가장 잘한다고 생각하는 방법을 찾을 가능성이 높아진다."

어떤 선생님들은 학생들에게 자신의 지식과 기능을 어떻게 표현할지에 대해 폭넓은 선택권을 제공한다. 반면 모두에게 같은 결과물을 요구하더라도 개별화의 여지는 남겨두는 교사들도 있다. 벤틀리 선생님과 슈나이더존 선생님이 그런 경우에 해당하는데, 벤틀리 선생님 반은 학생 전원이 교육용 영상물을 제작하였고 슈나이더존 선생님 반의 학생 전원은 역사 연극을 써서 상연하였다. 하지만 두 경우 모두 구체적인 소재나 대본, 무대 설계, 편집에 있어서는 학생들에게 많은 결정권이 있었다.

초등학교 저학년을 가르치는 사라 레브 선생님은 최종 산출물을 결정할 때 학생을 참여시킬 것을 강조한다. "보통, 아이들에겐 자신이 배운 것을 어떻게 표현하고 싶은지에 대한 생각이 있습니다. 우리가 도달해야 하는 핵심 학습 내용은 제가 알고 있지만, 최종 결과물에 대한 아이디어는 학생에게서 나오기를 기다립니다."

어떤 해에는 유치원 준비반(transitional kindergarten(TK라고도 부르며, 초등학교 내에 있는 유치원 입학 전 과정을 말한다. 캘리포니아 주의 경우 5세가 되면 이 과정에 입학할 수 있고 공교육 체제 안에 있어 학비는 없으며 초등학교 교사들이 가르친다. – 역자 주) 학생들을 데리고 커뮤니티 공간을 가꾸기 위한 문해 프로젝트를 진행하여 알파벳 그림책 출판으로 마무리를 지었다. 그리고 그 책을 다른 학생들의 교육을 위해 학교 도서관에 기증하였다. 이 프로젝트의 탐구질문은 "어떻게 하면 환경을 가꾸고 다른 사람들도 우리를 돕고 싶게 만들 수 있을까?"였는데, 그다음 해에도 같은 탐구질문으로 프로젝트를 하기로 했다. 그런데 레브 선생님은 새로 맡은 반 학생들 수준이 지난해보다 더 높다는 것을 알게 되었다.

"이 학생들은 사고의 깊이가 지금까지 제가 가르쳤던 아이들보다 더 높았습니다. '책임'이라는 단어가 아이들의 대화 속에서 자연스럽게 등장했거든요. 아이들은 문제를 어떻게 해결할지에 대해 비판적으로 사고하고 있었어요." 마침내 학생-교사 토의에서 학교 환경을 가꾸기 위한 구체적인 방법을 설명하는 교육 매뉴얼, 안내 비디오, 실습 수업을 만들기로 결정을 내렸다. 아이들은 나아가 일을 좀 더 수월하게 하는 혁신적인 도구들에 관한 여러 가지 아이디어를 내놓기도 하였다.

"이 아이들은 알파벳 책 제작 수준을 훌쩍 뛰어넘었습니다. 그걸 했다면 아마 일주일밖에 안 걸렸겠죠." 대신 아이들이 결정한 좀 더 야심찬 최종 결과물은 모두를 더욱 깊이 있는 배움으로 이끌었고 동시에 개별화도 달성할 수 있었다. 발화와 언어 장애, 주의력 문제 등의 학습 문제가 있던 학생은 청소하기 힘든 소꿉놀이집 구석을 청소할 빗자루라는 '놀라운 도구'를 고안해 냈는데, 디자인 씽킹 기법으로 시제품을 만들어 형태를 완벽하게 다듬었다. 읽고 쓰는 능력이 더 뛰어난 아이들은 설명문을 작성할 수 있었으며 발표력을 향상시킬 수 있었다. "그 자체로 충분히 개별화된 프로젝트였기 때문에 모든 아이들이 성장을 경험할 수 있었습니다."

학습목표에 맞춘 비계 계획 수립

프로젝트가 끝날 때까지 학생들이 알았으면 하는 것과 할 수 있었으면 하는 것을 고려하여 학습목표를 선정하고, 성취기준에 부합하는 학습이 일어났음을 보여주는 증거가 될 만한 주요 산출물도 여러 가지 생각해 냈다면 이제 할 일은 비계 계획을 세우는 일이다. 효과적인 비계 계획을 수립하기 위해서는 이들 결과물을 분석하여 어떤 지식과 이해와 기능이 필요한지를 결정해야 한다(Larmer 외, 2015).

　구체적인 학생의 요구와 프로젝트의 학습목표를 항상 염두에 두고 다양한 교수 전략을 미리 준비하여 프로젝트 기간 중 어려움이 예상되는 중요한 시기마다 학습에 대한 비계를 제공하자. 레이 아흐메드 선생님은 자신의 화학 수업에 영어를 모국어로 하지 않는 학생이 여러 명 있으며, 학습장애를 지닌 학생도 상당히 많다는 것을 알고 있다. 그러나 선생님은 학생들 모두가 어려운 과학 텍스트를 이해하고 각자 과학 연구를 수행할 수 있기를 바란다. 이것이 이 과목의 핵심적인 능력이기 때문이다. 또한 학생의 최종 프로젝트는 졸업 요건에 포함되는 졸업평가로 인정된다.

　아흐메드 선생님은 "이 수업에서는 어려운 텍스트를 많이 읽는다"고 인정한다. 일부 학생들에게 어려울 것 같다고 해서 무턱대고 그 아이들을 위해 자료의 수준을 지나치게 낮추고 싶지는 않았다. 그 대신 모든 학생들이 그 자료를 읽고 이해하는 데 도움이 될 비계를 준비한다.

　질문과 추측으로 시작하기 프로젝트 기간 중 사용할 두꺼운 자료를 나눠주기 전, 아흐메드 선생님은 학생들에게서 질문들을 이끌어내는 도입활동을 계획한다. 이는 탐구에 대한 비계도 되지만 일종의 읽기 전pre-reading 활동이 된다. 그런 다음 텍스트를 나눠주면 학생들은 이제 그 자료를 자신의 질문에 대한 답을 찾기 위해 필요한 자원으로 보게 된다. "이렇게 해서 아이들은 큰 부담 없이 읽기 자료를 훑어보면서 자기 질문에 답을 찾는 시간을 갖습니다. 정보를 얻기 위한 읽기

reading for information가 되는 거지요."

함께 읽기 "어려운 자료는 같이 읽습니다." 교사 주도하에 어려운 텍스트를 함께 읽으면서 아흐메드 선생님은 아이들에게 전문 용어를 익히게 하고 처음 접하는 과학 개념을 소개하기도 한다. 그럴 때 선생님이 시범을 보여주는 독해 전략은 향후 학생들이 혼자 자료를 읽거나 조별로 자료에 관한 토의를 할 때 적용할 수 있다.

맞춤식 추가 지원 글을 읽고 이해하는 데 추가적인 지원이 필요한 학생들에게는 아흐메드 선생님과 함께 특수교육 전문가인 협력 수업 선생님이 필요한 도움을 준다. 도식조직자나 필기 양식note-catcher 같은 도구를 이용하도록 권하기도 하고 필요에 따라서는 학생과 일대일 면담 시간을 갖기도 한다.

아흐메드 선생님은 프로젝트가 마무리 단계로 접어들어 학생들이 발표와 청중의 질의를 준비하고 있을 때 추가적인 지원을 제공한다. 영어가 모국어가 아닌 학생들은 먼저 2인 1조로 연습을 시작하여 3인 1조로, 나아가 더 많은 사람들 앞에서 발표를 하게 된다. 시간이 더 필요한 학생들을 위해서는 방과 후에 연습 시간을 잡아두기도 한다. 아흐메드 선생님은 다음과 같이 덧붙인다. "우리가 뭔가 어려운 일을 할 때 하는 말 중 하나는 '노력을 통해 똑똑해진다'는 것입니다. 이 프로젝트들이 실제로 그것을 보여줍니다."

PBL에서 영어 학습자들이 언제, 그리고 왜 힘들어하는지를 예측하는 일은 그 학생들에게 적합한 비계 계획을 세우기 위한 좋은 출발점

227

이다. 예를 들어 PBL을 하는 과정-기존의 교사 주도 학습과 다른-이 학습자 중심 학습을 경험해 보지 않은 학생들에게는 언어적 장벽이나 문화적 장벽으로 작용하기도 한다. 영어 능력의 습득은 이 집단이 가진 또 하나의 관심사이다. 프로젝트의 여러 단계에서 교사는 영어를 모국어로 하지 않는 아이들이 프로젝트 과정과 내용을 이해하고 언어적인 부분에서도 발전할 수 있도록 비계를 도입하여 이 아이들을 도울 수 있다. 〈표 6-1〉은 영어 학습자를 지원하기 위한 프로젝트 단계별 비계 전략 및 권장 사항이다. 캘리포니아 영어 발달 성취기준의 이론적 기반 및 연구의 기초Theoretical Foundations and Research Base for California' English Language Development Standards 비계 전략과 연계하였다.

캘리포니아 영어 발달 성취기준 비계 지침

1 학생의 모국어와 문화를 비롯하여 학생의 사전 지식을 고려하여 배울 내용과 연결시키기
2 시범이나 설명 같은 과업을 선정하여 순서를 정하고 유도 연습을 적절한 순서로 제공하기
3 수업 중 이해도를 자주 점검하고 연중 적절한 간격으로 발전 정도를 측정하기
4 목적에 맞는 (예 : 동기유발용, 언어학습용, 내용학습용) 텍스트를 신중하게 선정하기
5 다양한 모둠 구성 절차 제공하기
6 비판적 사고와 확장된 담화를 촉진하는 좋은 질문 구성하기
7 도식조직자, 다이어그램, 사진, 영상 등 다양한 매체를 사용하여 내용을 쉽게 접할 수 있게 하기
8 문장완성자나 말머리, 학술 용어 담벼락, 문장 틀 차트, 모범 예시 글과 같은 언어 모델을 제공하거나 학술용어나 문구를 사용하여 시범 보이기

6-1. 영어 학습자를 위한 PBL 비계

• 각 진술문 끝에 있는 숫자는 캘리포니아 영어 발달 성취기준 비계 지침 중 연계된 전략을 나타낸다.

	과정에 대한 비계	내용 학습을 위한 비계	언어 발달을 위한 비계
주안점	프로젝트의 완료와 성공을 가로막는 언어적, 문화적 장벽을 어떻게 낮출 것인가?	내용이나 기능의 완전 학습을 가로막는 언어적, 문화적 장벽을 어떻게 낮출 것인가?	프로젝트 상황 내에서 학생의 영어 기능 습득을 어떻게 지원할 것인가?
프로젝트 개시: **도입활동** **+** **탐구질문**	• 체계적인 활동을 위해 학생들에게 모둠 활동 계획을 작성하여 사용하게 한다(BIE 프로젝트 모둠 활동 계획 양식 사용).2.5 • 프로젝트 담벼락(온라인 또는 오프라인 모두 가능)에 완성할 과제와 마감 기한을 게시한다.2 • 질문 생성 기법을 사용하여 학생들에게 좋은 질문을 하는 방법을 가르친다.6 • 질문을 할 수 있도록 질문용 문장완성자를 제공한다.8 • 학생들이 만들어낸 질문을 모두 모아 분류한다. 학생들이 알아보기 쉬운 범주로 질문을 분류한다.(예 : 내용 관련 질문, 과정 관련 질문, 발표 관련 질문 등)8	• 꼭 알아야 할 내용 목록을 위한 KWL 차트7, 질문 틀, 명시적 시범8을 이용하여 이 주제에 대해 학생들이 이미 알고 있는 것을 파악하고 학생들이 새로운 질문을 하도록 돕는다.1.6 • 도입활동 시 모든 학생이 언어 수준과 상관없이 문제상황을 이해하도록 시각 보조자료(사진, 영상, 실제 사물 등)를 사용한다.7 • 체험형 도입활동인 경우(현장학습, 실습 활동 등), 학생들에게 도식조직자를 활용하여 생각을 정리하게 하거나 나중에 기억이 나도록 중요한 단어들을 기록하게 한다.7 • 가능하다면 학생들이 도입활동 중 한 일을 카메라로 찍어두게 하거나 나중에 정보를 기억하여 연계시킬 때 사용할 시각 자료를 만들어놓게 한다.7	• 도입활동으로 토의를 할 때는 교과 내용과 관련된 어휘의 뜻을 명시적으로 가르친다.2 • 프로젝트와 관련된 학술용어를 소개할 어휘 게시판을 만들어 운영한다.8 • 도입활동으로 학생들에게 다양한 종류의 글을 소개하고 글의 갈래에 따라 형식적 특징과 목적이 어떻게 다른지를 토의한다.4.8 • 부담스럽지 않은 말하기 및 듣기 연습 기회를 더 많이 제공하기 위해 학급 전체 토의 시간을 갖기에 앞서 짝이나 모둠으로 도입활동과 꼭 알아야 할 내용에 대해 토의하게 한다.5 • 도입활동이나 탐구질문, 채점기준표와 같은 프로젝트 관련 자료에서 구어나 관용어의 사용을 피하고, 꼭 필요하다면 명시적으로 가르친다.4

탐구 질문을 풀기 위해 필요한 지식, 이해, 기능의 습득	• 학생에게 친숙한 언어로 ("나는 ~ 할 수 있다."와 같은) 내용, 기능, 언어 학습을 위한 일일 학습목표를 게시하고 이를 자주 언급한다. 특정 학생들을 위해 학습 목표를 언제 개별화할지 적어둔다.2 • 프로젝트가 진행되는 전 기간 동안 다양한 모둠 구성 방법(이질적 모둠 구성, 언어 수준에 따른 구성, 2인 1조, 학생 주도 구성 등)을 전략적으로 사용한다.5	• 실습, 모둠 지도, 직접 교수 등 다양한 형태의 수업을 제공한다.7 • 수업 시간 중 수준별 텍스트를 제공한다.4 • 적절한 순서로 워크숍을 조직하고 명확한 시범 및 설명과 함께 유도 연습(guided practice : 교사의 지도가 병행된 연습 – 역자 주) 기회를 제공한다.2 • 상호 교수가 일어날 수 있도록 언어가 다른 학생끼리 짝을 짓거나 모둠을 구성하여 공부하게 한다.5 • 비공식적인 형성평가(퇴장권, 일지, 수업 보고 활동(whip-arounds : 수업 종료 시 학습자의 이해를 점검하는 다양한 활동 – 역자 주), 회의 등)를 자주 실시하도록 계획하고 그 결과를 바탕으로 수업을 조정한다.5	• 관찰법이나 성찰일지 같은 쓰기 과제를 활용하여 학생의 언어적 발달을 형성적으로 평가한다.3 • 학생별로 핵심 어휘를 꾸준히 기록할 그림 사전을 만들게 한다.8 • 다양한 말하기 및 듣기 활동을 제공한다.(생각-짝-나누기, 직소(jigsaw), 역할극, 동심원 인터뷰(inner-outer circle : 학생들이 마주 보게 하여 동심원 두 개를 만들고, 일정 시간 서로 대화를 한 뒤 안쪽 원에 선 학생들이 한 칸씩 움직이며 계속해서 짝을 바꾸며 이야기하는 활동 – 역자 주) 등)5
산출물 개발과 비평 및 탐구 질문에 대한 답	• 구조화된 비평 프로토콜 사용에 대한 시범과 실습을 실시한다.8 • 학생들이 생각과 정보를 정리할 수 있도록 생각지도(Thinking map)를 제공한다.7 • 최종 결과물과 성공 기술을 평가하기 위한 기준표를 학생과 함께 제작한다. 이렇게 만든 채점기준표는 학생과 교사 모두 평가와 성찰에 사용해야 하며, 동일한 기준표가 형성평가와 총괄평가에 사용되어야 한다.3	• 질문 생성 기법을 이용하여 학생들의 내용 이해를 높일 새로운 질문들을 만들도록 지도한다.6	• 학생들이 피드백을 교환할 때 사용할 문장완성자를 제공한다.8 • 적당한 때 모범 예시글이나 텍스트의 구조를 제시하여 글의 갈래와 그 갈래의 형식적 특징을 가르친다.8

산출물 발표 및 탐구 질문에 대한 답	• 학생들이 조별로 발표 계획을 작성하게 한다(BIE 발표 계획 양식 사용).7 • 학생들이 발표를 연습하고 피드백을 받을 기회를 여러 번 제공한다.2.3 • 학생들의 발표 연습 장면을 녹화한다. 학생들에게 그 영상물을 보여주고 이를 발표용 채점기준표와 비교하면서 개선할 점을 생각해 보게 한다.3	• 학생들이 서로의 발표를 관찰하면서 배운 내용을 정리할 수 있도록 도식조직자를 제공한다.7 • 발표 내용을 보강하고 분명하게 전달하기 위해 시각 보조자료와 멀티미디어를 사용하도록 권장한다.7 • 학생들이 구조화된 프로토콜을 사용하여 이 프로젝트가 자신이 가지고 있던 기존의 지식과 기능을 어떻게 발전시켰는지 돌아보게 한다.1	• 학생들과 함께 청중과 상황에 가장 적합한 어조, 격식, 문체를 알아본다. 학생들이 적절한 '사용역(register: 언어 사용에 있어서 다양한 격식의 정도 – 역자 주)'을 이해하도록 몇 가지 견본을 제공한다.8 • 지시, 과정 묘사, 비교 및 대조 등 발표 때 사용할 여러 가지 언어 견본을 제공한다.8 • 청중이 좋은 질문을 할 수 있게 도와줄 질문 틀을 제공한다.6

PBL과 포용성 : 모든 요구에 부응하기

특별한 도움이 필요한 학생들에게 PBL은 의미 있는 포용성을 실현하는 수단이 된다. 캘리포니아 데이비스 소재 PBL 고등학교에서 특수 보조교사로 근무하는 크리스틴 율리아즈 선생님에 따르면 "프로젝트의 모든 설계 요소와 프로젝트 기반 교수 핵심 실천은 흥미롭고 역동적이면서도 매우 다양한 장애를 지닌 학생들의 요구에 가장 적합하다고 알려진 학습 환경 조성을 목표로 한다."(Kristin Uliasz, 2016)고 한다. 율리아즈 선생님이 추천하는 성공적인 방법 몇 가지를 소개한다.

교사들의 협업 특수교사와 일반 교과 교사가 팀을 이루어 함께 프로젝트를 계획하고 실행하면 모든 학생이 혜택을 누릴 수 있다. 예를 들어 율리아즈 선생님은 자신이 가르치는 학생들의 특수한 요구를 잘 알고 있기 때문에 프로젝트 기간 중에 그 아이들이 필요로 할 법한 수업적 지원을 제대로 요구할 수 있다. 전문적인 교과 내용은 일반 교과 교사에게 의지한다. "우리가 머리를 맞대고 지혜를 합치면 프로젝트 설계 초기 단계에서 다양한 학생들에게 필요한 것들을 예측하여 이를 추가할 수 있다"(2016)는 것이 선생님의 설명이다.

개별화 수업 율리아즈 선생님에 따르면 PBL의 혜택 가운데 하나가 바로 자연스러운 개별화가 가능하다는 점이다. "프로젝트 내에서 다른 경로를 선택하여 다른 관심사를 탐구할 수 있다는 것은 같은 시공간에 있는 학생들이라도 서로 다른 공부를 할 수도 있다는 것을 뜻한다. 이런 환경은 부족함이 있는 학생이 도움을 받는다는 낙인 효과를 약화시키며, 학생을 배움의 주인으로 이끄는 개성과 자기관리의 문화를 강화한다."(2016)

IEP 학습목표 포함 개별화 프로젝트 전 과정에 IEPIndividualized Educational Program(장애 아동의 능력 계발을 위해 장애 유형 및 개인의 장점과 약점을 고려하여 실시하는 교육 프로그램 – 역자 주) 학습목표를 포함해 보자. 이렇게 하면 그러한 능력을 수업에서 일관성 있게 다룰 수 있다. PBL 교실에서 핵심 성공 기술에 주력하면 실제적이고 자연스러운 상황에서 이러한 능력을 기를 일상적인 기회가 주어진다.

모든 학생의 요구가 수용되는 포용성이 보장되는 교실에서 PBL이 실시되면 학생들에겐 꼬리표가 붙지 않는다. 화학 교사 아흐메드 선생님과 협력 교사는 학생들을 "내 학생", "남의 학생"으로 편을 갈라 대하지 않으려고 조심한다. 아흐메드 선생님은 특수교사인 동료가 장애 학생만을 가르치게 하기보다는 "학생 모두가 우리 책임"이라는 태도로 접근하는 방식을 선호한다. 동료는 장애 학생에게 필요한 도구와 전략에 대한 지식을 제공하는데, 사실 이는 비장애 학생에게도 도움이 되는 것들이다. 아흐메드 선생님은 "제 역할은 아이들이 가진 모든 재능을 발휘하게 하는 문화를 만드는 일입니다."라고 덧붙인다.

톰린슨 등이 제안한 비계 사례 몇 가지를 더 소개한다(Alber, 2014; Tomlinson, 2008 Rebora가 인용).

학습 전략의 시범 어항 활동fishbowls이나 소리 내서 생각하기thinking-alouds를 사용하여, 그리고 학생의 작품 몇 개를 공유하는 것으로 학습 전략의 시범을 보여준다.

사전 지식 활용 학생들의 직감을 공유하게 한다든지 꼭 알아야 할 질문을 작성하게 하거나 KWL 차트를 만들게 하여 사전 지식을 활용하고 학생의 문화적 지식과 연결시킨다.

토의의 구조화 생각-짝-나누기, 보고-생각하고-궁금해하기, 소크라테스식 토의 등을 사용하여 토의를 구조화한다. 수업 대화 때 사용할 문장완성자를 소개하고 이를 눈에 띄는 곳에 게시하여 모든 학생들이 토의 중 필요할 때 쉽게 볼 수 있게 한다. 예를 들어 반대 의견을 낼 때 사용하는 문장완성자로는 "그 문제에 대한 다른 시각도 있습니다."라든가 "무슨 말인지 알겠습니다. 그런데 혹시 ~에 대해서는 생각해 보셨는지요?"와 같은 말들이 있다.

모둠 활용 가능하다면 이중 언어 학생들을 영어가 모국어가 아닌 학생들과 같은 모둠에 넣는다. 이 학생들이 친구의 발음이나 내용, 자신감 형성에 도움을 줄 수 있다.

핵심 어휘 지도 사진, 비유, 은유, 그림 등으로 핵심 어휘를 미리 가르친다. 이 방법은 영어 학습자에게 특히 도움이 되는데, 프로젝트가 진행되면서 학술 용어 지식을 쌓아갈 수 있기 때문이다.

시각 보조자료 활용 도식조직자나 단어 벽word wall과 같은 시각 자료를 소개한다. 수학이나 과학 교사들은 미니 화이트보드에 학생들이 문제해결과정을 보여주게 한다.

기술 도구 활용 디지털 수업을 위한 하이퍼독스HyperDocs나 탐구 과정의 비계 역할을 하는 대화형 일지, 적시 학습을 위한 스크린캐스트와 같은 정보화 도구를 활용한다.

추가 지도 실시 워크숍과 간이 수업을 제공하여 프로젝트의 성공에 필요한 핵심 기능 및 이해가 추가적으로 필요한 학생들을 지원한다. 학생 스스로 워크숍을 선택하기도 하고 형성평가 결과에 따라 권고를 받기도 한다.

PBL 비계는 대부분 여러 가지 도구와 방법을 섞어서 실시한다. 새라 레브 선생님은 PBL 학습 활동 계획을 수립할 때 비계를 포함시켜 유치원 준비반 학생들을 성공으로 이끈다. 영어 학습자나 시각 선호 유형 학습자에게 도움이 되는 도식조직자 같은 물리적인 방법 이외에도 학생의 질문과 발언을 활용하여 다른 학생들의 사고 과정을 도와주기도 한다.

"만약 지금 학생 서너 명이 토의에 참여하고 있다면 그 아이들이 하는 말을 비계로 활용할 수 있습니다. 어떤 아이가 한 말을 반복하고는 '그 얘기를 들으니 ~ 생각이 떠오르네요'라는 식으로 말이지요. 아니면, '얘들아, 방금 알렉이 멋진 아이디어를 냈어.'라든가 '몰리는 이런 질문이 있구나.' 같은 말을 하죠. 제가 아이들에게 바라는 것을 직접 보여주는 것과는 다릅니다. 어른한테서 나온 게 아니라 친구한테서 나온 거죠. 그게 아이들에겐 유인책이 된다고 생각해요. '나도 할 수 있겠구나.' 이런 생각을 하게 만드는 겁니다."

적시에 제공되는 비계

같은 프로젝트를 하더라도 어떤 학생은 막혀서 잘 해내지 못하지만 더 뻗어나가야 하는 학생들이 생기기도 한다. 비계를 제때 적절히 잘 사용하면 맞춤형 지원이나 도전 과제를 제공하여 학생들이 당면한 요구를 해결할 수 있다.

텔라니아 노르파 선생님의 미적분 준비 수업을 예로 들어보자. 이 수업에서는 실제 지역 주민인 의뢰인에게 재정 계획안을 제공하는 프로젝트가 한창이었다. 고객의 요구는 다양했다. 자녀의 대학 교육 대비 저축과 관련하여 조언을 구하는 가정이 있는가 하면 은퇴 계획이나 주택 구입 자금 마련 저축에 관심을 두는 가정도 있었다. 어떤 가정은 재무 목표가 여러 가지였다.

프로젝트 개시 단계에서 노르파 선생님은 학생들에게 사진을 보여주고 이야기를 곁들여 의뢰인들을 소개했다. 이들이 실제로 존재하는 사람이라는 사실 – 수학책에 나온 과제가 아니라 – 을 깨닫자 아이들의 관심이 높아지는 것이 느껴졌다. 아이들은 이들을 실제로 만나게 된다는 사실을 알고는 더욱 흥분했다. 또 여러 학생들이 자신의 재정 형편과 연관시켜 생각하기도 하였는데, 이것이 흥미를 더욱 고조시켰다.

"우리 학생 대부분이 가족 중 최초로 대학에 진학할 아이들입니다. 이 말은 대학에 어떻게 가는지를 말 그대로 본인이 스스로 알아서 해야 한다는 뜻이지요. 금전적 부분을 비롯해서 일이 어떻게 진행되는지 아는 사람이 가족 중에 아무도 없거든요. 그렇기 때문에 다른 가정을 돕는 형태를 띠고 있지만 동시에 우리 아이들이 대학 진학을 이해할 수 있도록 돕는 셈입니다. 아이들에겐 이 프로젝트가 개인적인 의미를 지닙니다."

그러나 막상 수학 문제 풀이가 시작되자 초창기의 흥분은 사그라들기 시작했다. 학생들은 갑자기 지수함수, 로그함수, 유리함수를 이해하여 의뢰인의 목표와 현재 재정 상태에 맞춘 재정 계획 수립에 적용해야 하는 상황에 처했다. "이 함수의 원리를 이해하지 못하면 여러분은 된통 당하게 될 겁니다." 노르파 선생님은 학생들에게 경고했다.

일제식 수업에서 선생님은 금융 계산에 필요한 일반 공식을 가르쳐 주었다. 이제 학생들이 할 과제는 그 공식을 조작하여 자신이 담당하는 의뢰인의 상황에 적용하는 일이었다. 선생님은 꼭 알아야 할 내용에 관한 토의 때 드러난 방해물에 깜짝 놀랐다. "많은 학생들이 '어떻게 하면 이걸 쉽게 할 수 있을까?'를 알고 싶어 했어요. '망했다!'는 생각이 들었습니다." 선생님은 웃으면서 당시 상황을 회상했다. "그렇지만 모든 것을 다 도와줄 생각은 없었습니다."

선생님은 형성평가 결과를 통해 일부 학생은 스스로 공식을 세울 수 있을 만큼 수학 개념의 이해가 충분하다는 것을 파악했다. 그런 아이들에게는 지속하기 위한 격려 정도가 필요했다. 끈기를 독려하는 말 한마디, 의뢰인이 기다리고 있다는 사실을 상기시키는 한마디, 이 정도가 그 아이들에게는 충분한 비계였다.

다른 아이들은 수학 때문에 고생하고 있었다. 그 아이들에게는 간이 지도, 워크숍, 공식 풀이 시범과 같은 선생님의 즉각적인 조력이 필요했다. 의뢰인의 재정 계획 수립을 재개하기 위해서 "그 아이들에겐 교과 공부가 더 필요하다"는 것을 선생님은 깨달았다.

이제 프로젝트 중 추가적 비계가 필요한 두 가지 학습목표, 성공 기술과 학문적 사고를 들여다보자.

성공 기술을 위한 비계

설계와 계획 단계에서 우리는 프로젝트의 학습목표를 확인할 때 내용 숙달과 함께 특정 성공 기술에 주목했었다. 학생의 협업능력, 비판적 사고, 의사소통능력, 창의성을 높이는 것은 프로젝트의 일반적인 목표이다. 소위 '4C'라 불리는 이 역량은 학업능력과 함께 대학은 물론 직장과 사회생활 대비를 위한 필수 요소이다. 마찬가지로 목표 설정, 집중력 유지, 효과적인 시간 관리와 같은 자기관리능력 또한 PBL에서 학생의 성공을 돕는 요인이며 이는 삶에서도 중요하다. 그런데 이 능력이 학생들에게서 저절로, 혹은 모두 같은 속도로 발달할 거라 생각해선 안 된다. 오히려 필요에 따라, 그리고 형성평가 결과를 바탕으로, 학생들이 목표하는 성공 기술을 더욱 계발하고 자신감을 갖도록 지원하는 비계를 제공해야 한다.

프로젝트가 진행되는 동안 계발하고자 하는 성공 기술에 대해서는 필요한 비계를 계속해서 제공하자. 예를 들어 협업능력이 학습목표라면 모둠 활동에 대한 비계를 어떻게 제공할 것인지, 비판적 사고력을 목표로 한다면 믿을 만한 근거를 바탕으로 주장을 전개하거나 인과관계를 이해할 수 있도록 어떤 지원을 할 것인지 등 목표로 하는 성공 기술과 관련하여 학생의 이전 경험에 관심을 가지고 혹시 어려움이 없는지 주의 깊게 살피면서 그에 따라 비계를 계획해야 한다.

성공 기술 중에서도 학생들이 특히 어려워하는 부분은 프로토콜과 루틴을 활용해 보자. 예를 들어 모둠 내에서 합의를 도출하는 일은 협업의 중요한 한 가지 측면이다. 합의는 '다수결의 원칙'이나 '목소리 큰 사람이 이기기'와 다르다는 사실을 학생들이 이해해야 한다. 진정한 합의가 되려면 다양한 생각을 경청하고 모둠 전체가 지지하는 결정에 도달해야 한다. 사회 교사 에린 브랜드볼드 선생님은 학생들이 혁명 프로젝트에 쓸 채점 가이드에 대한 합의를 도출할 때 '갈수록 커지는 모둠(GOILS)'이라는 프로토콜(181p 참고)을 사용했다.

불분명한 구석 없이 깔끔하게 합의를 도출할 수 있는 프로토콜의 예로 '다섯 손가락Fist to Five'이 있다(Boss, 2013). 학생들은 어떤 사안이나 결정에 대한 자신의 입장을 다음 수신호를 사용해서 표현한다.

- 주먹 : "절대 안 돼. 이 문제에 대해서는 더 이야기해서 달라지는 게 있어야 찬성할 수 있어."
- 한 손가락 : "반대 쪽에 가까워. 여전히 이야기를 더 해서 바꾸고 싶어."
- 두 손가락 : "보통이야. 이 제안이 괜찮다고 생각은 하지만 사소한 몇 가지는 바꿨으면 해."
- 세 손가락 : "괜찮다고 생각해. 100% 동의하는 건 아니지만 더 이상의 논의 없이도 찬성할게."
- 네 손가락 : "찬성. 좋은 생각/결정이라고 생각해."
- 다섯 손가락 : "대찬성! 정말 좋은 생각이고, 이걸 실행하는 데 앞장서겠어."

손가락을 세 개 이하로 든 모둠원들에게는 자신이 우려하는 바를 토로할 시간이 주어진다. 토의는 모든 모둠원이 손가락 세 개 이상을 들 때까지 계속된다.

만약 가르치고자 하는 성공 기술이 비판적 사고라면 다음과 같은 문장완성자가 학생의 논증 능력을 위한 비계가 된다.

- "요점이 뭔지 알겠습니다만, 다른 생각도 있습니다."
- "~ 는 생각해 보셨나요?"
- "저는 반대합니다. 왜냐하면 ~"

창의성을 가르치고 싶다면 아이디어 생성을 위한 비계가 필요하다. 효과적인 브레인스토밍 방법을 직접 보여주거나 자신의 생각을 밖으로 꺼내서 이야기할 수 있도록 간단한 그림이나 스토리보드를 활용하는 방법을 가르칠 수 있다. 또 게임이나 퍼즐로 창의적인 사고를 가동시키기도 한다.

짐 벤틀리 선생님은 교육용 영상 제작을 위해서 먼저 재활용에 대해 창의적으로 접근할 필요가 있었다. 선생님은 이 프로젝트에 근본적인 어려움이 있었다고 말한다. 즉 "사업체로 하여금 부담으로 다가올 수 있는 일을 하도록 어떻게 설득할 것인가? 우리는 사업주들의 마음을 움직일 창의적인 사례들을 생각해 내야 했습니다."

창의성을 지원하기 위해 선생님은 먼저 모둠별로 최대한 많은 아이디어를 내놓게 했다. 학생들에게 수정이나 검열을 하느라 머뭇거리지 말고 아이디어를 내놓도록 지도하면서 발산형 사고를 독려하였다. 모둠별 브레인스토밍이 끝나면 학급 전체로 아이디어를 토의하고 토론하는 시간을 가졌다. "그런 과정을 거쳐 우리가 원하는 일곱 가지 이야기를 합의하여 결정했습니다. 모둠별로 이야기를 하나씩 맡았지요."

새라 레브 선생님은 문제해결능력을 위한 비계로 디자인 씽킹 기법을 가르쳤다. 스캠퍼SCAMPER(Substitute, Combine, Adapt, Modify, Put to another use, Eliminate, Reverse : 교체, 결합, 개조, 수정, 용도 변경, 제거, 반전) 같은 디자인 전략은 학생들이 창의적인 해결책을 고안해 낼 때 도움이 되는 비계이다. 당시 환경보호에 관한 프로젝트가 한창 진행 중이었는데 한 남학생이 특정 작업에 도움이 되는 도구 하나를 만들어보자는 제안을 했다. 그 학생이 낸 아이디어는 다른 아이들의 창의성을 촉발시켰다. "그때 디자인 씽킹 기법을 사용했습니다. 나온 아이디어를 그려보고 시제품을 만든 뒤 서로 보여주었습니다."

학생의 의사소통기술을 위한 비계로는 효과적인 말하기와 듣기 기술이 주는 혜택을 학생들이 이해하기 쉽도록 시범을 보여주거나 어항 활동, 또는 역할극을 이용한다. 가령 학생들이 전문가와의 만남을 앞두고 있다면 일제식 수업으로 좋은 인터뷰 질문과 후속 질문에 대해 공부하고 전문가들을 만나기 전 친구를 인터뷰하는 연습을 해보게 하자.

프로젝트가 종반부로 접어들게 되면 실제 청중에게 학습 결과를 선보이는 일에 대한 긴장감이 학생들 사이에서 감지될 것이다. 이를 위해 실제 행사 전에 긴장을 덜한 상태로 연습할 수 있는 시간을 충분히 확보하자. 처음에는 다른 모둠 앞에서 발표를 하게 하거나 발표 모습을 녹화하여 자기평가를 해보게 한다. 그런 다음 좀 더 섬세한 수정과 연습을 거친 뒤 모둠별로 반 전체 앞에서, 또는 다른 반에 가서 발표를 해볼 수 있다. 각 발표 때마다 청중들이 건설적인 피드백을 제공하는 방법을 알고 있는지 확인해야 하며, 학생들이 피드백을 적용하여 발표를 개선할 시간도 반드시 확보해야 한다.

학생의 자기관리능력을 기르기 위해서는 프로젝트를 하면서 스스로 일의 흐름을 관리하는 독립적인 학습자가 될 수 있도록 달력, 프로젝트 과업 점검표project tracker를 비롯한 여러 가지 프로젝트 관리 도구를 사용하도록 도와주어야 한다.

수학 프로젝트 진행 도중 텔라니아 노르파 선생님은 많은 학생들이 스스로 공부하는 데 어려움을 겪고 있음을 알게 되었다. "모둠 친구들과 스스로 공부를 해보려고 했지만 잘 되지 않았습니다. 자기들끼리는 잘 되지 않으니 선생님이 개입해 주었으면 한다고 하더군요. 그래서 다시 모였고 잠깐 동안 다시 제가 주도권을 잡았습니다."

이때 적용했던 비계는 모둠 계획 수립 지침이었는데 효과적이었다. 그 지침에는 학생들이 모둠 내에서 맡을 구체적인 역할, 이를테면 의사소통 감독, 수학 감독, 프로젝트 감독 같은 지위와 의무가 설명되어 있었다. "저는 매일 각자가 프로젝트에서 어떤 일을 맡고 있는지를 기록할 빈 양식을 나눠줬습니다." 노르파 선생님은 자신에 대한 책임과 서로에 대한 책임을 지는 법을 배우기 위해서는 그 양식이 필요하다고 생각했다.

한편, 좀 더 자기주도적이고 의욕이 있으며 이미 앞서 나갈 준비가 된 학생이 두 명 있었다. 그 학생들에게는 일일 과업 알림 장치 같은 것들이 필요하지 않았다. 노르파 선생님은 그 학생들이 좀 더 빠른 속도로 학습을 진행할 수 있도록 독려하는 한편 처음에 작성했던 질문 목록을 참고하여 추가적인 연구를 해보도록 유도했다.

베테랑 PBL 교사들은 학생들이 실패 속에서도 배움의 기회를 포착할 수 있게 해준다. 화학과 레이 아흐메드 선생님의 사례를 살펴보

자. 11학년 두 번째 학기가 되면 선생님은 학생 스스로 관심 있는 문제를 중심으로 프로젝트를 설계하는 상당한 재량권을 준다. "어떤 아이들은 자기가 생각해 낸 주제에 대해 너무 들떠 있어서, 제가 그 아이디어를 다듬을 수 있도록 어떤 도움을 줄지 준비가 안 된 상태라도 일단 시작은 하게 내버려둡니다. 만약 도중에 실패하면 아이들은 그게 별로 좋은 생각이 아니었다는 걸 깨닫지요. 그때서야 비로소 이야기를 시작합니다. 하던 일을 중단하고 방향을 바꿔야 할까? 이 프로젝트에 우리가 수정해서 개선할 부분이 있을까? 우리가 확장할 수 있는 것들은 무엇일까? 저는 어른들도 (과학 연구에서) 이런 식으로 한다고 아이들에게 알려줍니다. 어른들도 연구를 하면서 만나는 딜레마와 씨름해야 한다고요. 이제 우리에게 함께 배울 기회가 생겼다고 말입니다. 아이들과 이런 것들을 함께 생각하는 건 굉장히 가치 있는 일입니다." 그리고 이런 것들이 바로 위험을 감수하는 학습 문화를 강화한다고 선생님은 덧붙인다.

학생들과 체크인을 자주 실시하면 문제를 일찍 파악하여 재정비할 시간이 생긴다. 실패에서 회복할 수 있도록 돕는 일 또한 비계의 중요한 부분 중 하나이다. 아흐메드 선생님은 학생들과 일대일 대화를 통해 어려움 속에서도 버텨내는 정신력을 기르도록 도와준다. 학생들이 자신의 능력을 활용하여 위험을 감수하고 실패를 극복한다면 이는 화학 이상의 것을 배우는 셈이다. "'내가 내 프로젝트의 주인이야'라고 깨달을 때 그 아이들은 '내가 바로 내 삶과 내가 내리는 결정의 주인'이라는 걸 배우고 있는 겁니다."

학생들이 성공 기술로 자신감을 얻게 되면 더욱 독립적이고 자기주도적인 학습자로서 자신이 얼마나 성장했는지 성찰해 보도록 격려하자.

발표 기술 가르치기 ─────

프로젝트가 진행되면서 교사와 학생의 에너지 대부분이 결과물을 완성하고 탐구질문에 대한 결론에 도달하는 일에 집중되기 마련이다. 그래서 발표 기술을 가르쳐야 할 필요성을 간과하기 쉽다. 물론 학생의 결과물을 공개하는 방법은 여러 가지가 있으며, 모든 프로젝트에 청중을 대상으로 하는 발표가 필요하지는 않다. 그러나 막상 학생들이 자신의 학습 결과를 청중과 공유할 때 발표가 형편없으면 그 행사의 가치를 떨어뜨릴 수 있다는 점을 유의해야 한다.

학생의 발표력을 증진시키려면 다음 사항을 명심하기 바란다.

- 학년 초, 프로젝트를 시작하기 전에 말하기 능력과 여러 가지 발표 매체 사용법을 가르쳐보자. 이렇게 하면 프로젝트 기간 중 시간을 절약할 수 있다.
- 말하기를 잘한다는 것이 어떤 것인지를 학생들이 이해하도록 도와주자. 이를 위해 채점기준표를 함께 작성하거나 기존의 기준표를 나눠준 뒤 이를 바탕으로 테드TED와 같은 발표 몇 개를 평가해 보게 한다.
- 감정 표현, 이야기 전개, 흔한 언어 오류 방지, 시선 처리 등 특정

말하기 기술을 향상시키기 위한 수업이나 자료를 제공하고 유도 연습의 기회를 주자.

- 효과적인 포스터나 화면 배치, 멀티미디어 그래픽 제작을 위한 시각자료 디자인 기술을 향상시켜주는 자료와 견본에 대한 관심을 유도하자.

- 상황, 과업, 청중에 맞춰 자신의 화법과 발표를 조정하는 방법을 반드시 이해시킨다.

- 발표를 여러 번 연습하게 한다. 두 모둠씩 짝을 지어 서로 발표를 해보거나 학급 전체가 청중이 되어 그 앞에서 발표를 하고 피드백을 받는다. 또는 자신의 발표를 녹화한 뒤 스스로 평가하는 방법도 가능하다.

- 학생들에게 발표 계획용 양식을 제공한다. 〈표 6-2〉는 초등학생 또는 중학생용 예시이다.

6-2. 학생용 발표 계획서

- 발표 주제 :
- 청중은 누구인가?
- 나는 청중이 무엇을 배우기를/느끼기를/하기를 바라는가?
- 발표를 어떻게 시작할 것인가?
- 발표의 중간 부분에는 어떤 내용을 둘 것인가?
- 발표는 어떻게 마무리할 것인가?
- 재미있는 발표를 위해 무엇을 할/보여줄 것인가?

학문적 사고를 위한 비계

PBL에서 학생들은 자주 실제 역할을 맡게 된다. 자신이 직접 과학자, 수학자, 역사가, 건축가, 엔지니어, 다큐멘터리 제작자, 작가가 되어 문제를 해결하거나 독창적인 제품을 개발하는 역할을 해내는 일이 아이들에게는 어려울 수 있다. 이를 위해서는 전문가가 자신의 분야에서 어떤 식으로 사고하는지를 알아야 한다.

PBL 경험이 많은 중학교 교사 톰 네빌 선생님이 중요하게 생각하는 학습목표 한 가지는 모든 학생들에게서 확고한 역사적 사고를 계발하는 것이다. 몇몇 프로젝트에서 학생들은 대단히 지역적인 문제에 집중하였는데, 워싱턴 DC에 있는 한 골목의 역사를 조사해서 기록하는 프로젝트도 있었다. 범위가 좀 더 넓은 프로젝트들도 있었다. 기념비 프로젝트의 경우 여러 나라의 학생들이 외국에 묻힌 1차 세계대전 참전 미군의 이야기를 알리기 위해 협력해야 했다.

학생들이 역사학자처럼 사고하고 연구할 수 있도록 네빌 선생님은 기존에 자신이 사용하던 여러 가지 수업 도구와 프로토콜을 수업에 도입하였다. 이들 중 상당수는 역사 수업용으로 개발된 것들인데, 탐구하는 문화를 강화하면서 학생들의 학습목표 달성을 돕기 위해 PBL 수업에서 이들을 전략적으로 사용하였다. 특히 선생님은 엘리노어 덕워스Eleanor Duckworth가 개발한 비판적 탐구법Critical Exploration approach(www.criticalexplorers.org)에 주목한다. 이 접근법의 장점은 "학생들로 하여금 끈기 있게 관찰하고, 다른 사람들이 볼 수 있는 구체적인 증거에 기초하여 의견을 내고, 다른 사람들이 관찰한 바를 경청하고, 관찰로 얻은 것들 사이의 경향성을 파악하고, 답을 모른다는 것을 털어놓는다든지 그런 상태에 있는 것을 편안하게 받아들이고, 항상 내가 깨닫지 못했거나 몰랐던 것이 더 있을 수 있다는 생각을 받아들이도록" 가르치는 데 있다고 선생님은 말한다.

또한 네빌 선생님은 학생의 탐구에 대한 비계로 바른질문협회 Right Question Institute에서 개발한 '질문생성기법Question Formulation Technique(http://rightquestion.org/education)'을 사용한다. 아울러 동료 피드백용 비평 프로토콜을 비롯해 학문적 사고를 증진시키는 데 필요한 여타의 프로토콜도 사용한다. "이 모든 것들이 근거에 대해 생각하는 체계를 마련해 주며 일 년 내내 이루어지는 체크인을 위한 기준점이 되어줍니다." 네빌 선생님의 설명이다.

새로 접하는 프로토콜에 익숙해지는 과정이 처음에는 느리게 느껴지기도 한다. 하지만 이는 투자할 만한 가치가 있는 시간이다. 시간이 흐르면서 학생들은 프로토콜을 사고를 도와주는 도구로 인식하게 된다. "이들 프로토콜을 통해 학생들은 천천히 생각하는 법slow thinking에 적응합니다. 신중하고 정제된 질문을 장려하고 폭넓은 근거와 관점에 대한 개방성을 증진시키며 정직한 피드백을 주고받는 능력을 만들어내고 학생들을 끊임없이 숙고하고 반복하도록 몰아붙이거든요."

화학 교사 레이 아흐메드 선생님 역시 제자들이 전문 과학자처럼 사고하고 연구하기를 바란다. 과학적 사고의 한 가지 특징은 실험으로 검증할 수 있는 질문을 던지는 것이다. 이것이 쉽지 않다는 것을 선생님도 안다. 특히나 학생들에게 화학 연구 수행이 처음일 때에는 더욱 그렇다. 학생들이 저널의 논문을 비롯한 다른 원자료를 읽으면서 배경지식을 쌓는 동안 선생님은 "내가 알고 싶은 것은 무엇인가?

내가 알아야 할 것은 무엇인가?"(〈표 7-1〉 참고) 같은 질문 프로토콜을 사용한다. 학생들은 각자 질문 목록을 만들고 난 뒤 이를 쉽게 답할 수 있는 질문과 조사가 필요한 질문, 그리고 닫힌 질문과 열린 질문으로 분류한다.

학생의 탐구를 돕기 위해 아흐메드 선생님은 매년 첫 프로젝트를 화학 실험에 적합한 질문거리가 많은 실생활 문제로 시작한다. 최근 사용했던 사례는 미시간 플린트 지역에서 벌어졌던 식수 오염 사태의 원인을 밝혀내는 일이었다. "부식 억제제란 무엇이며, 어떤 것이 가장 좋은 부식 억제제인지 알아내야만 했기 때문에, 일종의 강제 선택형(몇 가지 항목 중 강제로 고르게 하는 평정 방법. 이 프로젝트에서 가장 중요한 질문의 경우 학생에게 선택권이 없었다는 사실을 이렇게 표현함 – 역자 주)이었다."고 선생님은 인정한다. 주제가 소개되자 학생들은 각자 질문을 만들기 시작했다. "첫 질문 이후에는 모든 것, 일테면 자료 선정, 실험 계획 방법, 수집하고자 하는 데이터 종류, 원하는 데이터 분석 방법을 아이들에게 전부 맡겼습니다."

이 수업을 듣는 학생 중 상당수가 영어를 모국어로 하지 않는 아이들이다. 전문가의 검토를 거쳐 실제 청중에게 공개할 이 학생들의 최종 결과물은 "이 아이들이 있는 모습 그대로 존중받으면서 진정 고차원적 사고를 할 수 있다는 것을 잘 보여줍니다."라고 선생님은 말한다.

UCLA 교육대학원 전임강사로서 블로그 '에듀토피아Edutopia'를 운영하는 레베카 알버Rebecca Alber는 교사들에게 설사 일의 진행을 더디게 만들더라도 학습자를 지원할 시간을 확보하는 지혜가 필요하다는 점을 다시 한 번 강조한다.

"저는 선생님들에게 빨리 가기 위해서는 속도를 줄여야 한다는 이 야기를 자주 합니다. 수업 때 비계를 제공하는 일은 사실 가르치는 데 시간이 많이 걸릴지 모르지만 최종 산출물은 훨씬 수준이 높고, 관련 된 모두에게 훨씬 보람 있는 경험을 선사합니다(2014)."

교사의 성장을 위한 비계 ——————

교사들의 PBL 지원에 대한 요구는 대단히 다양하며, 학생과 마찬 가지로 교사 역시 개별화를 통해 혜택을 얻는다. 수업 컨설턴트 앤드 류 밀러(Andrew Miller, 2017)는 PBL 실천과 관련한 교사의 배움을 촉 진시키기 위한 맞춤형 전문성의 개발을 위해 다음과 같이 주문한다.

교육에서 아이들의 의사와 선택권이 존중받아야 하듯, 교사의 선택 권 또한 존중되어야 한다. 선생님들 또한 PBL을 더 잘 구현하는 법을 어떻게 배울 것인지에 대해 자신의 의견과 결정권을 존중받을 자격이 있다. 우선 모든 교사는 전문성 신장이라는 측면에서 모두 서로 다른 위치에 있다. 선생님들에게는 프로젝트 계획과 관련된 연수가 필요할 것이다. 또는 일체화를 위해 성취기준 분석이 필요할지도 모른다. 아 울러 선생님들은 어떤 프로젝트의 특정 이정표 과제를 다른 사람들은 어떻게 실행하는지 직접 보는 것을 중요하게 생각한다. PBL 코칭 메 뉴(〈표 6-3〉 참고)로 실험을 했을 때 내가 알게 된 것은, 선생님들은 선택 그 자체를 즐기기도 하지만, 활동을 위해 쏟아야 하는 노력 정도가 다양하다는 점 또한 좋아한다는 사실이다. 이처럼 교사의 의사와 선택권을 존중하면 코칭 과정에 대한 진입 장벽이 낮아지기 때문에 선생님들이 코칭에 참여할 가능성이 생긴다.

6-3. PBL 코칭 메뉴

수업 코칭 메뉴

선생님의 경력에 관계 없이 선생님께서 필요로 하는 전문적인 학습을 제공하고자 합니다. 이 메뉴에 있는 활동은 언제든지 원하는 순서대로 골라 사용하시면 됩니다.

애피타이저

프로젝트 아이디어 생성

편안한 시간에 컨설턴트를 만나 프로젝트가 될 만한 문제, 결과물, 탐구질문을 위한 브레인스토밍 시간을 가진다. 짧은 시간에 훌륭한 프로젝트 아이디어를 내보자.

동료의 수업 참관

동료 중 PBL을 잘하는 교사가 있는가? 컨설턴트에게 잠시 수업을 부탁하고 그 동료의 프로젝트 수업을 참관해 보자. 또 컨설턴트와 그 동료에게 참관 결과를 보고한다.

성취기준 및 목표 분석

프로젝트에서 목표로 삼을 제대로 된 성취기준과 학습 결과를 검토하고 선정하고 싶은가? 동료들과 함께 성취기준을 분석하고 향후 프로젝트에서 가르치고 평가할 성취기준을 정해 보자.

메인요리

일반 코칭

교실 수업 중 가르치고 배우는 것에 대해 일반적인 걱정이 있는가? PBL과 관련된 것이든 무관한 것이든, 자신이 개선하고 싶은 것이 있는지? 이 활동은 먼저 문제점이나 어려움을 파악하는 시간으로 시작한다. 그런 다음 관찰을 하고 마지막으로 성찰적 협의회를 갖는다.

협력 수업

프로젝트의 한 부분을 컨설턴트와 함께 가르친다. 모둠 구성에 어려움을 겪고 있는지? 프로젝트 개시를 위한 도움이 필요한지? 학생들이 결과물을 효과적으로 비평할 수 있도록 도움을 받기를 원하는지? 이 활동을 선택하면 협력적 파트너와 함께 PBL 프로젝트의 특정 실행 요소에 집중할 수 있다.

PBL 프로젝트 실행

여러 명의 동료와 함께 전체 프로젝트를 기획하여 실행한다. 5~6주에 걸쳐 자신의 전문성 촉진을 위한 핵심적인 질문을 작성하고 동료들과 정기적으로 만나고 서로의 수업을 참관하고 컨설턴트와의 성찰 활동을 반복하게 된다.

학생 결과물 검토

평가물/과제와 프로젝트 수업 결과물(형성평가 또는 총괄평가)을 가져와 모임의 동료들과 프로젝트와 학생 학습평가를 개선하기 위한 프로토콜을 실시한다.

디저트

컨설턴트와 함께하는 티타임/칵테일 파티

컨설턴트에게는 커피나 칵테일을 마시며 갖는 비공식 "업무 시간"이 있다. 원한다면 찾아가서 동료들과 이야기를 나누고 읽을거리를 얻어오자.

프로젝트 전시회 기획

컨설턴트, 다른 동료들과 함께 지역 사회와 학부모의 피드백을 받을 프로젝트 전시회를 계획하여 학생들이 프로젝트에서 성취한 것을 기념한다.

기술 지원

계획 수립 단계에서 기술 도구 사용법을 익히기 위한 막판 지원을 받아보자.

프로젝트 성찰 및 목표 설정

프로젝트가 종료되어도 학습은 끝나지 않는다. 컨설턴트와 함께 자신이 배우고 느낀 점을 기록하고 자신의 수업과 앞으로 할 프로젝트를 향상시키기 위한 계획을 세운다.

그렇다면, PBL 코칭 메뉴에는 어떤 것들이 들어 있을까? 〈표 6-3〉에는 프로젝트 아이디어 떠올리기나 다른 동료의 프로젝트 실행 참관하기와 같은 '애피타이저', 프로젝트 수업의 일부를 협력 수업으로 실시한다든가 동료들과 학생 결과물 검토하기와 같은 '메인 요리', 마지막으로 프로젝트 전시회 계획하기나 프로젝트가 끝났을 때 성찰하기와 같은 '디저트' 활동이 들어 있다.

**생각해
보기**

이번 장에서 다룬 여러 가지 비계 전략에 대해 생각해 보자.

- 프로젝트를 진행하는 동안 교사와 학생 모두에게 친숙한 비계 도구와 전략(도식조직자, 쪽지시험, 수준별 읽기 교재 등)을 어떻게 하면 더욱 목적의식적으로 활용할 수 있을까?

- PBL 비계를 계획할 때 모든 학습자의 요구를 고려하는가? 모두가 성공하기 위해서는 어떤 지원이 필요할까? 특정 학생이나 집단이 가장 필요로 할 비계는 무엇인가?

- 내용, 과정, 결과물을 개별화하면 PBL 학습 성과가 어떻게 향상

될까?

- 자기관리와 같은 학생의 성공 기술을 지원하기 위한 비계를 계획한 적이 있는가?

- 학생들이 전문가처럼 사고하는 법을 배우도록 어떻게 도와줄 것인가? 학문적 사고에 대한 비계는 어떻게 제공할 것인가?

PROJECT BASED TEACHING

PROJECT **B**ASED **T**EACHING

PART 7
참여와 코칭

"참여와 코칭 전략은 학생의 내적 동기를 강화하여
학습목표의 달성을 돕는다."

PROJECT
BASED
TEACHING

사라 레브 선생님은 유치원 준비반 학생들과 건축 설계 회사에 현장학습을 나갔을 때 불현듯 학생을 참여시키고 지도한다는 것이 무엇을 뜻하는지에 대한 찰나적인 깨달음을 얻었다. 그 당시 선생님과 아이들은 학교에 야외 소꿉놀이집을 설계하는 프로젝트를 한창 진행 중이었다. 현장학습 전 아이들은 소꿉놀이집 도면 설계를 끝낸 상태였는데, 이 현장학습에서 전문가에게 설계 과정을 배우고 건축가가 모형을 어떻게 활용하는지 살펴본 뒤 직접 3D 모형을 만들어볼 예정이었다. 그래서 아이들 각자가 자신의 도면에 따라 골판지로 만든 모형을 가지고 작업장을 떠나는 것이 그날의 목표였다.

그런데 만 5세 아동으로 가득 찬 작업장을 훑어보던 선생님의 시선이 한 학생에게 멈췄다. 조는 수업 때 활달하고 참여를 잘하는 아동이다. 자기 생각을 공유하면서 배움을 확장해 나갔던 아이였기 때문에 도면과 재료를 가지고 가만히 앉아 있는 모습을 보았을 때 놀랄 수밖에 없었다. 조는 모형 만들기를 시작도 하지 않은 상태였다.

아이 옆에 자리를 잡으며 선생님이 물었다.

"조, 무슨 일 있어?"

한참을 있다가 결국 조가 입을 열었다.

"이거 너무 어려워요."

"어떤 게 너무 어렵지?"

"이거 만드는 거요."

조는 자신의 도면을 가리켰다.

선생님은 아이의 말 끝에 잠시 생각에 잠긴 뒤 이렇게 덧붙였다.

"아하, 설계하는 게 정말 어렵다구? 어떤 게 특히 어렵게 느껴지는데?"

"이걸 못 만들겠어요."

조는 자신이 상상해 낸 여러 가지 설계 요소가 들어간 상세한 그림을 가리켰다.

선생님은 아무 말 없이 골판지 한 장을 들고는 이리저리 움직여서 여러 방향으로 접은 뒤 모양을 잡았다.

"자, 모형은 대체로 기초부터 만든단다. 바닥 같은 거지. 한 번 해볼래?"

조는 여전히 답이 없었다.

"네 도면 중에서 혹시 먼저 만들어보고 싶은 부분이 있어?"

조는 대답하지 않았다. '제 도면은 골판지로 만들 수가 없어요. 이상해 보일 거예요.'라는 말을 하듯 도면을 응시할 뿐이었다.

선생님은 아이의 도면 전체를 살펴보았고 그제야 '움직이는 소꿉놀이집'이라는 제목을 발견했다.

"잠깐만, 조야, 네 소꿉놀이집은 바퀴가 달린 거구나. 이거 진짜 멋지다! 선생님은 이런 거 처음 봐. 그럼 바퀴부터 시작해 볼까?"

작고 희미한 미소가 아이의 얼굴에 번졌다.

"바퀴를 어떻게 만들지?"

골판지를 원통 모양으로 만들면서 선생님이 물었다. 조는 선생님에게서 도면을 빼앗더니 포장용 테이프로 원통을 감쌌다.

"진짜 바퀴같이 생겼구나!"

조는 얇은 판지를 구부려 마름모 모양을 만들기 시작했다.

"이건 지하실이에요."

손을 움직이며 아이가 말했다.

"이건 우리 지하실하고 똑같이 생겼어요."

조는 순조롭게 작업을 이어갔다. 선생님은 자리를 떴다가 5분마다 돌아와 점검을 했다. 마침내 조는 완성된 모형을 자랑스럽게 가져왔다.

"조, 오늘 어떤 일이 있었는지 알겠니?"

모형을 칭찬해 준 뒤 레브 선생님이 물었다.

"맨 처음 여기 앉았을 때, 이걸 못 할 거라고 생각했었잖아."

"너무 어렵다고 생각했어요. 하지만 이젠 아니에요."

레브 선생님은 오늘 한 아이가 자기 의심에서 자부심으로 변모해가는 모습을 목격했다는 것을 깨달았다. 그리고 어린아이가 자신의 변화를 알아차릴 만큼 충분히 자각하는 모습을 지켜본 것은 정말이지 고무적인 일이었다.

이후 선생님은 그날 건축회사 작업장에서 있었던 일을 복기해 보았다.

"나는 무엇을 했는가? 먼저 지켜봤다. 그리고 아이의 이야기를 들었다. 그런 다음 아이의 말과 기분을 곰곰이 생각했다. 직접 가르쳐주지 않고 아이가 해볼 법한 것을 무심코 보여주는 것으로 비계를 만들

259 ●

어주었다. 하지만 아이가 자기 것으로 완전히 받아들일 때까지 기다려주었다. 나는 아이의 아이디어 중 아주 특별하고 독특한 부분을 포착하여 아이의 주의를 환기시키면서 그것을 끄집어냈다. 나는 아이가 스스로 할 수 있을 것 같아 보였을 때 그럴 것이라 믿었고 책임을 점차 나에게서 아이에게로 이양했다. 그 후 아이에게 주기적으로 돌아와 상황을 점검했다. 그리고 마침내 아이 스스로 자기가 무엇을 배웠는지 깨닫게 해주었다."

PBL 학습 기간 중 아주 짧은 순간에 불과하지만 이 장면이야말로 학생을 참여시키고 지도하는 일이 프로젝트 기반 교수에서 왜 그토록 중요한 요소인지 잘 보여준다. 참여와 코칭 전략을 통해 교사는 학생을 도와 최고의 실력을 발휘하게 할 수 있다. 학생이 작성한 설계의 독창성을 포착했던 레브 선생님의 사례에서 보았듯이, 참여는 보통 학생의 관심과 강점을 키우는 것에서 출발한다. 어떤 프로젝트는 아이들 자신이 관심이 있는지조차 알지 못했던 새로운 관심사에 눈을 뜨게 만들기도 한다. 일단 학생들이 관심을 갖고 참여하면 질문, 시범, 성찰과 같은 코칭 전략이 학생들이 끝까지 어려움을 이겨내고 목표를 달성하도록 도움을 준다.

노련한 PBL 교사가 수업을 진행하는 모습을 본 적이 있다면 코칭이나 참여 전략이 완전히 몸에 배어 있다고 생각했을 것이다. 좀 더 깊이 들여다보면 PBL 교사들이 운동이나 디베이트, 연극 등 여타 특별활동에서도 코치의 역할을 하고 있다는 것을 종종 발견한다. PBL의 다른 모든 측면과 마찬가지로 여기에는 학생들과의 소통에 대한 타고난 재능 이상의 것이 존재한다. 즉, 참여와 코칭은 연습을 통해 발전시킬 수 있는 기술이다.

코치 교사의 역할이 낯설게 느껴진다면 이 일이 어떤 요소로 이루어져 있는지 분석해 보는 것이 도움이 된다. PBL에서 이 일이 어떤 식으로 이루어지는지 자세히 들여다보자. Part1에서 이미 살펴본 바와 같이 이 일은 바람직한 수업 문화를 조성하는 일과 여러 모로 상당히 일치하며 교사와 학생 간 배려와 신뢰 관계의 형성 여부에 그 성패가 달려 있다.

GSPBL 교수 지표

참여와 코칭

참여와 코칭 전략은 PBL의 전 기간에 걸쳐 일관되게 중요하다. 프로젝트 기반 교수 기준표에 기술된 참여와 코칭의 지표로는 다음과 같은 것들이 있다.

- 교사는 개별 학생의 장점, 관심사, 배경, 삶을 알고 있고, 이 지식을 활용하여 아이들을 PBL에 참여시키고 수업에 관한 의사결정을 내린다.
- 학생과 교사는 성취기준을 가지고 프로젝트의 학습목표와 중간 점검 과제를 함께 결정하며, 이는 기준표를 함께 작성하는 등 학습자의 발단 단계에 맞는 적절한 방식으로 이루어진다.
- 프로젝트의 운영 및 실행에 교사와 함께 참여한다는 특성으로

인해 프로젝트에 대한 학생들의 열의와 주인의식이 유지된다.

- 학생의 질문은 탐구를 촉진시키고 산출물을 만들어가는 과정에서 중심적인 역할을 하며, 이때 탐구질문이 탐구를 유지하는 데 적극적으로 활용된다.
- 교사와 학생 모두 수행에 관한 한 모든 학생 각자의 수준에서 가장 높은 기대치를 명확하게 설정하며, 이를 공유하고 강화한다.
- 개별 학생의 요구는 교사와의 긴밀한 관계를 통해 파악된다. 이러한 요구는 교사에 의해서도 해결되지만 학생 스스로, 혹은 다른 학생들에 의해서도 해결된다.
- 학생과 교사는 프로젝트가 진행되는 내내 학습 내용과 방법에 관해 정기적이고 공식적인 성찰의 시간을 가지며, 개선과 성과를 구체적으로 확인하고 기념한다.

코칭과 참여 자세히 들여다보기

위대한 테니스 선수 안드레 애거시Andre Agassi는 오랜 시간 선수 생활을 하면서 온갖 종류의 코치를 다 겪었다. 어떤 코치들은 선수를 체력적 한계까지 밀어붙였다. 정신적으로 단련시키는 코치들도 있었다. 어떤 코치는 애거시가 마치 체스 선수처럼 사고하게 도와주었고 상대 선수에 따라 다른 전략을 짜게 하였다. 애거시에게 최고의 코치는 애거시의 강점을 발휘하게 하였고, 약점을 극복할 수 있도록 함께 노력해 주었으며, 그리하여 애거시 자신이 세운, 결코 쉽지 않은 목표를

프로젝트 수업
어떻게 할 것인가? 2

달성하도록 도와준 이들이었다. "코칭은 지식이 아닙니다." 그는 〈하버드 비즈니스 리뷰〉와의 인터뷰에서 이렇게 말했다. "코칭은 당신이 가르치는 학생이 배우는 것입니다. 그리고 학생이 배우게 하려면 당신이 학생을 알아야 합니다."

코칭이 운동에만 국한되는 것은 아니다. 사업체 운영에서 체력 관리, 그리고 은퇴 계획에 이르기까지, 사실상 모든 분야에 여러분의 성과를 높이기 위한 코치가 존재한다.

교육도 예외는 아니다. 진보적 교육자이자 에센셜 학교 연합Coalition of Essential Schools의 창립자인 테드 사이저Ted Sizer는 '코치 교사teacher as coach'라는 용어를 만들어 교사에게 생긴 새로운 역할을 설명하고자 하였다. 교육의 목적이 교과 내용의 숙달을 넘어서게 되면서 교사도 이제는 지식 전달자의 역할만으로는 충분하지 않게 되었다. 아이들이 복잡한 세상을 헤쳐나갈 수 있는 자기주도적 학습자가 되도록 도와주려면 교사들에게 참여와 코칭을 비롯한 다양한 종류의 전략들이 필요하다.

운동 분야와 마찬가지로 학문 분야에서도 유능한 코치란 교과 내용의 전문가이면서 학생 개인의 능력을 계발하는 방법을 알고 동기를 부여하며 효과적인 모둠을 구성하는 사람이다. 캐롤 앤 톰린슨(Carol Ann Tomlinson, 2011)은 코치 교사라는 표현에 몇 가지 구체적인 내용을 추가하였다. "최고의 코치란 어린아이들을 열심히 운동하게 하고, 멈추는 게 더 쉬워 보일 때에도 계속 움직이게 하며, 고통스러울 게 뻔한 실수를 하면서도 도전하게 만들고, 비틀거릴 때 다시 일어나게 하고, 그리하여 그 운동을 사랑하는 법을 배우게 만드는 사람들이다.

살아 움직이는 교실을 위한 비유로 나쁘지 않다고 생각한다."

물론 유능한 수업 코치가 된다는 것이 가르치는 일을 중단한다는 뜻은 아니다. 오히려 그 반대이다. 오하이오 콜럼버스 지역의 베테랑 PBL 교사 진 커글러는 코칭을 한 사람의 교육 방식에서의 진화로 표현한다. "코칭은 높은 목표를 달성하도록 학생의 동기를 유지시키면서 처음부터 끝까지 학생의 학습을 극대화하는 일입니다. 코치로서 교사는 학생의 자신감과 실력을 계발합니다."

여러분의 교수법 역시 코치 교사 역할에 익숙해지면서 자연스럽게 진화할 것이다. 커글러는 PBL 경험이 쌓여가면서 "단속과 점검을 그다지 중시하지 않아도 된"다고 말한다. 그런 일들은 수업 루틴의 일부가 되었기 때문이다. "여러분은 학생이 더 높은 수준의 성과를 내도록 코칭하고 있는 겁니다."

물론 수업에서 코치가 되는 법을 익히려면 기존의 교수 습관을 떨쳐버려야 할 수도 있다. 작가이자 전직 교사인 커스틴 올슨(Kirsten Olson, 2014)은 코치 자격 연수를 거치면서 "지식 보유자로서 교사의 역할"을 버려야 했다. 교사가 가진 지혜와 내용지식이 더 이상 중요하지 않다는 이야기가 아니다. 코칭은 교사로 하여금 "탐구하는 사람, 질문하는 사람, 호기심을 유발하는 사람이 될 것을 요구합니다. 코칭을 할 때 여러분은 상대방에게 무슨 일이 일어나고 있는지에 대해 정말로 궁금해해야 합니다." 커스틴 올슨 선생님의 말이다.

교사가 올슨 선생님이 이야기하는 "코칭의 입장"을 취하게 되면 그 교실은 창의성을 육성하고 학생의 의사와 선택을 장려하며 전통적인 학생-교사의 권력 관계를 재조정하여 평등을 촉진시키는 학습 환경으로 변모한다.

레이 아흐메드 선생님은 개인 면담을 자주 갖는다. 면담을 통해 아이들을 더욱 잘 알 수 있기 때문에 프로젝트 기간 내내 아이들을 참여시키고 지도할 수 있다. 모든 학생은 일주일에 최소 1회는 선생님과의 개별 면담 시간을 갖는다. 면담의 주제는 선생님보다는 학생이 원하는 것으로 정한다. 또 이 시간이 어떤 식으로 진행되는지 이해하기 쉽도록 선생님과 협력 교사가 역할극으로 보여주었다.

한 해의 첫 번째 면담은 아이들과 선생님이 서로를 알아가는 시간이다. 학생들은 자신의 관심사를 털어놓기도 하고 이번 학기에 사용하는 채점기준표에 관해 묻기도 하며 일제식 수업 때 다룬 개념에 대한 추가 설명을 요청하기도 한다. "큰 부담이 없고, 학생들은 자신이 원하는 것에 대해 이야기할 수 있다는 걸 알게 됩니다. 처음에는 피드백을 두려워하는 아이들도 있습니다. 하지만 면담에서는 본인이 주도권을 쥐게 되죠. 장기전이 될 수도 있습니다. 처음에는 간단히 '잘했어' 정도로 시작하기도 해요. 만약 그게 지금 당장 아이에게 필요한 말이라면 말이죠."

몇 주가 지나고 학습목표가 더 어려워지기 시작하면서 면담의 내용과 분위기는 더 진지해진다. "아이들이 스스로를 평가합니다. 자신이 무엇을 어려워하고 있는지 알고, 저도 알게 되죠." 면담을 통해 선생님은 더 많은 도움을 필요로 하는 아이들에게 더 많은 개별 지도를 할 수 있다.

아흐메드 선생님은 면담을 도입하고부터 아이들과의 상호작용이 개선되었다고 말한다. "이전에는 아이들과의 접촉 대부분이 대단히 사무적이었습니다. 주로 이것저것 확인하는 정도였죠. 학생들이 하고 있는 일에 대한 지속적인 대화는 결코 아니었습니다." 면담이라는 코칭 기법을 사용하면 학습 경험 전체가 "학생들에게 진실되게 느껴집니다. 아이들은 지시를 받는 것이 아니라 대화의 주체로 참여하고 있다고 느낍니다."

코칭과 참여는 프로젝트 기간 내내 항상 중요하지만, 특정 조치가 빛이 나는 중요한 순간이 있다. 프로젝트의 초반, 중반, 후반부에서 참여와 코칭은 어떤 식으로 이루어질 수 있는지 자세히 들여다보자.

프로젝트 개시 단계의 참여 전략

프로젝트 설계 단계에서 학생의 흥미, 관심사, 배경을 고려하였다면 학생들은 처음부터 참여할 가능성이 높다. 실제로 학생 스스로 아이디어를 낸 프로젝트들은 출발이 순조롭다. 반면, 학생들이 프로젝트에서 (그리고 교사의 열정에 의해) 자신이 지금까지 전혀 관심을 두지 않았던 문제를 처음으로 접하는 경우도 있다.

어떤 경우든 간에 교사는 모든 학습자를 처음부터 참여시키고자 한다. 그렇지 않으면 결승선에 이르기까지의 과정이 길고 힘겨운 싸움처럼 느껴질 수 있다. 그런 점에서 프로젝트 개시는 학생의 호기심을 자극하고 프로젝트에 정서적 유대감을 느끼게 해줄 좋은 기회이다. 프로젝트에 열의를 갖게 될 때 아이들은 이 프로젝트를 하는 것이, 앞으로 할 일이 힘들어 보인다 하더라도, 왜 그만한 가치가 있는지를 이해한다. 또 선생님은 시작부터 학생들이 성취할 수 있는 것에 대한 높은 기대를 전달할 수 있다.

레이 아흐메드 선생님은 첫 시간부터 프로젝트를 시작했다. 교실에 도착했을 때 학생들을 맞은 것은 갤러리 워크를 위해 교실 구석구석에 놓아둔 여러 가지 사진과 뉴스 기사였다. 일부는 미시간 플린트 지역에 벌어진 식수 오염 사태에 관한 이야기였는데, 이 사태는 유독 유색 인종과 저소득층 가정에 더 많은 피해를 끼쳤다. 또 일부는 많은 학생들이 살고 있는 뉴욕시 주거 프로젝트 아파트(New York City hous-ing projects : 저소득층을 위한 공공 아파트 - 역자 주)의 곰팡이를 보여주는 자료였다. 그에 더해 고와너스 운하Cowanus Canal의 오염된 모습을 담은 자료도 몇 가지 있었는데 이곳은 뉴욕항으로 유입되는 산업유해물질 폐기장이다. 선생님은 "무슨 일이 일어나고 있다고 생각하나요? 어떤 질문들이 떠오르나요?"라는 질문을 던지면서 학생들로 하여금 수수께끼를 풀 듯 교실에 전시된 것들을 조사해 보게 하였다. 학생들로 하여금 집중해서 관찰하면서 질문을 이끌어내도록 하는 데에는 '보고-생각하고-궁금해하기'라는 프로토콜이 도움이 되었다.

이러한 자극은 몇 주에 걸쳐 앞으로 선생님이 밝히고자 하는 더 큰 쟁점들에 대한 이야기를 학생들로부터 이끌어내기에 충분했다. 선생님은 "이 프로젝트의 기저에 있는 생각은 환경 인종주의environment racism입니다. 그게 뭘까? 우리 지역에도 그런 것이 존재하는가? 이를 위해 우리는 무엇을 하면 좋을까? 이런 문제들입니다."라는 설명을 더했다. 한편 이 프로젝트는 몇 주 동안 지속되는 복잡한 과제였기 때문에 선생님은 이 주제에 대해 학생들이 정서적 유대감을 갖게 하고도 싶었다.

아흐메드 선생님은 플린트 지역의 식수 오염 사태를 '부식'이나 '오염' 같은 화학 교과 내용의 학습뿐 아니라 사회정의 문제에 대해서도 깊이 생각해 보기에 좋은 설득력 있는 사례 연구로 보았다. "이를 통해 아이들은 뭔가 대단히 잘못된 것을 다른 시각에서 바라보게 됩니다." 선생님의 설명이다. 플린트 사태를 자신이 살고 있는 지역의 비슷한 문제와 연관 지어 생각하면서 "아이들은 자신이 살고 있는 지역을 넘어선 바깥 세상에 대해서도 생각해 보기 시작합니다. 11학년 정도면 이런 게 가능한 나이죠." 도입활동은 학생들이 과학자가 되어 탐구질문 '화학자로서 우리는 플린트와 같은 문제를 해결하기 위해 무엇을 하면 좋을까? 가장 우수한 부식 억제제는 무엇인가?'에 대한 답을 찾기 위한 상황으로 설정하였다.

첫날 있었던 갤러리 워크와 토의로 촉발된 관심은 학생들이 자연과학에 더욱 몰입하면서 며칠간 계속해서 이어졌다. 선생님은 "(첫 시간에 등장한 사례들 속에서) 무슨 일이 벌어지고 있다고 생각하는지 이야기하면서부터 이미 우리가 무엇을 하고 싶은지에 대한 생각이 시작되는 겁니다." 학생들은 자신의 문제를 이후 있었던 화학 실험과 연구에 쉽게 연결시켰다. "아이들의 질문과 추측으로" 활동을 개시합니다. 그건 조사를 시작하는 데 더 많은 질문이 생긴다는 걸 의미하죠. 일단 검증할 수 있는 질문을 갖게 되면 실험을 설계하고 실행할 수 있습니다."

셰릴 바우티스타 선생님은 3학년 학생들과 선거 프로젝트를 준비했다. 물론 이 학생들이 투표 연령에 이르려면 10년이나 더 기다려야 하지만 선생님은 아이들이 자신을 미래의 유권자로 인식하게 만들고 싶었다. 바우티스타 선생님은 동학년 선생님들과 함께 민주주의에서 선거의 역할과 시민의 권리를 비롯한 사회 교과의 중요한 내용을 다루는 프로젝트를 설계하였다. 프로젝트의 시기는 민주적 절차에 대한 학생의 관심이 고조되는 가을 총선으로 맞췄다.

교사들은 프로젝트가 공식적으로 시작하기 일주일 전부터 학생들에게 기대감을 심어주기 시작하였다. 학생들에게 아무런 설명도 없이 교실에 투표함을 설치한 것이다. "첫날, 체육 시간이 되었을 때 우리는 빈 투표함 안을 들여다보고는 '어? 아무도 투표를 안 한 것 같네. 그럼 오늘 체육 시간에 뭘 할지 우리가 그냥 정해서 시킬게.'라고 말했습니다." 다음 날이 되자 학생들은 서둘러 투표용지를 작성하고 체육 시간에 무슨 놀이를 할지 결정했다. 그런데 사흘째 되는 날, 선생님들은 말을 바꿨다. "미안~ 오늘은 여학생들만 투표를 할 수 있단다!" 이 말로 인해 특히 남학생들 사이에서 엄청난 논쟁이 벌어졌다. "어떤 날은 3학년 전체 반에 투표함을 설치하고는 한 반만 일찍 봉해버렸습니다. 그래서 아이들은 다른 투표 장소를 찾아다녀야 했죠."

본격적으로 프로젝트가 시작되었을 때 "모든 아이들에게 투표에 대해 기억할 만한 뭔가가 생겼습니다. 아이들 모두 선거에 대해서, 그리고 새 어휘('투표소' 같은)에 대해 몇 가지 감정을 갖게 된 거죠. 그리고 개인적 경험을 통해 투표로 변화를 이룰 수 있다는 생각을 갖게 되었습니다."라고 바우티스타 선생님은 회상했다.

어떤 쟁점이나 문제에 대한 개인적, 정서적 유대감을 만드는 것이 도입활동의 목적이다. 그 경험이 꼭 길어야만 어떤 인상을 남길 수 있는 건 아니다. 앞으로 실시할 프로젝트와 연관된 장소로의 현장학습이 될 수도 있고, 초청 연사의 방문이나 게임, 모의실험, 혹은 흥미진진한 다큐멘터리일 수도 있으며 학생의 호기심을 자극하고 질문이 생기게 하는 어떤 활동이라도 좋다. 수학 교사 텔라니아 노르파 선생님의 말처럼, 좋은 도입활동은 "학생의 마음을 사로잡아 이를 움직이게 한다."

탐구질문 또한 참여를 위한 도구가 된다. 프로젝트가 시작될 때 탐구질문을 제시하면 교사는 앞으로 있을 학습 경험의 틀을 잡을 수 있다. 탐구질문이 좋으면 학습의 목적이 더욱 분명해지기 때문에 너무도 흔한 학생의 의문("이걸 우리가 왜 알아야 하지?")이 없어진다.

일례로, 앞서 소개한 투표 프로젝트의 탐구질문은 "내가 던지는 한 표가 내 삶과 우리 지역에 어떤 영향을 미칠 수 있는가?"였다. 이 열린 질문에 답하기 위해 학생들은 꼭 알아야 할 질문을 더 많이 스스로 작성하였다. 이에 대한 조사 연구를 실시한 뒤 그 결과와 깨달음을 적용하여 지역 사회에 투표의 중요성을 알리는 공익광고를 제작하였다.

일반적으로 탐구질문은 도입활동 직후, 호기심이 가장 높을 때 제시된다. 제대로 된 탐구질문이 있어야 학생들이 탐구에 집중할 수 있기 때문에 아예 학생들을 탐구질문 작성에 참여시키면 좋다.

유치원 준비반을 담당하는 사라 레브 선생님의 경우 탐구질문을 아이들과 함께 작성하였다. 레브 선생님에게는 환경 가꾸기를 학습목표로 염두에 두고 있었지만, 어린 제자들이 선생님의 도움은 받되 스스로 탐구질문을 만들어낼 수 있는지 보고 싶었다. 먼저 도입활동으로 아이들의 사고를 점화priming(정보 처리 과정에서의 '예열'을 가리키는 심리학 용어로, 어떤 정보를 먼저 떠올리고 그 정보를 이용하여 이후에 제시되는 자극의 지각과 해석을 용이하게 하는 방법을 말한다. - 역자 주)시켰다. "저는 최근 아이들이 불평하는 것들을 전부 찍었습니다. 바닥에 둔 코트, 뭉툭한 연필 등 관리가 안 되고 있는 것들을요. 우리는 그 사진들을 보면서 무엇을 알아차렸는지에 대해 이야기했습니다. 그런 다음 잠시 밖으로 나가 학교를 둘러보고 돌아와 무엇을 봤는지 이야기했지요. 아이들은 주변 환경 관리가 되지 않고 있음을 보여주는 여러 가지 사례를 발견했습니다. '이런 일이 왜 생기고 있지?'라고 말하는 학생도 있었고, '이 문제를 해결하려면 무엇을 하면 좋을까?'라고 말하는 학생도 있었습니다. 이런 질문들을 통해 '어떻게 하면 주변 환경을 가꾸고 다른 사람들이 동참하게 만들 수 있을까?'란 탐구질문이 만들어졌습니다."

이처럼 학생에게서 꼭 알아야 할 질문이 쏟아져나온다면 좋은 탐구질문이라 할 수 있다.

꼭 알아야 할 내용에 관한 토의 진행 방법

프로젝트 기반 학습은 본질적으로 지속적인 탐구 과정으로, 이는 프로젝트 내 학생의 학습 활동을 이끌어가는 존재가 질문이라는 것을 의미한다. 이 질문들은 학생 스스로 만들어내야 한다. 도입활동과 탐구질문의 소개, 혹은 공동 작성 직후 교사는 탐구질문을 풀고 프로젝트를 성공적으로 끝내기 위해 학생들이 꼭 알아야 할 질문에 관한 토의를 진행한다. 여러 가지 방법이 있지만 기본적인 절차는 다음과 같다.

1. 플립 차트나 화이트보드, 또는 프로젝터 스크린에 "꼭 알아야 할 것은 무엇인가?"라는 제목을 쓴다. (〈표 7-1〉처럼 표를 만들어 왼쪽에는 "알고 있는 것", 오른쪽에는 "꼭 알아야 할 것"이라고 적어도 된다. 이렇게 하면 해당 주제에 대한 학생의 사전 지식을 활성화할 수 있다.)

2. 학생들에게 이 질문에 관해 각자 생각한 뒤 떠오르는 생각을 적도록 시간을 준다. 그런 다음 두 명 또는 세 명이 만나 브레인스토밍을 이어간다.

3. 교사 주도하에, 혹은 학생 기록자의 주도로 학생들의 언어를 그대로 담아 학급 전체 질문 목록을 작성한다. 명확성을 위한 경우를 제외하고는 질문을 편집하지 않으며 질문의 좋고 나쁨을 판단하지 않는다. 또 아직은 질문에 답을 하지 않는다.

4. 프로젝트를 위해 실제로 학생들이 알아야 하는 중요한 질문들이 나오지 않는다고 판단되는 경우가 있다. 이때는 교사의 아이디어를 목록에 바로 추가하지 말고 질문을 던져 학생들에게서 이끌어내도록 한다. 학생들은 프로젝트가 진행되면서 이 목록을 수정하거나 내용을 추가할 기회를 몇 번 더 갖게 된다. (학생들에게 "열린 질문, 닫힌 질문" 또는 "내용, 과정, 결과물"과 같은 범주로 이 질문들을 분류하게 해도 된다.)

5. 질문 목록을 잘 보이도록 붙여두거나 프로젝트 기간 중 주기적으로 전시하여 이것이 살아 있는 문서가 되게 하자. 수업 중 이 질문을 다시 가져올 때 답을 찾은 질문 옆에는 표시를 한다. 또 새로

운 질문이 생기면 추가한다. 학생들이 아는 게 많아지고 그 주제와 과업에 깊이 파고들수록 질문의 깊이가 더해지는 경향이 있다. 고학년 학생들은 이 과정을 어느 정도 스스로 해내기도 한다.

7-1. 질문으로 시작하는 화학 수업 사례

알고 싶은 것	꼭 알아야 할 것
• 왜 어린이/유아만 검사하는가?	• 부식 억제제란 무엇인가?
• 다른 곳에서도 이런 일이 일어나는가?	• 배관은 어떻게 부식하는가?
• 이 문제를 해결하려면 얼마나 걸리는가?	• 납은 어떤 영향을 미치는가?
• 지역 주민들은 어떻게 느끼는가?	• 수중 납 문제를 해결하기 위해 어떤 조치가 이루어져야 하는가?
• 어떤 조치가 행해지고 있는가?	• (화학에서) 물은 어떤 존재인가?
• 뉴욕항 수중 납 농도는 얼마인가?	• 부식 억제제는 유독성이 있는가?
• 납중독의 장기적인 영향은 무엇인가?	• 납 테이프는 효과가 있는가?
• 누구의 책임인가?	• 플린트는 어디에 있는가?

PBL 교사 중 일부는 "이 질문에 어떻게 답할 것인가?"라는 줄을 하나 더 추가하기도 한다. 그런 다음 토론을 진행하거나 학생들이 스스로 이 줄을 채우도록 지도한다. 한편 이 '꼭 알아야 할 질문' 목록을 프로젝트 초기에 계획 수립용 도구로 이용하기도 한다. 교사는 질문을 '내용, 과정, 결과물'이라는 세 부류로 나눈 뒤, 각 질문을 해결하기 위해 필요한 수업이나 학습 활동, 자료, 자원(전문가 포함)을 확인한다.

프로젝트 중반부를 위한 참여 및 코칭 전략

프로젝트가 진행되면서 참여와 코치의 기회는 더욱 많이 생겨난다. 운동 코치와 마찬가지로 교사는 자기 "선수"의 재능과 기량을 평가하여 각 개인이 향상되는 데 도움이 될 만큼 적당히 어려운 학습 활동을 계획한다. 복잡한 과업과 내용을 적당한 크기나 단계로 쪼갠 뒤 새 기술 계발을 위한 비계를 제공하고 연습할 시간을 주며 적절한 시점에 건설적인 피드백을 제공한다. 학생들이 이해에 있어 획기적인 발전을 이루면 교사는 학생이 자신의 성장을 돌아보고 다른 목표를 세우도록 독려한다. 그리고 장차 더욱 심층적인 학습으로 이어질 작은 성공들을 축하해 준다.

코치는 교실 분위기를 파악하는 데에도 능하다. 조원들 간의 사이는 어떤지 살핀 뒤 갈등 관리에 도움이 필요할 때 개입한다. 학생들이 어려움에 부딪히면 실패를 통해 배우고 회복할 수 있도록 도와준다. 그리고 아이들에게 격려의 말 한마디가 언제 필요한지, 좌절감을 토로해야 하는 때는 언제인지를 잘 안다.

"프로젝트 기간이 길 때는 중간에 피로가 찾아오기도 합니다." 텍사스 위치타 폴즈의 수업 컨설턴트인 에린 스타키 선생님의 말이다. 자신의 학생들에 대해 안다면 – 훌륭한 코치의 특징이다 – 참여가 시들해지고 있는 단서들이 보일 것이다. 이런 단서들은 외부 전문가를 부르거나 현장 연구를 통해 프로젝트에 대한 관심을 재충전하라는 신호일 수 있다.

초등학생이라면 관련 결과물들이 잘 보이도록 프로젝트 담벼락을 이용한다. 여기에는 학생의 질문도 포함된다. 스타키 선생님의 설명을 들어보자. "이런 게시판은 학생들에게 구심점이 됩니다. 내가 아이들의 질문을 알고 있으면 더 나은 코칭이 가능하죠." 더구나 학생들은 서로의 질문을 보고 이에 답하기 위해 함께 노력하기 시작한다고 한다.

학생들 스스로 프로젝트 설계를 주도한 경우라도 목적지에 도달하기 전에 관심이 사그라들 수 있다. 아흐메드 선생님에게도 장기간의 탐구 프로젝트 도중에 생기는 슬럼프를 극복하도록 도와야 하는 경우가 가끔 생긴다. "처음에는 아이들이 신나하죠. 하지만 5주 뒤가 되면 '이제 지쳤어요! 제가 만든 질문도 지겨워요!'라는 말을 할 겁니다." 이럴 때 선생님은 과학자들도 똑같은 어려움을 만난다는 것을 상기시켜줌으로써 아이들이 이 어려움을 이겨나갈 수 있도록 지도한다. 아흐메드 선생님에 따르면 이는 "현실 세계에서 실제로 발생하는 문제"이다. 훌륭한 과학자들도 실패를 거듭하면서 인내심을 기르기 때문이다.

테네시 멤피스 소재 한 고등학교의 학교발전국장 이안 스티븐슨은 교사의 역할을 "학습이 진행되는 내내 학생이 최대한 독립적으로 학습할 수 있도록 코칭하는 일"로 본다. 스티븐슨에 따르면 코치 교사는 "학생들을 프로젝트로 안내하면서 이들에게 필요한 것을 파악하여 자원, 격려, 방향 전환을 제공할 수 있어야" 한다.

좋은 코치는 또한 언제 뒤로 물러나 학생에게 주도권을 맡겨야 할지를 안다. "제가 생각할 때 참여란 학생들이 교과 내용에 대해 활발하게 이야기하고 그것을 이해할 때입니다. 이런 일이 생기면 교사는 입을 다물고 아이들이 이야기하게 해야 합니다."

그런데 만약 학생들이 스스로 학습을 진행시키지 못하고 있다고 느낀다면 교사는 의도적으로 학생들의 자기관리능력을 계발시켜야 할 것이다. 앞서 소개한 대로 텔라니아 노르파 선생님은 학생들이 어려움을 겪을 때 개입하여 잠시 동안이지만 자신이 주도권을 잡고 일일 과제 일지로 학생의 자기관리를 도와주었다. 시간이 흐르면서 학생들에게 더 나은 학습 습관이 자리 잡는 걸 보면서 선생님은 서서히 아이들에게 더 많은 책임을 이양할 수 있었다.

코치 교사는 작은 성공을 축하해 줄 뿐만 아니라 힘들어하거나 뒤처진 아이들을 다시 끌어들인다. Part5에서 다룬 효과적인 형성평가 전략을 이용하면 교사는 학생에게 언제 지원이 필요하며 왜 필요한지를 파악할 수 있다. Part6에서 다루었던 비계 전략은 모든 학생이 학습목표를 반드시 달성할 수 있게 해준다. 우수한 PBL 교사라면 형성평가와 시의적절한 비계를 매끄럽게 연결할 수 있다.

브라이언 쇼흐 선생님은 오하이오 콜럼버스의 한 고등학교에서 경영학을 가르친다. 이 수업에서 아주 기대되는 프로젝트를 시작하였는데, 학생들은 4학년 학생을 대상으로 출시할 제품을 디자인하는 이 도전에 완전히 빠져들었다. 학생들은 사전에 해당 가격대에 어떤 제품들이 있는지를 조사하였고 4학년 몇 명을 포커스 집단으로 선정하여 인터뷰를 실시하였다. 이제 아이들은 모둠을 이루어 제품 아이디어를 내놓는 단계에 있었다.

선생님은 교실을 순회하면서 들은 아이들의 대화를 통해 몇 모둠은 이 과제에 완전히 몰입하고 있다는 걸 느꼈다. "아이들이 브레인스토밍을 하고 다양한 방법을 제안하는 게 들리면 저는 끼어들지 않았습니다." 하지만 창의성이 제대로 작동하지 않은 채 말없이 앉아 있는 한 모둠을 발견했을 때 선생님은 의자를 당겨 질문을 던지기 시작했다.

"지금까지 어떤 것들을 해봤나요? 4학년 학생들과 나눴던 이야기 중 뭐가 기억나나요? 여러분이 그 나이 때 가장 좋아했던 것들은 무엇이었나요?" 선생님은 이런 질문들로 학생의 사고를 촉진시키기는 하였으나 구체적인 제품 아이디어까지는 제시하지 않았다. "저는 아이들이 제 마음에 드는 것을 제작하게 하고 싶지는 않았습니다. 아이디어는 아이들에게서 나와야 했습니다."

선생님은 또한 탐구질문 "어떻게 하면 목표 소비자인 4학년들에게 어필할 제품을 디자인할 수 있을까?"에 명시된 목표를 재차 상기시켰다. 선생님의 다정하지만 의도적인 질문에서 불과 몇 분이 지나지 않아 모둠은 다시 생각을 가다듬어 아이디어를 내놓기 시작했다. 선생님은 조용히 자리를 떴다. 선생님의 조치는 빠르고 효과적이었다(아이들의 이야기를 들으면서 참여의 증거를 관찰하기. 열린 질문을 활용하여 학생들이 막힌 지점에서 빠져나올 수 있도록 도와주기. 끈기를 가지도록 격려하기. 학생들이 학습목표에 다시 집중할 수 있게 해주기).

연습과 성찰을 거치면서 PBL 교사들은 학생들에게 높은 기준을 요구하면서도 아이들의 어려움에 주의와 관심을 보여주는 데 점점 능숙해진다. '따뜻하지만 요구가 많은 사람warm demander'의 역할을 자처한다. 이 용어는 맥아더상을 수상한 교육자이자 평등 운동가인 리사 델핏Lisa Delpit이 사용한 말로, "학생에게 많은 것을 요구하고 학생이 자기 자신의 탁월함을 확신하게 만들어 절도 있고 구조화된 환경에서 자신의 잠재력을 완전히 발휘할 수 있도록 도와주는 교사"(2012)를 뜻한다.

〈표 7-2〉에는 '따뜻하지만 요구가 많은 사람'의 역할과 함께 교사

가 가르칠 때 어떻게 하면 이를 부각시킬지 생각해 볼 질문을 제시하였다.

7-2. 따뜻하지만 요구가 많은 사람

성찰 내용		
따뜻한 요구자의 역할	나는 이 일을 현재 어떻게 하고 있는가?	어떻게 발전시킬 것인가?
신뢰 구축		
학생을 따뜻하게 대하고 보살피기		
내가 가르치는 학생과 이들의 삶을 이해하기		
모든 학생에게 높은 학업 및 인지적 기준을 요구하기		
비계의 개별화를 통해 "생산적인 분투"를 지원하기		

학생들이 이해를 증진시키면서 아이디어를 내는 동안 "코칭의 입장"을 취하여 높은 기대를 갖는 수업 문화를 강화하자. 학생들이 학습목표에 대해 이야기할 때는 그 대화를 코칭하기 위한 기준으로 프로젝트 기준표를 사용한다. 그리고 학생이 스스로 자신의 발전 정도

를 평가하고 최고를 목표로 움직일 수 있도록 도움을 주는 질문을 던지자. 예를 들어 학생들이 제품을 만들고 있는 중이라면 자신이 진행 중인 작업을 비판적인 시각으로 바라보도록 지도하자. "자신의 작업이 만족스럽습니까? 오늘 여러분의 학습은 기준표상 어디쯤에 해당한다고 설명하겠습니까?"와 같은 질문을 던진다. 이런 질문은 학생의 참여를 촉진시키고 자신의 학습에 대해 생각해 보게 만드는 효과적인 도구이다.

결승선에서의 축하와 성찰

프로젝트가 끝나갈 때 교사는 학생들의 성과를 기념하고 학생들이 자신의 성장을 돌아보게 하는 것으로 코칭 역할을 이어간다. 물론 프로젝트가 진행되는 내내 성찰을 권장해 왔겠지만 지금은 최종적인 메타 모멘트meta-moment(심리학자 로빈 스턴Robin Stern이 사용한 용어로, 감정적으로 북받칠 때 충동적으로 행동하지 않고 잠시 '정지 단추'를 누르고 생각하면서 반응을 늦추는 일종의 감정 조절 방법을 말한다. - 역자 주)를 위한 시간이다. 학생들이 잠시 멈추고 장기간에 걸친 이 학습 경험을 찬찬히 평가하도록 독려하자. 어려움과 어떻게 싸워왔고 어떻게 자신감을 얻었으며 그 결과로 자신(그리고 다른 사람들)을 놀라게 하였는가? 최종 발표회 또는 결과물은 소기의 목적을 달성하였는가? 변화를 가져왔는가? 다음 프로젝트 때 도전해 보고 싶은 새 목표는 무엇인가?

이는 또한 학생들에게 프로젝트 자체를 평가해 보도록 요청하는 시간이기도 하다. 만약 같은 활동을 다시 하게 된다면 어떤 부분을 바꾸면 좋겠는가? 어떤 부분이 취약점인가? 자신의 성공에 결정적이었던 학습 활동이나 비계를 정확히 짚어낼 수 있는가? 또한 학생들에게 프로젝트 설계자로서의 교사를 평가해 보도록 요청하여 프로젝트 기반 교사로 계속해서 성장하는 데 도움이 되는 피드백을 받는 것도 좋다.

수업 컨설턴트를 위한 조언

제대로 된 질문하기

PBL로 탈바꿈 중인 학교에서 수업 컨설턴트들은 독특한 역할을 한다. 이들은 교사의 성과를 평가하는 사람도 아니고 관리자도 아니다. "교사들과 관계를 형성하는 게 전부입니다. 이는 마치 PBL 수업에서 교사와 학생의 관계가 매우 중요한 것과 같은 이치죠." 앞서 소개한 멤피스 소재 고등학교에서 수업 코칭을 담당하는 이안 스티븐슨 선생님의 말이다.

질문하기는 수업 코칭의 핵심이다. 이 역시 PBL에서 질문이 학습을 추진시키는 것과 같은 이치이다. 제대로 된 질문은 컨설턴트가 PBL을 시작하는 교사에게 도움을 주기 위해 어떤 목표에 함께 주력할지를 결정하는 데 도움을 준다.

다음은 스티븐슨 선생님이 교사들과 코칭 과정을 시작할 때 자주 사용하는 질문이다.

왜 교사가 되기로 하셨나요? 이 질문은 신규 교사와 경력 교사 모두에게 효과적이다. 다들 사연이 하나쯤은 있다. 이후 프로젝트 기반 학습이 정상 궤도에 오르면 교사들은 자신이 왜 처음 교사가 되기로 했는지 그 이유를 PBL을 통해 깨닫게 되었다고 말하곤 한다.

PBL의 어떤 점에 매력을 느끼나요? 코칭을 함께하는 교사가 왜 PBL을 시작하였는지 그 동기를 이해하기 위한 질문이다. 그들이 어떤 것들에 열정을 갖고 있는지를 안다면 그들이 가진 교육 관행의 일부를 바꾸는 작업에 더 쉽게 들어갈 수 있다. 이 질문에 대한 답을 통해 어떤 길을 택해야 할지에 대한 통찰이 생긴다.

자신이 잘하는 것은 무엇이라고 생각하십니까? 이렇게 질문하면 성장형 사고방식으로 코칭에 접근할 수 있다. 잘하는 것에서 출발하면 우리는 그들이 더 잘하게 될 것을 목표로 함께 노력할 수 있다. 가령, 수업을 체계적으로 진행을 잘하여 수업 운영은 문제없는 교사들이 있다. 그렇다면 거기서 출발해서 PBL 수업을 더 탄탄히 받쳐줄 수업 방법을 어떻게 추가할지 고민하면 된다.

제가 선생님과 함께 어떤 부분에 집중했으면 하시나요? 이 질문을 통해 더욱 구체적인 목표가 생기고 모든 것은 교사가 개선했으면 하는 것을 중심으로 진행된다. 이에 따라 컨설턴트는 수업 참관과 수업 시범, 자료 수집, 학생 인터뷰 등을 제안할 수 있고, 이 모든 것이 그 목표 달성을 지원하게 된다.

한 차례의 코칭 주기가 끝날 때, 마치 프로젝트의 마지막처럼, 자신이 "치어리더가 된다"고 스티븐슨 선생님은 덧붙인다. "가끔 선생님들은 자신이 성장하고 있다는 것을 잘 모르는 경우가 있어요. 코치로서 제가 할 일 중 하나는 바로 선생님들의 성과를 언급하고 이를 축하해 주는 일입니다."

생각해 보기

이번 장에서는 여러 가지 참여와 코칭 전략과 함께 실제 사례들을 소개하였다. 자신의 현재 수업을 돌아보고 PBL 수업에서 자신의 참여 및 코칭 전략을 개선할 방안을 생각해 보자.

- '코치 교사'의 역할을 편하게 받아들이는가? 코칭은 교사의 기존 역할과 어떻게 다른가?

- 그동안 프로젝트 개시 때 학생을 어떻게 참여시켰는가? 학생이 참여하고 있는지 알아보기 위해 찾아보는 징후는 어떤 것들인가?

- 프로젝트가 한창 정신없이 진행 중일 때 어려움을 극복하도록, 혹은 관심이 시들해지기 시작하더라도 계속해서 나아가도록 학생들을 어떻게 지도하는가?

• 프로젝트가 끝났을 때 학생들이 자신의 성장을 성찰하도록 어떻게 독려하는가? 어떻게 학습 성과를 기념하는가?

PROJECT BASED TEACHING

PART 8
마무리 성찰

"자신의 실천을 성찰하는 일은
프로젝트 기반 교수 개선을 위한 열쇠이다."

PROJECT
BASED
TEACHING

지금까지 우리가 만나본 교육자들은 각기 다른 방식으로 프로젝트 기반 교수에 대한 전문성을 개발하였다. 어떤 이들은 학교 차원에서 PBL을 도입한 학교의 일원이었다. 상당수는 학생에게 더욱 흥미롭고 의미 있는 교육을 위해 더 나은 방법을 갈망하며 자신의 학교나 지역에서 PBL을 스스로 개척하는 선구자들이었다. 교직을 시작하기 전 사범대학에서, 혹은 더 이전에 PBL을 경험한 이들도 몇 명 있었다.

출발점이 어찌 되었든 간에, 이들은 PBL이 실천을 통해 더욱 개선된다는 점에 모두 동의한다. 단 한 번의 프로젝트로 유능한 프로젝트 기반 교사가 되는 일은 일어나지 않는다. PBL 교사가 된다는 것은 유능한 학교의 지도자와 수업 컨설턴트, 동료 교사의 지원을 받으며 끊임없이 이어지는 전문적인 학습과 성찰의 과정이다.

Try This!

프로젝트 돌아보기 ⸺

프로젝트를 하나 끝내면 그 직후에 시간을 내어 그 프로젝트의 진행 과정에 대한 몇 가지 생각을 기록해 두자. 프로젝트에 대한 학생의 소감도 좋고 어떤 것이라도 – 학습 결과물, 기타 프로젝트에 관여한 외부인들의 피드백, 평가 결과 등 – 자신의 성찰을 위해 참고해 보자. 여기에서 나온 결론은 다음 프로젝트를 개선하거나 향후 여기서 얻은 교훈을 염두에 두고 다른 프로젝트를 계획하는 데 도움이 될 것이다.

다음은 주제별로 해볼 수 있는 성찰 질문 예시이다.

교과 내용 내가 선택한 성취기준과 기타 학습목표는 프로젝트에 적합한가? 너무 많거나 적지는 않은지, 혹시 다른 것들을 추가할 수는 없었을까? 프로젝트에 전문가를 연계시킨 경우라면, 그 사람들은 학습목표에 대해 어떻게 생각하였는가? 그 전문가들이 더 포함했으면 좋겠다고 생각했던 요소가 있었는가?

프로젝트 설계 PBL에 적합한 소재였는가? 프로젝트는 학생들을 참여시켰는가? GSPBL 프로젝트 핵심 설계 요소가 모두 어느 정도는 실질적으로 반영되었는가? 도입활동과 탐구질문은 효과적이었는가? 최종 결과물은 학생들이 자신의 이해를 표현하기에 탁월한 선택이었는가? 적당한 시간/분량이었는가?

교수 프로젝트 교수 핵심 실천 중 내가 다른 것보다 더 잘했다고 느끼는 부분이 있었는가? 어떻게 하면 그 분야에서 더 성장할 수 있을까? 어떻게 하면 다음 프로젝트를 할 때 그 분야를 강화할 수 있을까?

결과 학생들은 핵심 지식과 이해, 성공 기술을 충분히 배우고 개발하였는가? 학습 결과물의 수준은 높았는가? 만약 아니라면, 어떻게 했더라면 향상시킬 수 있었을까? 나를 놀라게 혹은 기쁘게 했던 프로젝트의 부수적 성과가 있었는가?

초등 교사 사라 레브 선생님은 "학생들, 그리고 나를 성장시키는" 프로젝트를 즐긴다. 교직 기간 내내 PBL로만 가르쳤던 레브 선생님이지만, 매번 새 프로젝트를 시작할 때면 여전히 긴장한다. "저는 약간 긴장한 상태로 시작합니다. 남편 말로는 제가 매번 그런 말을 한다고 해요. 약간 불안한 면이 있거든요, 왜냐면 무슨 일이 일어날지 정확히 모르기 때문이죠. 하지만 그것이 또 가르치는 일이 가진 신나는 일면이기도 해요. 학생에게 주도권을 넘겨주면 참여도는 굉장히 높아집니다. 학생들이 지지하면 부모님들도 지지합니다. 그러면 어떻게든 대개 모든 게 잘 풀립니다."

중학교 역사 교사 톰 네빌 선생님은 PBL이 그만한 가치가 있다는 확신을 주었던 교직 초창기의 경험을 떠올린다. 선생님이 맨 처음 PBL을 시도했던 곳은 전통적인 교수법이 기본이었던 학교였다. 학교의 문화는 학생의 탐구나 교사의 혁신에 도움이 되지 않았다.

선생님은 자신의 첫 프로젝트 때 일어났던 일을 이야기한다. 워싱턴 DC에 있는 한 골목의 역사를 연대순으로 기록한 뒤 역사학자와 유적 보존 운동가들로 이루어진 청중 앞에서 조사 결과를 발표하는 프로젝트였다.

"처음에 학생들은 학교 전반의 문화가 이런 방식의 학습을 내켜 하지는 않는다는 점을 강조하면서 자기들 생각에는 프로젝트 기반 학습으로 바꾸는 것이 바람직하지 않다고 말했습니다. 프로젝트를 원하지 않았지요. 아이들은 자신이 잘하는 것, 즉 강의와 시험을 원했습니다. 심지어 수업이 끝난 뒤에도 찾아와서 이런 이야기를 했고, 대표를 지정해서 수업 중 저에게 항의했습니다. 정확히 '우리는 선생님이 강의를 하시고 시험을 치면 좋겠습니다.' 이렇게 말했습니다."

그러나 프로젝트가 끝났을 때 반대를 주도했던 바로 그 학생이 PBL의 열렬한 지지자가 되었다.

"저도 인정해요. 그해 초반에 제 수업은 부족했던 게 사실입니다. 하지만 많은 실수와 회의 속에서도 그 방향을 고수하면서 나아갔습니다. 그 과정에서 학생들과 이런 생각과 결정에 대해 솔직하게 터놓고 이야기하면서 이 교수법에 대한 저의 부족함과 경험 부족이 보완되도록 교실을 넘어 학습을 더욱 유의미하게 만들 방법을 찾아야 했습니다."

네빌 선생님은 그 뒤 학교를 계속해서 변화시켰고, 학교는 이제 PBL을 지원하는 환경이 되었다. 그럼에도 불구하고 선생님은 "시간, 평가, 비계 사이의 균형을 위한 최적의 방법을 알아내기 위한" 실험과 성찰, 그리고 섬세한 조정을 계속하고 있다. 선생님은 "우리 스스로 그런 마음가짐으로 자신이 하는 일에 임하지 않으면서 아이들에게만 실험과 위험 감수, 그리고 실패의 교훈을 계속해서 강조한다면 이는 부당한 일입니다."라고 말한다.

고등학교 교사 레이 아흐메드 선생님에겐 PBL이 학생들의 삶과 교과 내용을 굉장히 의미 있는 방식으로 접목시키는 방안이 되었다. "직업으로 화학을 하면서 실험실에 그냥 앉아 있지는 않지요. 화학을 실제로 적용해서 건물을 복원하고 물을 안전하게 관리하는 등의 일을 합니다." 예를 들어 미시간 플린트 지역의 수질 오염 사태를 다루었던 프로젝트는 "실제 사람들에게 엄청난 피해를 입혔던 사건을 다룬 활동"이었다. 화학은 그 문제의 일부이면서 동시에 해결책도 제공하였다. "실생활에서 화학이 어떤 식으로 책임 있게 활용되는지를 학생들이 여러 관점에서 보는 것이 중요했습니다."

아흐메드 선생님의 외부 전문가를 활용한 도움은 사람들이 실제 문제를 어떤 식으로 다루는지에 대한 인식을 확장시켜주었다. "그 전문가들은 화학자들뿐만 아니라 활동가, 사회 정책에 관여하는 사람들이었습니다. 이 점은 제가 프로젝트에서 분명하게 보여주기를 바라는 것, 즉 우리는 서로에게서 뭔가를 배운다는 점, 그리고 팀의 모든 구성원이 중요하다는 점을 반영합니다. 모든 사람에겐 기여할 뭔가가 있습니다."

마지막으로 고등학교 교사 에린 브랜드볼드 선생님의 현실적인 조언이다. 선생님의 교직 생활 초기, 학생의 작품을 전시할 프로젝트 전시회가 다가오고 있을 때 있었던 일이다. 선생님은 학생들이 발표 준비가 되었는지 확신이 서지 않았다. "정말 두려웠다"고 선생님은 털어놓았다. 그때 PBL 경험이 좀 더 많은 한 동료가 해주었던 조언이 선생님을 지켜주었다. "그 선생님이 말했죠. 'PBL을 하고 싶으면 그냥 뛰어들면 돼.'" 선생님은 회의 속에서도 동료의 조언을 받아들였고, 학생들은 행사 때 실력을 발휘하였다.

교사들이 PBL로 성장할 수 있도록 지원하고 있는 학교 관리자들에게는 한 PBL 베테랑 교사에게서 힌트를 얻어 한 가지 방법을 소개하고 싶다.

매 수업이 끝날 때마다 브랜드볼드 선생님은 학생들의 노력을 칭찬하기 위해 구체적인 뭔가를 찾아낸다. "저는 그날 제가 아이들에 대해 높이 평가했던 어떤 점을 말해 줍니다. 그런 작은 것들이 아이들로 하여금 이해받는다는 느낌을 갖게 해주죠. 자신의 힘든 노력이 귀하게 여겨진다는 사실을 알게 됩니다. 그렇게 되면 아이들은 더욱 편안한 마음으로 위험에 도전하거나 더 많은 노력을 쏟을 수 있지요."

브랜드볼드 선생님의 제자들과 마찬가지로, PBL을 처음 접하는 교사들에게도 자신의 노력에 대한 격려가 절실하다. 선생님들이 위험을 감수하는 데 편안함을 느껴야 한다. 선생님들에게는 건설적인 피드백을 받을 기회가 필요하고 그 피드백을 적용하여 개선할 시간이 필요하다.

프로젝트 기반 학습에서는 모든 것을 행하면서 배운다. 당연히, 이는 프로젝트 기반 교수에도 똑같이 해당된다. 바로 프로젝트를 행함으로써 – 그리고 자신의 경험에 대한 성찰을 통해 – 여러분은 프로젝트 기반 교수의 달인이 될 것이다.

프로젝트 기반 교수 기준표

프로젝트 기반 교수	초보 PBL 교사	성장기 PBL 교사	골드 스탠다드 PBL 교사
문화의 조성	• 프로젝트를 이끌어갈 규범이 만들어지지는 하나 여전히 교사에 의해 부과되고 감독되는 "규칙"의 느낌이 있다. • 학생들이 생각을 옮기도 하고 결정할 기회도 주어지지만 자주 있는 일이 아니거나 사소한 일에 국한된다. • 학생들은 가끔 독립적으로 공부하기도 하지만 주로 교사의 지도에 의존한다. • 모둠 활동이 비생산적인 경우가 많거나 교사의 잦은 개입이 필요하다. • 학생들은 스스로 질문하고 자신만의 해답을 찾아나가기보다는 정해진 "정답"이 있다고 생각하고 실수를 저지를까 두려워한다. • "일을 끝내는 것"에 가치를 두어 결과물을 개선할 시간이 주어지지 않으면, 깊이나 질보다는 "진도"가 강조된다.	• 수업을 이끌어가는 규범은 학생과 함께 만들 어지나 여전히 학생들은 이를 내면화하기 시작하는 단계에 있다. • 학생의 의사와 선택권을 장려하기 위한 의도 적인 설계(예: 모둠 선정, 자원 탐색, 비평 프로토 콜 사용, 결과물 제작 등)가 보인다. • 학생들은 어느 정도는 스스로 움직이지만 필요 이상으로 교사의 지시에 의존한다. • 모둠 활동을 대체로 생산적이며 협력해서 효과적인 협업으로 나아간다는 것이 어떤 의미인지를 배워가는 중이다. 가끔 교사의 개입과 관리가 필요하다. • 학생들은 탐구정신에 답하고 프로젝트를 완료하는 방법이 여러 가지가 있다는 것을 이해 하지만 혹시나 "틀릴까"에 여전히 위약하고 아이디어를 내고 이를 검증하는 일을 조심스러워한다. • 교사는 비평과 개선, 끈기, 철저한 사고, 수준 높은 공부를 하고 있다는 자부심을 고취시키 지만 학생들은 아직 여기에 이르지 못했다.	• 수업을 이끌어가는 규범은 학생들과 함께 만들고 학생 스스로 관리한다. • 생활 문제와 쟁점의 파악 등을 위해 학생의 의사와 선택권이 자주, 지속적으로 반영된다. • 최소한의 교사 지시만으로도 학생들은 보통 자신만이 할 일을 알아서 한다. • 학생들은 실제 어른들이 업무 환경과 동일한, 건강하고 기능적인 모둠에서 협력하며 공부하고, 교사는 모둠 운영에 거의 관여할 필요 가 없다. • 학생들은 프로젝트를 수행하는 데 있어서 단 하나의 "정답"이나 선호하는 방법이 존재하지 않는다는 점을 이해하며, 위험을 감수하고 도 전하여 실수를 해도 괜찮으며 이를 통해 배우 면 된다고 생각한다. • 비평과 개선, 끈기, 철저한 사고, 수준 높은 공 부를 한다는 자부심의 가치가 공유되고 학생 들은 서로에 대해 공동 책임을 진다.
설계와 계획	• 프로젝트에 프로젝트 필수 설계 요소가 일부 반영되어 있으나 프로젝트 설계 기준표 상의 최고 수준에는 이르지 못한다. • 비계와 평가를 위한 세부 계획이 다소 부족하 다. 프로젝트 일정표에 더 상세한 내용이 필 요하거나, 일정표에 따라 진행되지 않는다. • 프로젝트에 필요한 자원의 일부를 사전에 예 상하지 못했거나 일부를 사전에 준비해 두지 못했다.	• 프로젝트에 프로젝트 필수 설계 요소가 모두 반영되었으나 몇 가지 요소는 프로젝트 설계 기준표 상의 최고 수준에 이르지 못한다. • 비계와 평가를 위한 세부 계획이 다소 부족하 다. 프로젝트 일정표는 일정의 너무 앞서거나 너무 느슨하다. 혹은 일정을 너무 엄격하게 준수하여 학생의 요구에 응하기 어렵다. • 프로젝트에 필요한 자원 대부분을 사전에 예 상하여 준비해 두었다.	• 프로젝트에는 프로젝트 필수 설계 요소가 프 로젝트 설계 기준표에 설명된 대로 모두 포함 되어 있다. • 계획은 구체적이고 학습 지원 비계, 학습 평 가, 프로젝트 일정표가 포함되어 있으며, 학 생의 요구에 따라 수월이 가능하다. • 프로젝트에 필요한 자원은 최대한으로 예상 되어 사전에 철저히 준비가 잘 되어 있다.

성취기준과의 연계	• 결과물을 평가할 기준이 있기는 하나 명백하게 성취기준에서 도출된 것은 아니다. • 학습을 위한 바게, 비평과 개선 프로토콜, 평가, 채점기준표는 특정 성취기준이 달성과 연관이 없거나 이를 지원하지 않는다.	• 일부 결과물을 평가할 기준이 충분히 구체적으로 진술되지 않아서 학생이 목표하는 모든 성취기준에 도달했음을 보여주는 근거가 되지 못한다. • 학습을 위한 바게, 비평과 개선 프로토콜, 평가, 채점기준표가 특정 성취기준의 달성과 항상 관련이 있거나 이를 지원하는 것은 아니다.	• 결과물을 위한 평가기준은 명백하게 성취기준에서 도출되었으며 완전 학습을 입증할 수 있다. • 학습을 위한 바게, 비평과 개선 프로토콜, 평가, 채점기준표는 특정 성취기준에 대한 학생의 성취도를 일관되게 보여주며, 해당 성취기준을 달성할 수 있도록 일관되게 지원한다.
수업 활동의 관리와 운영	• 수업에 개별학습, 모둠학습, 소집단 지도 시간이 있기는 하나 일제식 수업에 너무 많은 시간을 할애한다. • 모둠은 변호순자 같이 임의로 구성하거나 특별한 공식적인 기준이나 절차 없이 학생들을 마음대로 구성한다. • 프로젝트 수업 시간에 분명하게 정해진 수업 루틴과 규범이 없어 시간을 효율적으로 보내지 못한다. • 일정, 중간 점검, 마감은 정해져 있으나 느슨하거나 비현실적이며, 병목현상으로 인해 일의 진행에 지장이 있다.	• 수업에 개별학습, 모둠학습, 일제식 수업, 소집단수업이 있으나 프로젝트 전반에 걸쳐 균형 있게 분산되어 있지 않다. • 대체로 균형 잡힌 모둠이 구성되지만 프로젝트의 구체적인 성격을 반영한 것은 아니다. • 학생들은 모둠 구성 과정에서 지나치게 많은, 혹은 충분하지 않은 재량권을 가진다. • 프로젝트 수업 시간을 위한 수업 루틴과 규범이 정립되어 있으나 일관되게 지켜지는 것은 아니어서 생산성이 들쑥날쑥하다. • 현실적인 일정, 중간 점검, 마감이 설정되지만 융통성이 더 필요하며 가끔 병목현상이 발생한다.	• 수업은 학습 전체 및 소집단 지도를 비롯하여 개별학습과 모둠 활동 시간이 적절히 안배되어 있다. • 프로젝트의 성격과 학생이 요구를 고려하고 학생의 의사와 선택권 등 여러 요인을 골고루 반영하여 모둠이 구성된다. • 프로젝트 관리 도구(모둠 일정표, 모둠 계약서, 학습일지 등)로 학생의 자기관리와 독립성, 협업능력을 지원한다. • 수업 루틴과 규범은 생산성이 극대화를 위해 프로젝트 기간 중 일관되게 지켜진다. • 중간점검일, 마감일 등 일정은 현실성이 있게 되고, 이미 정해진 일정이라도 융통성 있게 운영되며, 병목현상이 없어 일의 진행에 지장이 없다.

학생 학습 평가	• 교과 영역 성취기준의 학습 여부를 결과물로 만드는 주로 시험과 같은 기준의 방식으로 평가된다. 성공 기준은 평가의 대상이 아니다. • 모둠별 결과물로 학생의 학습을 평가하기 때문에 개별 학생의 성취기준 달성 여부를 평가하기 어렵다. • 형성평가를 간혹 실시하기는 하나, 정기적으로 혹은 다양한 도구와 절차로 이루어지는 것은 아니다. • 비평과 개선 프로토콜이 사용되지 않거나 형식을 갖추지 않았다. 피드백은 피상적이거나 실제로 개선하는 데 이용되지 않는다. • 학생들이 비공식적으로 자신의 활동을 평가하기는 하지만 교사가 자신의 이를 위한 정기적이고 구조화된 기회를 제공하지는 않는다. • 채점기준표는 최종 결과물의 평가에는 사용되지만 형성적 평가 도구로는 활용되지 않는다. 채점기준표는 성취기준을 평가 준거로 삼지 않는다.	• 프로젝트의 여러 결과물과 기타 근거 자료가 교과 영역 성취기준 평가에 사용된다. 성공 기준은 어느 정도 평가된다. • 모둠별 결과물뿐만이 아니라 개별 학생의 학습도 어느 정도는 평가가 되지만, 교사에게 개별 학생의 완전 학습에 대한 충분한 증거가 없다. • 형성평가가 자주 실시되기도 하지만 한정된 도구나 절차로만 쓰인다. • 구조화된 비평과 개선 프로토콜, 그리고 기타 형성평가 기법이 가끔 사용된다. 학생들은 피드백을 교정을 위하는 중이다. • 학생이 자신의 성장을 스스로 평가할 기회가 몇 번 있으나 너무 제한적이거나 횟수가 부족하다. • 교사는 성취기준에 일치하는 채점기준표를 기반으로 형성평가와 총괄평가를 운영한다.	• 프로젝트 결과물과 기타 학습의 근거 자료들이 교과 영역 성취기준과 성공 기준을 철저히 평가하는 데 사용된다. • 모둠별 결과물뿐 아니라 개별 학생의 학습도 충분히 평가된다. • 다양한 방법과 절차의 형성평가가 자주, 정기적으로 실시된다. • 점검 시점마다 비평과 개선을 위한 구조화된 프로토콜이 사용된다. 학생들은 효과적인 피드백을 주고받으며, 이는 향후 수업 관련 의사결정과 학생의 행동에 영향을 미친다. • 학생들이 자신의 성장을 스스로 평가할 체계적인 기회가 정기적으로 주어지며, 필요할 때에는 동료의 수행도 평가한다. • 프로젝트 전 기간 동안 학생과 교사 모두 성취기준과 일치하는 채점기준표를 사용하며, 이 기준표는 형성평가와 총괄평가에서 모두 사용된다.
학생 학습을 위한 비계	• 학생들은 내용을 이해하고 자료를 이용하기 위한 교육을 받지만, 개별적 요구 상담수가 충족되지 않는다. • 교사는 프로젝트를 진행하면서 기다리지 않고 곧 필요성을 느끼는 시점까지 내용지식을 미리 가르친다. • 학생들은 프로젝트로서 부산물로서 핵심 성공 기술을 습득하지만 이를 의도적으로 기르지는 않는다. • 학생들은 충분한 지도 없이 연구나 자료 수집을 하라는 요구를 받으며, 수집된 정보에 기초한 더 깊이 있는 질문은 나오지 않는다.	• 학생 대부분의 내용을 이해하고 자료를 이용하기 위한 교육을 받지만 개별적 요구 중 일부는 충족되지 않는다. • 비계는 어느 정도는 학생에게 '꼭 알아야 할 내용'에 따라 제공되지만 그중 일부는 여전히 미리 제공되기도 한다. • 핵심 성공 기술을 기준치지만 학생들에게는 여전히 이를 적용하기 전 연습할 기회가 더 많이 필요하다. • 학생의 탐구를 촉진하고 이에 대한 비계를 제공하지만 충분하지 않으며, 교사는 그 과정에 지나치게 관여하여 학생의 독립적인 사고를 제한한다.	• 각 학생의 내용, 기능, 자료를 이용하는 데 필요한 교수 지원을 받으며, 이러한 지원은 더 이상 필요하지 않게 될 때 제거된다. • 비계는 최대한 학생의 질문이나 요구에 의해 유도되되, 교사는 프로젝트 초반에 지나치게 많은 정보를 미리 제공하지 않고 학생의 필요로 하거나 요청할 때까지 기다린다. • 다양한 도구나 방법을 이용하여 해당 성공 기술을 기른다. 학생들에게는 이를 연습하고 적용하며 자신의 성장을 성찰할 기회가 많이 주어진다. • 학생의 탐구를 위한 도움과 비계가 제공되지만 학생이 최대한 독립적으로 생각하고 활동할 수 있게 허용한다.

참여와 코칭			
• 교사는 학생의 강점, 관심사, 배경, 삶에 대해 약간은 알고 있으나 그 지식이 수업에 반영되지 않고 사려깊게 중대한 영향을 주지 않는다. • 프로젝트의 목표는 학생의 이견이 반영되지 않고 설정되었다. • 학생들은 다른 과제를 하듯이 프로젝트에 임하려고 한다. 그러나 교사는 주인의식을 불러 일으키거나 동기를 지속하지 않는다. • 프로젝트 개시 단계에서 탐구질문이 제시된다. 그러나 이 질문들은 탐구나 제품 개발에 중요한 역할을 하지 않는다. • 모든 학생의 수행에 대한 기대치가 명확하지 않거나, 너무 높거나, 너무 낮다. • 수업 내 관계 형성이 수업이나 제한적이어서 학생의 요구를 파악하지 못하거나 해결하지 못한다. • 학생과 교사는 무엇(내용)을 어떻게(방법/과정) 배우는지에 대해 따로 형식을 갖추지 않고 성찰한다. 성찰은 주로 프로젝트가 끝날 때 이루어진다.	• 교사는 학생의 강점, 관심사, 배경, 삶에 대해 약간은 알고 있고 그 프로젝트를 수업 때 이를 고려한다. • 프로젝트의 목표와 중간 점검 과제는 학생의 의견을 어느 정도 반영하여 설정된다. • 학생들은 이 프로젝트를 대단히 좋아하며 자신의 성공을 위한 교사의 열정과 친선에 자극 받아 더욱 열심히 공부하려고 한다. • 학생의 질문은 어느 정도 탐구를 유도하지만, 일부 질문은 교사의 탐구질문에 너무 빠르다. 학생들은 기끔씩만 탐구질문에 대해 생각한다. • 교사는 모든 학생이 수행에 이를 학생들에게 전달한다. 관계 형성과 연관된 관찰 및 상호작용을 통해 추가적인 수업이나 연습, 지원, 방향 수정, 문제해결, 칭찬, 격려, 축하에 대한 학생의 요구가 파악된다. • 학생과 교사는 기금 무슨(내용)을 어떻게(과정/방법) 배우고 있는지를 성찰한다.	• 교사는 개별 학생의 장점, 관심사, 배경, 삶을 알고 있고, 이 지식을 활용하여 아이들을 PBL에 참여시키고 수업에 관한 의사결정을 내린다. • 학생과 교사는 성취기준을 가지고 프로젝트의 학습목표와 중간 점검 과제를 함께 결정하며, 이는 기준표를 함께 작성하는 등 학습자의 발달 단계에 맞는 방식으로 이루어진다. • 프로젝트의 운영 및 실행에 교사와 함께 참여한다는 특성으로 인해 프로젝트에 대한 학생들의 열의와 주인의식이 유지된다. • 학생의 질문은 탐구를 촉진시키고 선출물을 만들어가는 과정에서 중심적인 역할을 하며, 이때 탐구질문이 탐구를 유지하는 데 적극적으로 활용된다. • 교사와 학생 모두 수행에 관한 한 모든 학생 각자의 수준에서 가장 높은 기대치를 명확하게 개념화하며, 이를 공유하고 강화한다. • 개별 학생의 요구는 교사와의 긴밀한 관계를 통해 파악된다. 이러한 요구는 교사에 의해서도 해결되지만 모든 요구는 학생 스스로, 혹은 다른 학생들에 의해 해결된다. • 학생과 교사는 프로젝트가 진행되는 내내 학습 내용과 방법에 관해 정기적이고 공식적인 성찰의 시간을 가지며, 개선과 성과를 구체적으로 확인하고 기념한다.

PROJECT **B**ASED **T**EACHING

학생용 학습 안내서

다음 학습 안내서는 고등학교 세계사 프로젝트
'법정에 선 혁명'을 위해 에린 브랜드볼드 선생님이 개발하였다.
빈 양식은 www.bie.org/object/document/project_design_overview_and_student_
learning_guide 에서 내려 받을 수 있다.

탐구질문 역사학자인 우리는 혁명이 시민의 삶을 개선하는 데 어떤 효과가 있는지 어떻게 밝힐 것인가?

최종 결과물 발표, 공연, 제품 및 (또는) 서비스	학습목표 프로젝트의 성공적인 완수를 위해 학생에게 필요한 지식, 이해, 성공 기술	점검 시기/형성평가 학습 점검 및 정상적인 진행을 위한 수단	모든 학생을 위한 교수 전략 교사, 교직원, 전문가가 제공 : 학습목표 및 형성평가에 맞춘 비계, 자료, 수업 제공
(개인) **1-3주차** – 재판 전 – 시간 제한 있음 – 학생들이 재판 때 사용할 자신의 주장과 이를 뒷받침할 증거를 작성	혁명의 이념적 프레임(framework)을 사용하여 혁명이 어떻게 시작되는지를 설명할 수 있으며 이 프레임을 가상의 X국을 비롯하여 멕시코혁명, 아이티혁명, 쿠바혁명에 적용할 수 있다.	• 이념적 프레임에 관한 쪽지시험 • X국 내용 복습 • 가상의 X국 혁명의 이념적 프레임과 자신이 고른 혁명의 이념적 프레임 비교	• 이념적 프레임 직접 교수 • X국 이념적 프레임 직소 활동 개발 • 이념적 프레임의 각 요소를 파악하기 위한 설명이 추가된 혁명 요약서
	혁명의 효과를 평가할 기준을 정할 수 있다.	• 공동 작성한 기준에 의거하여 X국 평가하기	• 효과(실효성)의 정의, 기준 목록 작성을 위한 모둠 토의 • 학급 전체로 목록 통합
	1차 사료와 2차 사료를 이용하여 혁명의 증거를 수집할 수 있다.	• SOAPS(글쓰기에 앞서 고려해야 하는 요소인 화자(Speaker), 상황(Occasion), 독자(Audience), 목적(Purpose), 주제(Subject)를 말한다 – 역자주) 쪽지시험 • 증거를 기록한 출처 카드 4장 작성(1차 2개, 2차 2개) • 증거를 공유하는 갤러리 워크, 수정 시간 포함	• 혁명가들의 삶과 동기에 관한 1차/2차 사료 묶음 제공 • 혁명 전 정부에 관한 1차 및 2차 사료 묶음 • 혁명 이전과 이후 시민의 삶에 관한 기록이 담긴 1차/2차 사료 묶음 • 출처 카드 복습 • 증거의 적합성을 평가하기 위한 기준(정확성, 실효성, 다양성의 측면에서)
	• 근거를 사용하여 혁명에 관한 주장을 뒷받침할 수 있다. • 반론을 파악하여 내 주장을 강화하는 데 이용할 수 있다.	• 주장을 공유하는 갤러리 워크, 수정 시간 포함 • 주장-근거 연결에 대한 동료 검토	• 주장의 정확성을 평가하는 기준 • 증거를 선정하고 주장을 펼치기 위한 혁명 기준의 사용

(모둠) **4주차** 모의재판 변론요지서	혁명가의 행동 이면에 있는 동기를 분석할 수 있다.	• 혁명의 증인 역할을 맡은 사람은 혁명 속 자신의 역할과 동기를 요약하는 증인 진술서를 작성한다. • 증인 진술서에 대한 교사의 피드백 • 변호사 역할은 증인의 동기를 분석한 보고서를 작성한다. • 증인 보고서에 대한 법률 전문가의 피드백	• 증인으로서 자신의 입장을 고수하거나 법률가로서 공소를 제기하기 위한 준비를 알아보기 위해 법률 전문가 인터뷰 • 주장, 증거, 반론, 그리고 이들 사이의 관련성을 파악하기 위한 변론요지서(case theory) 작성 • 증인 진술서 및 보고서 작성을 위한 출처 카드 사용에 관한 협업 프로토콜 • 증인 프로필과 보고서를 위한 도식조직자
	독재와 그 이후에 발생하는 혁명이 민중에게 미치는 영향을 분석할 수 있다.	• 정부 측 증인 역할은 자신의 지도력을 요약하는 증인 진술서를 작성한다. • 증인 프로필에 대한 교사 피드백 • 시민 측 증인 역할은 혁명 전 자신의 삶을 요약하는 증인 진술서를 작성한다. • 증인 보고서에 대한 법률 전문가의 피드백	
(개인) **5-6주차** 모의재판 참여	시민의 삶을 향상시키는 데 혁명이 얼마나 효과가 있는지 판단할 수 있다.	• 재판에 관한 사실을 확인하는 퇴장권 활용 • 모의재판 후 학급 전체 토의 : 어느 편이 사실상 승소하였는가?	• 최종 판결 예측 • 재판 준비 기간 중 계속 사용할 준비 활동과 퇴장권 • 사전에 준비된 토의 질문
	심문용 질문을 이용하여 혁명가의 동기에 대한 나의 해석을 보여줄 수 있다.	• 동료 리허설 및 피드백 • 등급별 문제 목록 • 리허설에 대한 교사의 피드백	• 재판 영상물 시청 및 평가 • 질문을 종류별로 분류하고 더욱 심층적인 심문용 질문 작성 연습 • 빠른 템포로 이루어지는 즉석에서 질문하고 대답하기 반복 연습 • 전문가 인터뷰
	전문적 발표 기술을 사용하여 내 이야기를 청중에게 효과적으로 전달할 수 있다.	• 동료 리허설 및 피드백 • 리허설에 대한 교사의 피드백	• 전문적인 발표 기술의 질을 평가하기 위한 기준표 작성 • 재판 영상 시청 및 평가 • 전문가 인터뷰: 법정에 있으면 어떤 기분이 드나요?

Aguilar, E. (2013). The art of coaching: Effective strategies for school transformation. San Francisco: Jossey-Bass.

Ainsworth, L. (2013). Prioritizing the Common Core: Identifying specifi c standards to emphasize the most. Boston: Houghton Miffl in Harcourt.

Ainsworth, L. (2014a). Power standards: Identifying the standards that matter the most. Boston: Houghton Miffl in Harcourt.

Ainsworth, L. (2014b). Prioritizing the common core: Identifying specifi c standards to emphasize the most. Boston: Houghton Miffl in Harcourt.

Alber, R. (2014, January 24). 6 scaffolding strategies to use with your students [blog post]. Retrieved from Edutopia at www.edutopia.org/blog/scaffolding-lessons-six-strategies-rebecca-alber

Beard, A. (2015, October). Life's work: An interview with Andre Agassi. Harvard Business Review. Retrieved from https://hbr.org/2015/10/andreagassi

Benson, B. (1997). Scaffolding (coming to terms). English Journal, 86(7), 126–127.

Berger, R. (2003). An ethic of excellence: Building a culture of craftsmanship with students. Portsmouth, NH: Heinemann.

Berger, R., Rugan, L., & Woodfi n, L. (2014). Leaders of their own learning: Transforming schools through student-engaged assessment. San Francisco:Jossey-Bass.

Boss, S. (2013). PBL for 21st century success. Novato, CA: Buck Institute for Education.

Boss, S. (2015). Real-world projects: How do I design relevant and engaging learning experiences? Alexandria, VA: ASCD.

Boss, S., & Krauss, J. (in press). Reinventing project-based learning: Your fi eld guide to real-world projects in the digital age (3rd ed.). Eugene, OR: International Society for Technology in Education.

프로젝트 수업
어떻게 할 것인가? 2

Brookhart, S. (2013). How to create and use rubrics for formative assessment and grading. Alexandria, VA: ASCD.

Burns, M. (2018). Tasks before apps: Designing rigorous learning in a tech-rich classroom. Alexandria, VA: ASCD.

Çakiroglu, Ü., Akkan, Y., & Güven, B. (2012). Analyzing the effect of webbased instruction applications to school culture within technology integration. Educational Sciences: Theory and Practice, 12, 1043–1048.

Chappuis, J., & Stiggins, R. (2011). An introduction to student-involved assessment FOR learning. New York: Pearson.

Deal, T. E., & Peterson, K. D. (2009). Shaping school culture: Pitfalls, paradoxes, and promises (2nd ed.). San Francisco: Jossey-Bass.

Delpit, L. (2012). Multiplication is for white people: Raising expectations for other people's children. New York: New Press.

DeWitt, P., & Slade, S. (2014). School climate change: How do I build a positive environment for learning? Alexandria, VA: ASCD.

Doubet, K., & Hockett, J. (2015). Differentiation in middle and high school: Strategies to engage all learners. Alexandria, VA: ASCD.

Doubet, K., & Hockett, J. (2017). Differentiation in the elementary grades: Strategies to engage and equip all learners. Alexandria, VA: ASCD.

Duhigg, C. (2016, Febraury 25). What Google learned from its quest to build the perfect team. New York Times Magazine. Retrieved from www.nytimes. com/2016/02/28/magazine/what-google-learned-from-its-quest-tobuild-the-perfect-team.html

Fester, J. (2017, April 26). Interdisciplinary projects: 3 protocols for curricular connections [blog post]. Retrieved from PBL Blog, Buck Institute for Education at www.bie.org/blog/interdisciplinary_projects_3_protocols_for_fi nding_curricular_connections

Finley, T. (2014, August 12). The science behind classroom norming [blog post]. Retrieved from Edutopia at www.edutopia.org/blog/establishingclassroom-norms-todd-finley

Fisher, D., & Frey, N. (2011). The formative assessment action plan: Practical steps to more successful teaching and learning. Alexandria, VA: ASCD.

Fisher, D., Frey, N., & Hite, S. A. (2016). Intentional and targeted teaching: A framework for teacher growth and leadership. Alexandria, VA: ASCD.

Fisher, D., Frey, N., & Pumpian, I. (2012). How to create a culture of achievement in your school and classroom. Alexandria, VA: ASCD.

Fletcher, A. (2002). FireStarter youth power curriculum: Participant guidebook. Olympia, WA: Freechild Project.

Gant, K. (2017, January 30). What to do during student work time [blog post]. Retrieved from Intrepid ED: Exploring the Landscape of PBL and Instruction at https://intrepidedblog.wordpress.com/2017/01/30/what-to-do-duringstudent-work-time

Hallerman, S., & Larmer, J. (2011). PBL in the elementary grades: Step-by-step guidance, tools and tips for standards-focused K–5 projects. Novato, CA: Buck Institute for Education.

Hammond, Z. (2014). Culturally responsive teaching and the brain: Promoting authentic engagement and rigor among culturally and linguistically diverse students. Thousand Oaks, CA: Corwin.

Jackson, R. (2009). Never work harder than your students and other principles of great teaching. Alexandria, VA: ASCD.

Jerald, C. D. (2006, December). School culture: "The hidden curriculum." Issue Brief. Washington, DC: Center for Comprehensive School Reform and Improvement. Retrieved from http://fi les.eric.ed.gov/fulltext/ED495013.pdf

Jobs for the Future & the Council of Chief State School Offi cers. (2015). Educator competencies for personalized, learner-centered teaching. Boston: Jobs for the Future.

Kallick, B., & Zmuda, A. (2016). Students at the center: Personalized learning with habits of mind. Alexandria, VA: ASCD.

Kane, L., Hoff, N., Cathcart, A., Heifner, A., Palmon, S., & Peterson, R. L. (2016, February). School climate and culture. Strategy brief. Lincoln, NE: Student Engagement Project, University of Nebraska–Lincoln and the Nebraska Department of Education.

Koenig, R. (2010). Learning for keeps: Teaching the strategies essential for creating independent learners. Alexandria, VA: ASCD.

Larmer, J. (2017). PBL starter kit: To-the-point advice, tools and tips for your first project in middle or high school (2nd ed.). Novato, CA: Buck Institute for Education.

Larmer, J., Mergendoller, J., & Boss, S. (2015). Setting the standard for Project Based Learning: A proven approach to rigorous classroom instruction. Alexandria, VA: ASCD.

Laur, D., & Ackers, J. (2017). Developing natural curiosity through project-based learning: Five strategies for the PreK–3 classroom. New York: Routledge.

프로젝트 수업
어떻게 할 것인가? 2

Lemov, D. (2015). Teach like a champion 2.0: 62 techniques that put students on the path to college. San Francisco: Jossey-Bass.

Macarelli, K. (2010). Teaching science with interactive notebooks. Thousand Oaks, CA: Corwin.

Mattoon, M. (2015, Spring). What are protocols? Why use them? National School Reform Faculty. Retrieved from www.nsrfharmony.org/system/fi les/protocols/WhatAreProtocols%2BWhyUse_0.pdf

McCarthy, J. (2017). So all can learn: A practical guide to differentiation. Lanham, MD: Rowman & Littlefield.

McDowell, M. (2017). Rigorous PBL by design: Three shifts for developing confident and competent learners. Thousand Oaks, CA: Corwin.

Miller, A. (2017, March 30). 7 tips for coaching PBL teachers [blog post]. Retrieved from PBL Blog, Buck Institute for Education at www.bie.org/blog/7_tips_for_coaching_pbl_teachers

Moss, C., & Brookhart, S. (2012). Learning targets: Helping students aim for understanding in today's lesson. Alexandria, VA: ASCD.

Olson, K. (2014, March 1). Teacher as coach: Transforming teaching with a coaching mindset [blog post]. Retrieved from Pedagogies of Abundance at https://oldsow.wordpress.com/2014/03/01/teacher-as-coachtransforming-teaching-with-the-a-coaching-mindset

Ostroff, W. (2016). Cultivating curiosity in K–12 classrooms: How to promote and sustain deep learning. Alexandria, VA: ASCD.

Palmer, E. (2011). Well spoken: Teaching speaking to all students. Portland, ME: Stenhouse.

Project Management Institute Educational Foundation. (2016). Project management toolkit for teachers. Newtown Square, PA: Author. Retrieved from https://pmief.org/library/resources/project-management-toolkit-forteachers

Project Zero. (n.d.). Visible thinking. Retrieved from www.visiblethinkingpz.org/Visible-Thinking_html_fi les/VisibleThinking1.html

Rebora, A. (2008, September 10). Making a difference: Carol Ann Tomlinson explains how differentiated instruction works and why we need it now [blog post]. Retrieved from Education Week: Teacher PD Sourcebook at www.edweek.org/tsb/articles/2008/09/10/01tomlinson.h02.html

Rindone, N. K. (1996). Effective teaming for success. Presented at the workshop for the Kansas State Department of Education, Students Support Services, Boots Adams Alumni Center, University of Kansas, Lawrence, KS.

Ritchhart, R. (2015). Creating cultures of thinking: The 8 forces we must master to truly transform our schools. San Francisco: Jossey-Bass.

Rollins, S. (2017). Teaching in the fast lane: How to create active learning experiences. Alexandria, VA: ASCD.

Rothstein, D., & Santana, L. (2011). Make just one change: Teach students to ask their own questions. Cambridge, MA: Harvard Education Press.

Sackstein, S. (2017). Peer feedback in the classroom: Empowering students to be the experts. Alexandria, VA: ASCD.

Scott, D., & Marzano, R. J. (2014). Awaken the learner: Finding the source of effective education. Bloomington, IN: Marzano Research Laboratory.

Scriven, M. S. (1991). Evaluation thesaurus (4th ed.). Newbury Park, CA: Sage.

Searle, M. (2013). Causes and cures in the classroom: Getting to the root of academic and behavior problems. Alexandria, VA: ASCD.

Sizer, T. (2004). Horace's compromise: The dilemma of the American high school. New York: Mariner.

Slade, S. (2014, June 17). Classroom culture: It's your decision [blog post]. Retrieved from ASCD InService at http://inservice.ascd.org/classroomculture-its-your-decision

Steele, D., & Cohn-Vargas, B. (2013). Identity safe classrooms: Places to belong and learn. Thousand Oaks, CA: Corwin.

Stiggins, R. (2007, May). Assessment through the student's eyes. Educational Leadership, 64(8), 22–26.

Tomlinson, C. A. (2011). One to grow on: Every teacher a coach. Educational Leadership, 69(2), 92–93.

Tomlinson, C. A. (2017). How to differentiate instruction in academically diverse classrooms (3rd ed.). Alexandria, VA: ASCD.

Tomlinson, C. A., & Allen, S. (2000). Leadership for differentiating schools and classrooms. Alexandria, VA: ASCD.

Uliasz, K. (2016, April 13). Inclusive special education via PBL [blog post]. Retrieved from PBL Blog. Buck Institute for Education at www.bie.org/blog/inclusive_special_education_via_pbl

Werberger, R. (2015). From project-based learning to artistic thinking: Lessons learned from creating an unhappy meal. Lanham, MD: Rowman & Littlefield.

Wiggins, G., & McTighe, J. (2005). Understanding by design (2nd ed.). Alexandria, VA: ASCD.

Winebrenner, S., & Brulles, D. (2017). Teaching gifted kids in today's classroom: Strategies and techniques every teacher can use (3rd ed.). Minneapolis, MN: Free Spirit Publishing.

Wolpert-Gawron, H. (2014, June 19). How to design projects around common core standards [blog post]. Retrieved from Edutopia at www.edutopia.org/blog/how-to-design-projects-around-common-core-heather-wolpertgawron

Wood, D., Bruner, J. S., & Ross, G. (1976). The role of tutoring in problem solving. Journal of Psychology and Psychiatry, 17, 89–100.

Zwiers, J., & Crawford, M. (2011). Academic conversations: Classroom talk that fosters critical thinking and content understandings. Portland, ME: Stenhouse.

「이 도서의 국립중앙도서관 출판예정도서목록(CIP)은
서지정보유통지원시스템 홈페이지(http://seoji.nl.go.kr)와
국가자료공동목록시스템(http://www.nl.go.kr/kolisnet)에서 이용하실 수 있습니다.
(CIP제어번호: CIP2020021118)」

프로젝트 수업 어떻게 할 것인가? 2

1쇄 발행 2020년 6월 15일
2쇄 발행 2022년 7월 11일

지은이 수지 보스, 존 라머
옮긴이 장밝은
발행인 윤을식

펴낸곳 도서출판 지식프레임
출판등록 2008년 1월 4일 제2020-000053호
주소 서울시 동대문구 청계천로 505, 206호
전화 (02)521-3172 | **팩스** (02)6007-1835

이메일 editor@jisikframe.com
홈페이지 http://www.jisikframe.com

ISBN 978-89-94655-83-3 (03370)